100년 은혜, 세상과 나누리!

100년 은혜, 세상과 나누리!
브루엔 선교사의 한국 생활 40년

40 YEARS IN KOREA

자료 수집 및 정리 **클라라 헤드버그 브루엔**
편역주 **김중순**

제5권

기독교문사

100년 은혜, 세상과 나누리!
브루엔 선교사의 한국 생활 40년 제5권

1판 1쇄 인쇄 2015년 12월 20일
1판 1쇄 발행 2015년 12월 30일

자료 수집 및 정리 클라라 헤드버그 브루엔
편역주 김중순
발행인 한동인
펴낸곳 (주)기독교문사
등 록 제1-c0062호
주 소 서울 종로구 충신동 5-13
 출판부 T. 741-5183 F. 744-1634
 특판부 T. 744-1633 F. 744-1635
 도매부 T. 741-5181, 5 F. 762-2234

직영서점 기독교문사
서울 종로구 종로5가 412-2
T. 2266-2117~9 F. 2266-6397

책값은 뒤표지에 있습니다.
ISBN 978-89-466-1565-6
       978-89-466-1562-5(전집)

Web www.kclp.co.kr
Mobile-Web m.kclp.co.kr
e-mail kclp@kclp.co.kr

• 기독교문사는 독자와 함께 기독교 출판문화를 이끌어 가겠습니다.
공급처 기독교문사 도매부 T. 741-5181~3 F. 762-2234

클라라 헤드버그 브루엔(Clara Hedberg Bruen) 여사가
수집 정리한 이 자료들은
한국의 경상북도 지역에서 실시된 초창기의 장로교 선교에 관한 것이다.
특히 1899년에서 1940년까지 헨리 먼로 브루엔 목사가 행한 사역의 보고서이기도 하며,
대구 선교기지의 선구자들인 아담스 부인, 존슨 부인, 브루엔 부인,
그리고 그들을 뒤따른 수많은 한국인 여성들에 대한 기억이다.

이 자료집의 발행은 미국의 장로교역사관(Presbyterian Historical Society)으로부터
선교기지 보고서 사본을 구해 준 나의 아들 헨리(Henry M. Bruen, Jr.) 덕택에 가능했다.
자료를 제공해 준 Mrs. Woodridge O. Johnson, William B. Lyon, A. Bryce Sidebotham,
Benjamin N. Adams, Mrs. Frednck S. Miller, 그리고 원고를 자세히 읽고 정리해 준
나의 의붓딸 Nan Bruen Klerekoper에게 특별한 감사를 표한다.
타이프세팅과 인쇄를 맡아 준 Lyn Kelley Wik과 Bill Anderson에게도 고맙다는 말을 전한다.

발간사

　대구남산교회가 100주년을 맞이하게 되었습니다. 지금까지의 발자취를 뒤돌아보면 모든 것이 하나님의 섭리와 인도와 은혜인 것을 알 수 있습니다. 그러한 대구남산교회의 아름다운 역사에서 잊지 않고 먼저 기억해야 할 분은 교회의 첫 돌을 올려놓은 설립자이며 초대 당회장인 브루엔 선교사(Rev. H. M. Bruen, 傅海利)입니다.

　브루엔 선교사는 1899년, 신학교를 졸업하고 목사 안수를 받은 그 해에 선교사로 한국에 파송되어 대구에 오게 되었습니다. 첫 사역지가 한국이고, 이후 40년이란 세월을 한국에서 보내게 됩니다. 그러므로 브루엔 선교사의 삶은 한국에서의 삶이요, 그의 인생의 발자취도 대부분 한국에 찍혀 있다고 하겠습니다.

　그러므로 100주년을 맞이하는 대구남산교회가 브루엔 선교사의 40년 동안의 한국 생활에 관한 자료를 정리하고 번역하여 책으로 출간하는 것은 매우 뜻깊은 일입니다. 이것은 대구남산교회뿐 아니라 브루엔 선교사가 수고하며 땀을 흘렸던 대구 경북 지역의 선교 역사, 나아가 한국에서의 선교 역사를 위한 빛나는 결실입니다.

이제 우리는 브루엔 선교사가 한국에 첫발을 디딘 그때로 돌아가 영혼을 사랑하는 마음으로 복음을 전하는 발걸음을 내디뎌야 합니다. 브루엔 선교사의 한국에서 보낸 선교의 여정을 따라가며 이 땅의 복음화를 위한 삶을 살아야 합니다. 브루엔 선교사가 이곳에서 보낸 오랜 세월을 기억하며 복음의 기쁜 소식을 기다리는 북한을 위해 기도해야 합니다. 브루엔 선교사가 첫 돌을 올려놓은 이후 100주년을 맞이하는 대구남산교회가 복음 선교의 사명을 다해야 합니다.

이 책을 출간하기 위하여 대구남산교회 100주년 사업위원회의 지원과 김중순 교수의 수고가 있었습니다. 성심을 다한 수고에 감사드립니다. 또한 대구남산교회 모든 교인들이 아낌없이 마음을 모았습니다. 정성스런 마음과 후원을 감사드립니다. 그리고 우리 모두가 알고 있습니다. 이 모든 일에 하나님의 세밀한 손길과 도우심이 있었다는 것을…. 참된 일꾼인 브루엔 선교사를 통하여 오늘의 대구남산교회와 선교한국을 세워 주신 하나님께 감사와 영광을 올려 드립니다.

2014년 3월
대구남산교회 담임목사 **지은생**

일러두기

    번역서의 마지막에 해당하는 제5권의 내용은 1934년 브루엔이 전 부인의 친구였던 간호사 클라라 헤드버그(Clara Hedberg, R. N.)와 재혼을 하는 이야기로 시작된다. 1941년에 한국 땅을 떠나 미국으로 귀국할 때까지의 사연이 자세히 그려지고 있다. 그리고 그곳에서 1959년 브루엔이 세상을 떠나는 것으로 이야기가 마무리된다.
    41년간 혹은 42년간의 선교사 생활을 청산하고 쫓겨나다시피 이 땅을 떠나는 장면에서는 누구라도 눈물을 짓지 않을 수 없을 것이다. 1899년, 25세의 피 끓는 청년이 청춘을 불사르고 66세가 되어 떠났으니 그는 인생의 반 이상을 한국 땅에서 보낸 셈이다. 그에게 한국을 떠난다는 것은 한편으로는 고향으로의 영구 귀국이었으니 이제 고생 끝이라며 행복해했을 수도 있을 것이다. 그러나 다른 한편으로는 자원했던 선교사 생활이 강제에 의해서 좌절되었으니 그의 인생에 있어서 견디기 어려운 커다란 굴곡이었음이 틀림없다.
    그의 귀국이 사실은 그에게만 일어난 개인적인 사건이 아니었다.

가족이 감당해야 할 사건이었고, 더 나아가서는 복음을 전해 준 선교사들 전체가 감당해야 할 사건이었다. 블레어(Blair)의 아래와 같은 편지글은 그들의 애타는 심정을 그대로 전해 주고 있다.

> 재판 절차도 없이, 정부의 요구와 군부의 힘을 빌린 경찰의 위협으로 말미암아 우리는 이렇게 국외 추방을 당하게 되었습니다. 나는 끝까지 버틸 것이라고 말했었습니다. 하지만 결국 순응하는 것이 훨씬 현명한 선택임이 분명해졌습니다. 기독교인으로서의 양심을 버려야 할 고백이 요구된 것이 아니었으므로 쉬운 일이었습니다.
>
> 떠나는 것은 언제 하더라도 힘들었을 것입니다. 하지만 주위에서 계속되는 전쟁에 대한 위협이나, 우리가 처한 강제 수용소와 같은 이 치욕적인 상황이나, 모든 것을 '얼어붙게' 만드는 전쟁의 보복으로 인해 우리가 직면하게 된 피해나, 그리고 지난 수십 년간 사랑으로, 믿음으로 봉사해 준 한국인들에게조차 첩자로 내몰리면서도, 경찰이 서둘러 우리를 자신의 영역에서 쫓아내려고 했지만 우리는 웃어넘기고자 했습니다. 우리가 참으로 유감으로 생각하는 사실은 한국인 기독교인 친구들이 남아서 전쟁을 통해 부활하는 이교도의 폭력 앞에서 고개를 숙여야 한다는 사실입니다.
> [*CHB*, 513쪽]

뿐만 아니라 신사참배 문제로 일본 정부와 알력이 생겼을 때 학교를 운영하던 그들은 결코 굴복하지 아니하고 차라리 폐교를 결정했다. 담판을 벌이는 과정은 손에 땀을 쥐게 할 정도로 마치 한 편의 드라마를 보는 듯하다. 그리고 전쟁이 점점 격렬해지면서 위기가 엄습해 오는데도 브루엔을 비롯한 많은 선교사들은 귀국을 서두르는 대신 더 머물 수 있는 가능성을 찾는 것에 총력을 기울였다. 블레어 부부는 나중에 필리핀의 산토 토마스(Santo Tomas) 정치범 수용소에 억류되어 결국 1945년 2월 20일에 그곳에서 사망하고 말았다. 그리고 1911년에 내한하여 28년간 신명학교의 교장직을 수행하다가 1941년 5월에 영구 귀국한 것으로 알려진 폴라드는 1943년 겨울에 세부(Cebu) 수용소에 있다가 역시 산토 토마스 수용소로 끌려온 것이 목격되었다고 한다. 그 후에는 어떻게 되었는지 알 수 없으니 참으로 애석한 일이다. (CHB, 567쪽)

이 책을 완역했지만 편집 과정에서 대구 선교지부 회원 명단(CHB, 455쪽)이나 대구 선교사 자녀들의 명단(CHB, 533-534쪽), 대구기지 선교사 자녀들의 교사(CHB, 535쪽), 대구기지 회원 선교사들의 결혼(CHB, 535쪽), 용어집(CHB, 529-530쪽), 한국사 하이라이트(CHB, 536-544쪽) 등은 책에 싣지 않기로 했다. 원문인 CHB의 내용 자체가 불분명하거나 부실한 경우도 있고, 때로는 번역의 가치가 느껴지지 않았기 때문이기도 하다. CHB, 470쪽에 실린 "대구의 오 목사 이야기"(The Story of Pastor Oh of Taigu, Korea)는 번역본 제2권 315-317쪽에 실려 있다. 이는 CHB, 196-197쪽과 일치하기 때문에 그 번역을 이 책에 중복 게재하지 않았다.

그 대신 **부록 2**에 역자의 해설을 첨부했다. 번역을 하는 과정에서 역주로 처리한 분량이 상당하지만, 그것만으로는 충분하지 않았기 때문이다. 다시 한 번 말하지만 이 책의 가치는 자료에 있다. 편집자의 시점이 분명하기 때문에 해석은 독자들의 몫이다. 번역과 해설은 그런 뜻에서 독자들의 이해를 도와주는 역할을 할 것이다. 특히 통시적이고 공시적인 맥락을 필요로 하는 부분에서 이런 해설은 도움이 되리라 믿는다. 전편보다 더 흥미롭고 읽기가 수월하기를 바라지만 지금까지의 번역을 함께 읽어 온 독자들에게는 그저 단편적 에피소드들의 모음이 아니라 '통찰'을 제공하는 책이 되었으면 좋겠다.

원문에 해당하는 *CHB*는 각 꼭지들의 배열이 특별한 원칙 없이 이루어졌거나 때로는 생략 혹은 첨가가 함부로 이루어진 부분이 있음을 밝힌 바 있다. 따라서 번역과 주해의 역할뿐만 아니라 편집의 역할까지 감당을 해야 했다. 그렇게 된 과정에서 독자들이 유의할 필요가 있는 몇 가지 사항들을 간단히 제시한다.

① 각 꼭지마다 붙는 제목과 순서들은 편역자가 임의로 바꾸었다. 이는 제목을 통해 내용을 짐작할 수 있도록 하고, 가능한 한 연대기적인 순서를 지키기 위함이다.
② 그 대신 각 꼭지의 끝에 반드시 원문의 출처를 표기하였다.
③ 원문의 내용 가운데 클라라의 가필이라고 생각되는 부분은 글자의 색을 달리하여 구분했다.
④ 생략된 부분을 다른 자료에서 찾아낸 경우에도 그것을 되살려 원래 자리에 배치하고 출처와 함께 글자의 색을 달리하여 구분했다.
⑤ 로마자로 표기된 한글의 경우, 특히 인명이나 지명 같은 고유명사의 표기가 분명치 않은 경우는 원문을 그대로 두었다.

이 책의 번역과 출판은 '대구남산교회 100주년 기념위원회'의 기금으로 이루어졌다. 이 책의 주인공인 브루엔이 남산교회의 설립자이기 때문이다. 매우 의미 있는 일이기는 하지만, 사실 이 책은 대구

남산교회의 역사를 이해하는 데는 부분적인 도움을 줄 뿐이다. 그럼에도 교회 측에서 이러한 사업에 나선 이유는 "100년 은혜, 세상과 나누리!"라는 그들의 슬로건에 담겨 있다. 그야말로 공익을 위한 투자라고 할 수 있다. 100년의 남산교회 역사는 어떤 한 교회의 개별 역사가 아니라 대구라는 지역사회의 역사이며, 영남의 역사이고, 동시에 한국 선교 역사와 한국 근대사의 일부임을 알고 있었던 것이다. 그런 뜻에서 이 책은 대구남산교회가 100년간 받은 은혜를 세상과 나누는 데 구체적인 역할을 할 것으로 믿는다. 이것이야말로 사회에 대한 교회의 책임이고 의무가 아니겠는가? 100년 전 선교사들이 이 땅에 복음을 전파하기 위해 흘린 눈물과 그들의 땀이 서린 기도와 헌신이 이 번역을 통해 조금이라도 세상에 드러날 수 있으면 좋겠다.

　　　　번역과 해제와 편집을 맡은 이 *김중순*

목차

발간사 | 6
일러두기 | 8

제1장 새로운 출발

1. 재혼 [451] | 20
2. 성탄절 소식 [452] | 22
3. 여자들의 사역 [452-454] | 24
4. 천막전도 [454-455] | 28
5. 새로운 도약을 희망하며 [456-457] | 31
6. 성탄절 인사 [457-458] | 35
7. 대구의 골짜기에서 역사하시는 하나님 [553-564] | 38

제2장 1935~1938

1. 제사 문제 [458-460] | 66
2. 선교지의 활력 [465-469] | 71
3. 보천교(普天敎) 성직자 [469] | 81
4. 지치지 않는 선교의 활력 [475-477] | 84
5. 헤드버그의 베이징 여행 [478] | 89
6. 세계의 복음화를 위하여 [471-475] | 92
7. 선교의 현장에서 [479-480] | 102
8. 수확을 기다리며 [480-482] | 106
9. 우울한 총회 결과 [482-483] | 110

제3장 심상치 않은 분위기

1. 신사(神社) 문제와 학교 [461-464] | 116
2. 폴라드 교장의 환갑잔치 [488-491] | 124
3. 감사의 말씀-회고 [492-497] | 131
4. 그때 그 시절 [485-588] | 142
5. 시상 공표 [484] | 150
6. 중국 파송 선교사 [491] | 151
7. 이 수년 내에 부흥하게 하소서 [498-501] | 153

제4장 떠나야 할 시간

1. 얼어붙은 분위기 [496] | 162
2. 지붕이 무너지다 [497] | 164
3. 폭풍을 맞을 준비 [501-506] | 165
4. 여성들을 위한 세계 기도의 날 [508-510] | 177
5. 세계 기도의 날 역사 [507] | 182
6. 1941년 [515] | 185
7. 헨더슨의 귀국 [514] | 189
8. 마지막 설교 [517-518] | 193
9. 상하이로 잠시 피난 [518-519] | 196
10. 마지막 담판 [510-513] | 198
11. 뒤치다꺼리 [519-521] | 205

제5장 집으로

1. 피난선을 타고 [521] | 210
2. 감사의 편지 [525] | 220
3. 마지막 피난길 [565] | 221
4. 방송 [525] | 227
5. 산타크루즈에서 보낸 여생 [526] | 228
6. 수용소의 폴라드 교장 [567] | 229
7. 머나먼 선교여행을 끝내고 [526-527] | 233

제6장 인간 브루엔, 그리고 훗날 이야기

1. 브루엔은 요한, 아담스는 베드로 [136] | 238
2. 대구에 첫발을 디뎠을 때 [241-242] | 239
3. 함께하기에 즐거운 사람 [369] | 241
4. 저 사람이 자네 아버지인가? [366] | 243
5. 뛰어난 기억력 [513] | 245
6. 국회의원 이갑성의 편지 [572-573] | 247
7. 내가 가장 좋아한 사람 [526] | 250
8. 고향 생각 [270-271] | 252

부록 1 : 자료들

1. 국제관계의 재개를 희망하며 [569-570] | 256
2. 한국전쟁 때 북한군의 전단지 [570-571] | 259
3. 대한예수교장로회 총회를 위한 미국 대사의 인사말 [573-574] | 262
4. 프린스턴 대학교 도서관으로부터 [179] | 265
5. 선교사들과 봉사연도 [531-532] | 268
6. 장로교 해외선교위원회 역대 총무 [529] | 271

부록 2 : 역자의 해설

1. 한반도 최초의 야구 [127; 제1권 127쪽 참조] | 274
2. 네비우스 선교정책 [38; 제1권 174쪽 참조] | 279
3. 의화단 사건 [96-97; 제1권 275쪽 참조] | 283
4. 초대받지 않은 손님 [110-111; 제2권 30-32쪽] | 287
5. 태프트-가쓰라 밀약 [191-192] | 292
6. 평양 대부흥 운동 [130-132; 제2권 121-126쪽 참조] | 295
7. 105인 사건 [177; 제2권 236-237쪽 참조] | 300
8. 하와이 이민 [204; 제2권 265-266 참조] | 303
9. 게일(James Scarth Gale, 1863-1937) 박사
   [162; 제2권 294-295쪽 참조] | 307
10. 자치파동 [550-551; 제3권 208쪽 이하 참조] | 310
11. 관동대학살 사건에 관하여 [318-321; 제3권 315-316쪽 참조] | 314
12. 소래 해변 [223; 제3권 20쪽 참조] | 317
13. 브루엔의 두 딸 | 320

부록 3 : 브루엔 연보

브루엔 연보(年譜) | 324

찾아보기 | 332

제1장 새로운 출발

1. 재혼

해리엇 브루엔

어머니 마사 브루엔이 돌아가신 뒤(1930년 10월 20일), 아버지는 휴가를 얻어 다음 해 여름에 미국으로 돌아갔습니다. 그해 의붓할머니와 할아버지도 뉴저지 벨비데르에서 돌아가셨습니다.

아버지는 대구로 돌아와서 다시 일을 시작했고, 1934년 어머니날 전날에 클라라 헤드버그(Clara Hedberg)와 약혼을 했습니다. 그녀는 어머니의 친구였고, 어머니가 아플 때 돌보아 주었던 간호사이기도 했습니다. 그들은 가을에 결혼하기로 계획을 했습니다.

그해 여름, 아버지와 나는 소래 해변으로 가서 라이언 부부와 함께 별장에서 지냈습니다.

클라라는 지리산에 올라가기로 계획했지만 억수같이 쏟아지는 소나기 때문에 올라가지 못했습니다. 같이 가기로 했던 다른 사람들도 마찬가지였습니다. 그래서 클라라 역시 소래로 가서 도리스 양과 함께 지냈습니다.

8월 22일, 그들은 서울에 있었습니다. 해리엇 폴라드(Harriette Pollard)가 그들과 함께 미국 영사관에 갔습니다. 거기서 그들은 일본 정부가 요청하는 것들을 포함해서 많은 서류에 서명을 했습니다. 나오는 길에 아버지가 폴라드와 헤드버그를 비서에게 소개했더니 그는 즉시 "브루엔 부인이시군요"라고 말했답니다. 그것은 그녀가 처음으로 브루엔 부인으로 불린 사건이었고, 실제로 그들은 그 후에 법적으로 결혼을 했습니다.

결혼식은 1934년 9월 4일 대구로 돌아와서 열렸습니다. 클라라가 폴라드와 버그만(Bergman)과 함께 살던 알파하우스의 거실에서 열렸습니다. 블레어(Blair) 부인이 빌려온 풍금을 연주했고, 네드 아담스(Ned Adams)가 집례를 했습니다. 손님들은 선교사들이었는데 대구에서 일하는 사람들도 있지만 이 결혼을 위해 다른 곳에서도 여러 명이 왔습니다. 그리고 병원과 교회에서 온 한국인 친구들도 여럿 있었습니다.

피로연이 열렸는데 실내 공간이 부족한 탓에 많은 한국인 하객들에게는 옆 마당에서 저녁을 대접했습니다. 이후 외국인 손님들은 실내에서 대접했습니다. 그런 후에 모두가 아버지의 집으로 가서 식탁에 놓인 선물들을 구경했습니다.

식이 끝나고 그들은 기차를 타고 소래에 가서 짧은 허니문을 보냈습니다. 회의에도 참석하고, 외국인 학교에서 가르치고 있는 저를 방문하기 위해 평양으로도 갔습니다. 그리고 다시 선교사역을 시작하기 위해 대구로 돌아왔습니다.

[CHB, 451쪽]

2. 성탄절 소식

1934년 12월 29일

미국 장로교회 해외선교국
156번가(街), 뉴욕

친구들에게

우리는 멋진 성탄절을 보냈습니다. 평양에서 선교사 자녀들을 위한 학교에서 교사로 일하고 있는 해리엇은 성탄 휴가 동안 우리 집에 와 있습니다. 그녀는 집 안에서 손님을 맞이 있는데 이번 주에 우리는 계속해서 한국인과 일본인 친구들에게 저녁식사를 대접하고 있습니다. 성탄절을 가정의 날로 지키고 있기 때문에 한국인들에게도 그렇게 하도록 권유하고 있습니다. 그날을 전후해서 우리는 손님들을 집으로 초대하여 크리스마스 트리 앞에서 휴일을 함께 즐길 계획입니다.

---

1) 한국에서 크리스마스 실 보급운동이 시작된 것은 1932년 셔우드 홀(Sherwood Hall) 선교사에 의해서이다.

나는 결핵 퇴치 사업을 위해 크리스마스 실 캠페인[1]을 벌이고 있습니다. 결핵은 특히 젊은이들에게는 죽음이나 마찬가지입니다. 선교 병원은 그다지 많은 일을 할 수 없었지만 연합 위원회가 형성되어 그에 관한 문서와 정보를 준비하고 배부하는 일에 힘을 쏟았습니다. 모든 사람들이 공감한다고 했고, 반응도 좋다고 들었습니다. 우리는 학교와 기독교 면려회에서도 강의를 준비 중이고, 크리스마스 실을 팔기 위해 마을에 주문을 받으러 다니고 있습니다.

여러분이 즐거운 크리스마스를 보내고 새해가 모두에게 축복이 되었으면 합니다.

당신들의 신실한
(헨리 M. 부인) 클라라 헤드버그 브루엔[2]
[CHB, 452쪽]

---

2) 역주-재혼한 후이므로 브루엔 부인이 다름 아닌 자기 자신 클라라 헤드버그임을 강조해서 밝히고 있다. 이후의 편지에서도 계속 나타난다.

3. 여자들의 사역

1934-1935년

헬렌(Helen)[3] 에게

우리는 당신이 2년 전에 버그만 양과 함께 방문했던 동네인 Chingki에서 방금 돌아왔습니다. 거기가 어떤 곳인지는 기억하겠지요. 정말 현대 문명과는 거리가 먼 곳입니다. 버그만 양은 그곳에 한 전도부인과 2주간 머물렀고, 그 후에는 전도사가 한 달 동안 더 머물렀지만 특별히 눈에 띄는 성과는 없었습니다.

하지만 뭔가 다시 모색되어야 할 것으로 보였습니다. 브루엔 선생은 성경학교 천막을 구했습니다. 강 목사는 이 일을 마무리하기 위해 2주 동안 추가로 사역했습니다. 그에게는 노회가 50주년 기념식에서 가정 선교사업을 하기 위해 모은 기금으로 지원을 했습니다. 전도부인인 김씨 부인은 2주 동안 가서 도울 수 있었고, 그리고 여러 이웃 교회의 봉사자들이 며칠씩 올 수 있었기 때문에 우리는 참으로 다행이었습니다.

---

3) 역주-Helen M. Henderson.

큰 마을 입구에 있는 액막이를 위한 자그마한 당나무 숲을 기억하시는지요? 그 안에 사당도 자리 잡고 있는 곳 말입니다. 우리는 그곳에 도착한 후에 지혜로운 전도부인이 숲 속에 있는 빈 집을 하나 차지하고 그 앞 빈터에 천막을 세웠다는 사실을 알게 되었습니다. 우리는 거기서 방 하나를 잡아 묵었는데 그녀는 이웃 마을에서 온 두 명의 젊은 여성 교인들과 함께 방을 썼습니다. 방은 마루를 사이에 두고 건너편에 있었습니다.

이런 경우는 보통 있는 일이었습니다. 우리가 간이침대를 펴면 다른 것을 놓을 자리가 전혀 없습니다. 그리고 이번에는 천막을 치는 데 필요한 여러 가지 장비들을 가져왔고, 입체 환등기와 슬라이드, 가스등 등 여러 가지 도구도 있었기 때문에 모든 것을 방 안에 제대로 두려면 마치 가로세로 퍼즐을 하듯 해야 했습니다. 버그만 양이 주말에 왔을 때 우리는 10년 전 일을 기억했습니다. 그때 처음으로 지방 순회를 했는데 손을 씻고는 세균에 감염되지 않도록 한다며 손에 수건을 감쌌던 일이 있었습니다. 그 일을 생각하며 크게 웃었고, 그런 '세균' 따위가 있다는 사실을 지금까지 까맣게 잊고 살았던 것 같습니다. 진보인가 퇴보인가 하는 것은 결국 사람의 관점에 따른 것입니다.

비가 무척 많이 왔는데 시골에서는 항상 걱정거리이지만 천막에 물이 새지 않으니 사람들은 오히려 재미있어 했습니다. 우리는 당신이 없는 2년 사이에 믿게 된 두 명의 여성을 알게 되었습니다. 그들은 성경을 가지고 읽고 있었지만 기독교적인 삶에 대해 더 충실할 수 있는 기회가 없었습니다. 그들은 서로 반대 타입이었습니다. 한 명은 어리석다기보다는 좀 느린 성격이라 그저 간단한 진리조차도 이해하기 어려워했습니다. 다른 한 명은 재빠르고 영민했는데, 예수의 삶에 관심을 가진다는 이유로 과부인 시어머니가 격분하여 사사건건 구박을 하고 있었습니다. 주일에 그녀가 소규모 공부반에 참여했을 때 우리는 다른 여성이 그녀에게 인사하는 것을 듣고서야 그 시어머니의 학대에 대해 알게 된 것입니다. "어떻게 호랑이한테서 도망쳐 나왔어?" 이런 이야기를 들은 지 2년이 지났지만 그녀의 믿음은 전혀 흔들리지 않았고, 지금도 교회 모임이 있을 때면 시어머니의 그 어떤 행동에도 불구하고 참여하고 있습니다.

우리는 또한 신명여학교 졸업생 가운데 한 사람이 전통에 따라 자기 시집이 있는 이곳 시골로 와서 살고 있는 것을 알게 되었습니다. 그녀의 가족은 이제 하나님을 믿는 가족이 되었습니다. 또한 거의 맹인이나 마찬가지로 우리 병원을 찾아왔던 남자 한 명도 열성적인 기독교인이 되었습니다. 30년 전에 다른 곳으로 이사를 갔다가 다시 이곳에 돌아온 가족도 있습니다. 그들은 기독교인이었는데 새로 들어온 며느리는 우리 청소년 성경학교에서 지난가을에 공부를 했습니다. 그저 무관심한 관찰자라 할지라도 이것이야말로 복된 상황이 아니라고 말할 수 없습니다. 빛을 향해 조금씩 나아가는 새 신자들은 먼저 믿은 기독교인들이 생명과 빛의 길에서 자신들을 돕기 위해 애를 쓰고 있다는 사실을 알게 된 것입니다.

하지만 이것이 우리의 학교나 병원이나 성경학교나 농촌 전도사업이 모두 복음 전도 기관임을 말해 주고 있는 게 아니겠습니까? 나는 우리 기지에서 벌이고 있는 이런 모든 사업들이 어떻게 전체적인 사업에 공헌을 하는지 지켜보는 일에 굉장히 흥미를 가지고 있습니다. 언뜻 보면 믿지 않는 마을로 천막을 들고 찾아들어가 설교를 하고 심방을 하는 것이 우리 사역에서 가장 중요한 것이라고 생각될 수도 있습니다. 하지만 병원이나 학교나 성경학교들도 각각 기여하는 분야가 있습니다. 그것은 오랜 세월 동안 유교의 거점이었다가 이제는 몰락해 가는 이 사회가 필요로 하는 분야이며, 그 분야를 되살려 내는 힘으로 말미암아 이곳이 다시 기독교의 거점이 될 수 있다는 것입니다. 이런 일은 여기서만 일어나는 일이 아닙니다. 오히려 시골에서는 언제나 있어 온 전형적인 경우입니다. 우리가 그곳을 떠나기 전에 사람들이 교회 부지를 기부하고 건축 기금을 모금하고 있었습니다. 그리고 며칠 전에는 전도부인이 와서 건물을 짓는 일이 시작되었다고 이야기했습니다.

1934년 9월 4일에 결혼한 이후로 나는 남편과 함께 여러 차례 순회 출장을 하느라 시골에 가 있었는데 모든 것이 매우 흥미로웠습니다. 지리 공부가 빠른 속도로 진행되어 그저 이름만 알고 있던 곳을 직접 체험하게 되었습니다.

클라라 헤드버그 브루엔
[*CHB*, 452-454쪽]

4. 천막전도

헨리 먼로 브루엔, 1935년 5월 31일

　순회전도를 위한 새날이 왔습니다. 천막전도가 그 문을 열게 된 것입니다. 성경학교에서 천막을 확보했는데 노회는 여러 차례의 경험 끝에 이것이 약한 교회를 돕고 새로운 교회를 시작하는 데에 무척 도움이 된다는 사실을 알게 되었습니다. 그래서 그들은 봄과 가을에 각각 몇 곳의 교회에서 순회전도를 할 한국인 목사들을 채용하는 데 동의했습니다. 그 대신 선교사들은 봄과 가을에 낙후된 지역에서 천막전도를 하기로 했습니다. 한국인 목사들도 천막전도에 익숙했고, 결과는 무척 만족스러웠습니다. 새로운 처소들이 시작되었을 뿐만 아니라 새로운 복음정신이 교회의 분위기와 사람들의 마음을 사로잡았습니다. 그것은 이러한 집회에 참여한 덕에 얻어진 결과입니다. 브루엔 부인, 버그만 양과 더불어 나는 며칠간 그런 집회를 이끌었습니다. 책임을 지고 있던 한국인 목사는 그의 아내가 아픈 바람에 참석하지 못했습니다. 결국 주간 집회는 내가 두 사람의 조사와 함께 진행하게 되었습니다.
　우리가 차를 타고 목적지에 도착하니 내가 미리 보내 놓은 천막이 이미 세워져 있고 첫날 저녁예배를 드릴 준비가 되어 있었습니다. 조사

가운데 한 명은 신학생이었는데 대부분의 저녁예배에서 훌륭하게 설교를 했습니다. 어느 날 저녁에는 또 다른 젊은 조사가 도착하여 설교를 했는데, 역시 큰 도움이 되었습니다. 한 젊은이는 나팔로 보조를 맞춰 주기 위해 30마일을 자전거를 타고 왔고, 북은 근처 학교에서 빌렸습니다. 매일 저녁마다 나는 성경학교 환등기로 예수의 생애에 대해 15장 정도의 사진을 보여 주었고, 그것이 끝나고 나면 15세 미만의 아이들을 다른 건물로 데리고 가서 특별한 대화를 나누었습니다. 그래야 어른들이 다시 그곳에서 집회를 가질 수 있었기 때문인데 이것은 참으로 효과적인 공간 활용이었습니다.

비가 상당히 많이 쏟아졌지만 저녁마다 300~600명 정도가 나왔습니다. 이러한 노력은 우리가 예전에 몇 번이나 새 교회를 시작하려고 했던 '양반' 마을에서도 해 본 일입니다. 최근에 몇몇 기독교인이 이사를 와서 우리의 바람과 기도가 이제 응답을 받는 것처럼 보였습니다. 2년 전에는 앞을 못 보는 남자가 복음의 진리를 읽을 수 있는 내면의 시력을 얻었습니다. 그는 대구기지의 병원으로 가서 부분적이나마 시력을 회복했습니다. 그는 자기 집안뿐만 아니라 이웃 집안사람들에게도 신실한 복음전도자임을 입증했습니다. 이 집회가 마치는 날 그는 땅 300평을 교회 부지로 기증했고, 어떤 사람들은 목재를 제공했습니다. 그리하여 교회를 세우려는 계획이 착착 진행되었습니다.

천막을 하루 일찍 트럭으로 실어 보냈지만 일꾼들이 다시 7마일을 더 끌고 가야 했습니다. 집회가 주일 밤에 끝났으니 천막은 월요일 정오까지 아담스 선생에게 돌려주어야 합니다. 내 차는 가득 차 있기 때문에 마지막 집회를 마치고 12시간 만에 대구로 돌아가는 것은 불가능해 보입니다. 3일 동안 비가 왔으니 이 길로는 자동차가 거의 다닐 수 없는 형편이었습니다. 얕았던 시내는 깊은 급류가 되고 길은 미끄러워서 천막을 실은 트럭이 미끄러져 헤어나오지 못한다는 소식이 들렸습니다. 지금 나는 급류가 줄어들어 내 차가 엔진 손상을 입지 않고 건널 수 있기를 기다리며 여관집 방바닥에 앉아 편지를 쓰고 있습니다. 우리는 오늘 집에 도착하기로 되어 있었지만 아직 25마일이나 남아 있는데다 배를 타고 건너야 할 강이 두 개나 있고 지나가야 할 급류도 수없이 많아 지금이 가장 어렵고 위험한 순간입니다. 예비 타이어 두 개를 모두 사용했기 때문에 하나를 더 구하기 위해 나는 방금 마을로 사람을 보냈습니다.

[*CHB*, 454-455쪽]

5. 새로운 도약을 희망하며

헨리 먼로 브루엔, 1935년 11월 28일

매튜슨(Mathewson) 선생께

나는 방금 선교국의 조지 H. 트룰 목사로부터 엠우드 교회가 나를 후원하는 데 일부를 부담할 것이라는 소식을 전해 들었습니다. 특히 이번 일이 제네시 장로교회에 있는 나의 좋은 친구 우드콕 박사를 통해 이루어졌다는 사실이 기쁩니다. 그와 제네시 교회의 교인들은 참으로 훌륭한 사람들인데 이분들은 내가 휴가 중에 알게 된 분들입니다. 아시다시피 나는 1899년에 한국에 와서 지난 36년 동안이나 이곳에 살면서 참으로 귀한 경험을 했습니다. 가끔은 만약 내가 아닌 다른 사람이었더라도 이런 봉사를 할 수 있었을까 궁금하기도 하지만 나는 가족 관계로 말미암아 얻게 된 자그마한 지식 그리고 4, 5대에 걸쳐 여러 가족들과 맺은 목회자로서의 관계를 감사하게 생각합니다.

내가 이곳에 처음 왔을 때 우리는 해안가인 부산에서 3일에 걸쳐 내륙으로 들어왔습니다. 업무상 부산으로 가서 배를 타고 서울로 갔을 때를 제외하면, 다른 외국인은 거의 보지 못했습니다. 해안에 이르기 위해 가끔 배를 타고 강을 따라 4, 5일씩이나 내려가기도 했습니다. 지금은 교통 시설이 워낙 발전하여 마치 다른 세상 같은 느낌입니다. 열흘씩 걸렸던 서울까지의 여행이 8시간이면 도착할 수 있게 되었습니다. 우리가 처음 왔을 때는 나의 자전거와 의료 담당인 존슨의 자전거가 서울과 부산 사이에 있던 유일한 바퀴 달린 교통수단이었습니다. 지금은 우리가 시베리아 횡단열차를 통해 파리와 부산을 직접 연결하는 철도 선상에 있습니다. 우리의 많은 선교사들이 유럽을 방문할 때에 이 철로를 이용합니다. 이제 하늘에는 비행기가 다니고, 땅에는 버스와 자전거가 수없이 많고, 신형 택시도 있습니다. 수도 시설도 완비되었고, 전기와 은행 시설 그리고 그 외에도 많은 현대적 편의시설이 갖춰진 세상에서 우리는 살고 있습니다.

　내가 처음 도착했을 때 이 도(道)의 3백만 가까이 되는 사람들 중에 세례를 받은 사람은 단 두 명뿐이었습니다. 그 가운데 한 명은 부산에서 세례를 받는데, 나의 선배이자 동료인 J. E. 아담스 목사가 처음 이 지역에 왔을 때부터 수년 동안 동행했던 사람이었습니다. 이제 우리는 두 곳의 선교기지가 있고, 두 곳의 현지 노회가 있으며, 500개의 자립교회에 약 15,000명의 신도들이 있습니다. 우리 기지는 또한 플레처 박사의 유능한 리더십 덕택에 방재시설이 된 현대식 병원을 지었으며, 400명의 남자 아이들이 다니는 계성학교는 헨더슨 선생이 교장으로 있고, 150명의 여자 아이들이 다니는 신명학교는 폴라드 양이 확실하게 이끌고 있습니다. 그녀는 지금 뉴욕의 선교국에서 금방이라도 닿을 수 있는 곳에서 휴가를 보내고 있습니다. 남자는 두 달, 여자는 두 달 반의 과정으로 운영되는 성경학교가 있으며, 20세 미만의 여학생들을 위한 청소년 성경학교와 지방으로 나가 가르칠 수 있는 인력을 양성하는 2

주짜리 전도부인 보통반이 있습니다. 플레처 박사는 또한 나환자 650명이 수용되어 있는 나병원도 감독하고 있습니다. 우리의 대구 교회들은 모두 6개가 있는데, 그동안 많이 성장하여 모두 현지인들이 이끌고 있습니다. 그 가운데 목사와 당회의 5분의 4가 한국인입니다. 벽돌로 지은 교회 건물도 너댓 개 가지고 있는데 세 군데의 교회는 아이들을 포함해 1,000명이 넘는 사람들이 출석하고 있습니다. 이들은 모두 자립교회입니다.

하지만 추수감사절을 맞아 이 모든 발전을 돌이켜보니, 나의 최고의 기쁨과 만족은 요한3서 1장 4절의 "내가 내 자녀들이 진리 안에서 행한다 함을 듣는 것보다 더 즐거움이 없다"는 말씀 속에 있음을 알 것 같습니다. 다시 말하면, 미래의 교회 지도자들을 육성하는 일과 내가 그 일에 참여할 수 있었다는 사실이야말로 내가 가장 바라던 바였다는 것입니다. 여기에는 대구에서 일하는 대다수의 목사들과 우리 노회 소속 목사들 가운데 반에 해당하는 30명, 중국 산둥 반도에서 중국인들을 대상으로 아내와 함께 일하는 해외선교사 1명 그리고 일본에서 한국인 교포들을 대상으로 일하는 여성 선교사 1명이 포함됩니다. 전자는 한국 교회가 지원하고, 후자는 남부 지역 장로회(Presbyterial of the Southern Provinces)에서 지원합니다.

내가 바라는 것은, 이 보고를 통해 여러분이 이 땅과 이곳에서 살아가는 사람들의 모습을 조금이라도 짐작할 수 있는 것입니다. 봉사의 두 가지 목적이 잘 연계될 수 있도록, 제가 어떤 일을 해야 할지 제안을 해 주신다면 기쁘게 받겠습니다. 여러분의 목사님께도 간단한 글을 드렸습니다. 이 편지를 비롯하여 다른 편지도 가능한 한 많은 교인들에게 읽혀지면 좋겠습니다. 아내와 더불어 인사를 드립니다.

신실한 마음과 기도하는 마음을 담아
(서명) 헨리 M. 브루엔

28년 전에 한국에는 엄청난 성령이 쏟아부어졌습니다.[4] 이제 모든 교회가 머지않은 날에 또 다른 성령이 쏟아부어지기를 고대하고 기도하고 있습니다. 이러한 우리의 간절함에 동참해 주시기를 바랍니다.

[*CHB*, 456-457쪽]

---

4) 역주-1907년에 있었던 평양 대부흥 운동을 말한다.

6. 성탄절 인사

대구, 조선, 일본,[5] 1935년 12월 27일

미국 장로교회 해외선교국
156번가, 뉴욕

친구들에게

성탄절 안부를 보내 준 데 대해 감사를 드립니다. 우리도 무척 즐거운 성탄절을 보냈습니다. 우리는 마지막에 너무 쫓기지 않도록 하기 위해 일찌감치 서둘러 준비를 시작했고, 어떤 것은 미리 끝내 놓았습니다.

브루엔의 딸인 해리엇은 올해는 집에 와 있는데, 휴가 기간에 두 명의 친구가 찾아와 함께 지내고 있습니다. 덕분에 나는 무척 바쁘지만 에진과는 무척이나 나른 휴가입니다. 우리는 평소보다 더 많은 손님들을 맞았는데 지부 사람들 대다수가 휴가 중이기 때문에 내가 잘 모르는

---

5) 역주-대구는 조선 땅이고, 조선은 일본에 속한 땅임을 표시한 것이다.

일들도 떠맡게 되었습니다. 그렇지만 나는 이 모든 것들을 즐기고 있습니다.

9월 중순에 청소년 성경학교는 나의 시간을 많이 잡아먹었습니다. 이것은 별다른 교육을 받을 기회가 없는 시골 교회 여학생들을 위한 한 달짜리 성경 공부 과정입니다. 보통은 헨더슨 부인과 버그만 양이 그 교육을 책임졌지만 둘 다 부재중이었기 때문에 밀러 부인이 청주에서 돌아와 이들을 가르쳤고, 나는 기숙사를 책임지고 전체적으로 그 교육이 돌아가도록 했습니다.

나는 올해 이 일을 감당할 수 있어서 기쁩니다. 이 소녀들은 자기들의 작은 시골 교회에서 주일학교 교사나 모든 교회 활동의 리더로서 대들보 역할을 하기 때문입니다. 이 아이들 대다수는 공부를 할 수 있는 기회가 달리 없을 뿐만 아니라 기숙사 생활을 하고 도시로 나오는 것 자체가 커다란 자극이었습니다.

그리고 다시 브루엔의 담당 지역에서 여성들을 위한 사경회를 마련하는 것이 나에게 새로운 일이 되었고, 전체 선교사 모임을 위한 월별 선교 프로그램을 준비하는 것도 바쁜 일 가운데 하나였습니다.

하지만 나는 곧 이 일들을 다른 사람에게 넘길 것입니다. 왜냐하면 앞으로 몇 달 동안 개인적인 문제로 바빠질 것이기 때문입니다. 2월에는 우리 가족에 '작은 곰'이 합류하게 될 것 같습니다.[6] 나는 기분도 괜찮고, 나 스스로를 더 이상 피곤하게 하지 않는다면 평소에 하던 일들을 계속 해 나갈 수 있을 것 같습니다. 주님은 우리에게 너무나 선하시고, 우리는 그분을 찬양하며 감사합니다.

---

6) 역주-클라라가 임신했음을 암시하는 것이다.

여러분 모두에게 새해 축복을 빌며
클라라 헤드버그 브루엔
(헨리 M. 부인)

클라라 브루엔이 이 흥미로운 내용을 덧붙입니다.

우리가 소래 해변에서 돌아왔을 때 브루엔은 옆집 플레처 박사의 집에 가서 우리가 아기를 가졌다는 사실과 내가 아이를 낳으러 평양으로 가기를 원한다는 것을 이야기했습니다. 그곳 병원에는 성공회 선교사인 여자 의사가 있기 때문입니다.
하지만 브루엔이 우리의 임신을 공포하자 플레처 박사는 이렇게 반응했습니다. "별로 놀랄 일이 아닌걸!" 브루엔이 "어떻게 알았어?"라고 묻자 플레처 박사는 "자네들이 없을 때, 밖에서 엄청나게 시끄러운 소리가 들려 무슨 일인지 나와서 봤지. 병원에서부터 나오는 좁은 길과 주택가 건너 길에 한국 사람들이 가득 모여 흥분한 가운데 가리킨 곳이 자네의 집이었어. 그런데 놀랍게도 자네의 집 지붕 위에 황새 한 마리가 앉아 있더군."
실로 지난 몇 년 만에 처음으로 대구에 황새가 나타났습니다. 그래서 사람들이 그렇게 흥분을 했던 것입니다. 물론 희귀한 일이 생겼다는 것은 중요한 일이 있을 것이라는 뜻이기 때문입니다.

[*CHB*, 457-458쪽]

7. 대구의 끝짜기에서 역사하시는 하나님

아시아, 한국, 대구에서, 1935년

"태초에 하나님께서." 성경은 이렇게 시작합니다. 역사도 그렇게 시작합니다. 모든 사람들에게 있어서 역사라고 하는 것은 하나님께서 자신의 죄 많은 자녀들과의 관계를 이루어 가는 기록이라고 할 수 있습니다. 그러나 기독교 역사에서의 하나님은 때와 장소에 따라 다릅니다. 더구나 한국의 이 영남 지역에서 기독교의 영향과 관련된 최초의 '때와 장소'는 그보다 훨씬 오래전의 이야기로 돌아가야 합니다.

지금부터는 '과거의 영'[7] 이 우리에게 이야기를 해 줄 수 있도록 해 봅시다. 선교사들이 여행했던 지역 내에 대구에서 60마일가량 떨어진 곳에 석굴암이라는 신비로운 동굴이 있습니다. 중앙에는 거대한 크기로 조각된 부처의 석조가 있고, 바위벽에는 호기심을 불러일으킬 만한 인물상들이 새겨져 있습니다. 이 인물상들은 전혀 동양적이지 않고, 동양적인 특징을 가진 부분도 없습니다. 그들은 손에 초기 기독교 상

---

7) 역주-찰스 디킨스의 소설 『크리스마스 캐럴』에 등장하는 과거의 영, 현재의 영, 미래의 영을 말한다.

징과 비슷한 것들을 쥐고 있습니다. 이 형상들을 설명할 수 있는 역사적 기록은 없지만 당시에 은둔하고 있던 검은 승려(黑僧)와 관련한 이야기가 있습니다. 한 왕족이 원인을 알 수 없는 불치병을 앓고 있을 때 이를 치료할 수 있는 처방을 가지고 있던 그는 왕의 부탁으로 은신처에서 나왔다는 것입니다. 하나님께서 이렇게 기이한 방식으로 역사하셨던 것일까요?

때는 343년 전이었습니다.[8] 히데요시의 군대가 폭풍처럼 밀려왔습니다. 일본 군부대는 한국 남부 지역에 무리지어 있었습니다. 신앙심이 깊은 천주교인인 고니시(Konishi) 장군의 휘하에는 기독교인들이 18,000명이나 있었습니다. 이들을 위해 예수회 소속 그레고리오 드 세스페데스(Gregorio de Cespedes) 신부가 일본에서 두 달간 파견되었습니다.[9] 귀중한 생명의 말씀이 침략군에게 다시 잘 전해졌을까요? 하나님께서는 당시에 길가에 씨가 떨어지도록 허락하신 것일까요? 만약에 그렇다면 오늘날 그 기록이 존재하지 않으니 가시밭에 떨어진 것이 틀림없습니다.

박해와 순교 가운데서도 하나님의 역사가 한참 동안이나 한국 땅 곳곳에서 일어났지만 기독교가 남긴 흔적은 없습니다. 적어도 47년 전

---

8) 역주-1592년 임진왜란을 말한다.
9) 역주-스페인 출신 예수회 선교사로 일본에 건너가 천주교 전파에 노력했다. 임진왜란이 일어나자 천주교 신자였던 고니시 유키나가를 따라 조선에 왔으나 끝까지 고니시의 군영에 머물렀던 관계로 선교활동을 하지 못하다가 1594년 일본으로 돌아갔다. 왜란 때 일본에 끌려갔다가 남양으로 팔려가는 조선인 중 일부를 대상으로 천주교를 전파해 당시 일본 안에서 조선인 신자의 수가 2천여 명에 이르렀다고 한다. 이후에도 계속 일본에서 천주교를 전파하다가 나가사키(長崎)에서 사망했다.

아펜젤러(H. G. Appenzeller) 목사와 존스(G. H. Jones) 목사가 대구를 지나간 것 외에는 이 지역에서 개신교의 영향은 보이지 않습니다. 그 다음 해에 게일(J. S. Gale) 목사가, 그리고 그 다음 해인 1890년에 헨리 데이비스(J. Henry Davies) 목사가 여기를 지나갔을 뿐입니다. 그것은 그저 탐사 여행에 지나지 않았습니다. 그리고 그때 어떤 씨앗이 뿌려졌는지 알 수 없지만 오늘날 그 흔적은 없습니다.

44년 전, 상주에 살던 한 환자가 부산에서 선교사들이 의료사역을 시작했다는 말을 듣고 그곳을 찾아갔습니다. 동네에서 받은 치료가 효험이 없어 그 먼 길을 걸어서 내려왔지만, 그가 들은 말은 더 이상 희망이 없으니 집으로 돌아가 삶을 마감하라는 것이었습니다. 그러나 그는 육신의 생명보다 더 소중한 영생을 그리스도의 믿음 안에서 얻어 돌아갔습니다. 기록된 바로는 그가 그 지역에서 처음으로 그리스도를 구세주로 받아들인 첫 번째 사람이었습니다. 그 다음 두 해 동안 윌리엄 베어드(Wm. M. Baird) 목사가 부산을 근거지로 삼아 모험하고 설교하면서 이 지역을 두루 돌아다녔습니다. 1894년의 상주 사람 김재수가 여전히 살아 있다는 이야기를 듣고는 그를 찾아가 상주에서 며칠 동안 설교하며 시간을 보냈습니다. 아직 그곳에는 개종한 사람이 없었기 때문에 이 병자를 구원하는 것과 고향이 해주인 북쪽 사람 고윤하를 여행할 때 동행하도록 했던 것은 매우 중요했습니다. 같은 해에 이 환자 김 씨는 이 큰 지역에서 유일한 기독교인으로서 새로운 경험을 찾아 부산으로 떠났습니다.

39년 전 선교를 승인받은 베어드 박사는 이곳 대구에서 부동산을 구매하고 부인과 아들 존을 올라오게 했지만 겨우 6주 후에 선교 임무가 변경되어 그 부동산은 아담스(J. E. Adams) 목사에게로 넘겨졌습니다.

그 다음 해인 38년 전, 아담스 박사와 그 가족은 체이스(M. Louis Chase) 양과 동행하여 대구로 올라갔습니다. 그녀는 다른 사람들이 도착할 때까지 아담스 부인의 임시 동반자 노릇을 하였습니다. 몇 달 후에는 존슨(W. O. Johnson) 부부가 도착했습니다. 1년 반 동안 이 네 명은 부산기지에 있었습니다. 36년 전인 1899년 5월 1일, 대구는 독립 기지로 선포하였고, 그 다음 가을에 브루엔 목사가 도착하였습니다. 그는 지금도 우리의 원로 선교사로 남아 있습니다.

하나님께서는 한국 땅의 이 지역에 참으로 오묘한 방법으로 하나님의 나라를 세우셨습니다. 아담스 박사를 도울 한국인 동역자는 바로 그 환자였던 김 씨였습니다. 그가 이 지역에 교회의 기반을 놓는 일을 도왔는데, 죽을 사람이었지만 하나님께서 쓰실 그릇으로 택하셨던 것입니다. 그가 38년 전 아담스 박사와 이 지역으로 돌아왔을 때 당시 백만 명이 거주하고 있던 지역에서 유일한 한국인 기독교인이었습니다. 그와 두 선교사 가족이 교회를 세운 것입니다. 훗날 김기원으로 개명한 김재수는 이 지역에서 목사 안수를 받은 첫 번째 사람이 되었고, 그리고 바로 그가 조력하여 오늘날 우리 가운데 있는 제일교회의 명예목사가 되었습니다.

38년 전 아무것도 없이 시작했지만, 첫 결실이 2년 후에 나타났습니다. 당시에 교회는 단 하나였는데 25명의 한국인들이 그리스도를 영접했으며, 무급 현지 사역자가 있었고, 그해 헌금이 5.23달러였습니다. 35년 후인 1934년에는 안동 지역에 기지가 개설되었고, 당시 본래 구역의 3분의 2만을 계수했음에도 교인들의 수가 23,046명이나 되었습니다. 유급 직원이 240명이나 되고, 주일 예배가 열리는 곳은 315개소나 되었습니다. 우리는 이 짧은 시간에 연약한 인간들을 사용하셔서 이렇게 많은 것을 이루어 낸 것을 보게 하심에 그저 감사할 수밖에 없습니다. 기적의 날은 아직 지나가지 않았습니다. 그분께서는 1934~35년에도 전지전능하심으로 일하고 계십니다.

오늘날 대구에서 하나님께서 하시는 일들을 살펴봅시다. 규모가 너무 커서 적절히 설명하기가 어렵기 때문에 그저 간단히 살펴봅니다. 지금부터는 '현재의 영'이 당신을 지배하게 될 것입니다. 그가 스크루지(Scrooge)에게 그랬던 것처럼 당신이 상황을 파악하는 데 도움이 될 수 있기를 간절히 바랍니다.[10]

[장면 1]

아니, 여기는 대구가 아니라 서울이야. 이 많은 사람들이 저렇게 큰 강당에 모이다니. 그러고 보니 대구에서 온 사람들도 모두 저기에 있네. 뿐만 아니라 우리 선교부에 속한 다른 모든 기지의 회원들과 미국에서 온 세 사람, 일본과 중국의 여러 지부와 시암[11]과, 심지어 인도 선교지의 대표들까지. 그리고 한국에 있는 다른 기독교 기구 대표부들도. 연단에? 정무총감 이마이다는 우가키 총독의 환영 인사를 전하고 있군. 끝도 없이 이어지는 저 지루한 연설들을 듣고 있어야 한다니. 이것들은 출판이 되었으니 나중에 여러분도 구해 볼 수 있을 거야. 대구에서 온 우리도 이 희년, 선교 사업 50주년 기념행사에 참여할 수 있어

---

10) 역주-이하는 브루엔이 디킨스의 소설 『크리스마스 캐럴』의 이야기 방식을 패러디하여 선교보고를 하고 있다. 그의 문학적 재질을 엿볼 수 있다.
11) 역주-시암(Siam)은 오늘날 태국을 말한다. 1939년 6월 24일에 국호를 타일랜드로 바꾸었다.

서 기쁘군. 대구는 12년이 지난 후에야 시작되었지만 이 희년행사가 우리 것이라도 되는 양 무척이나 좋으이.

[장면 2]

어휴, 너무 덥군. 이곳은 대구니까. 여기에서 걸어 볼까? 이 근대적으로 보이는 건물이 우리의 새 병원이야. 38년 전 존슨 박사가 일하기 시작했던 그 낮은 초가집과 얼마나 비교가 되는지 보라구. 보강재를 댄 이 콘크리트 방화건물 안도 덥군. 하지만 전기가 밤낮으로 잘 돌아가게 하는 신식 시설이니 얼마나 편리한지. 건물 곳곳으로 시원하게 돌고 있는 수돗물, 창문에 달린 차양과 녹색이 칠해진 긴 복도로 열리는 회전문은 95도[12]의 기온에도 그늘을 만들어 주니 견딜 만하지. 직원 말인가? 플레처 부부와 브루엔의 헤드버그 양을 제외하면 모두 현지인들이야. 헤드버그 양은 오는 9월에 브루엔의 부인이 될 거야. 한국에는 이 정도 규모의 선교 병원에 이렇게 적은 수의 선교사들이 일하는 곳은 아무 데도 없을 거야. 자랑이 아니라 이건 우리의 최대 목표이지만 아직 때가 이르지 않은 것 같아. 우리는 플레처 박사가 과연 이 과중한 업무를 견디어 낼 수 있을지 계속해서 불안할 뿐이야. 지금 당장은 현지인들에게 물려줄 수 있는 형편이 아니니까 말이야.

---

12) 역주-섭씨 34.5도를 말한다.

[장면 3]

여기 또 하나 보기 좋은 건물이 있군. 우아한 아치를 가운데에 배치하고 양쪽에 쌍둥이 타워를 세운 이 빌딩은 누가 디자인한 것일까? 이런 일이 여기서 이루어졌다는 사실을 몰랐을 걸? 창문으로 들여다보면 교장이며, 건축가이며, 건설업자이기도 한 헨더슨 씨가 보일 거야. 29년 전에 계성학교가 시작되었지. 그렇게 짧은 시간에 이 모든 게 이루어졌다구? 그렇지. 하지만 우리도 학교가 그토록 빨리 이런 수준이 될 줄은 몰랐지. 정부가 인가를 내 주기 전에 너무나도 높은 기준을 내놓았는데 인가가 없이는 아무것도 할 수 없는 상황이었지. 맨땅에 헤딩하는 것과 마찬가지였다구. 그러나 이제는 모든 것이 끝이 났어. 여러분이 보시는 저 이마의 주름은 그냥 있는 게 아니라 점점 깊어 간단 말씀이야. 어디에서 수업을 해야 할지, 수업의 규모가 커지면 내년에는 어디에서 채플을 해야 할지, 새 도시 도로가 지금의 운동장을 지나가면 운동장은 또 어디로 옮겨야 할지, 이런 것들이 모두 헨더슨 교장의 고민이라구. 계성학교의 오늘이 있게 된 것은 헨더슨 씨와 그의 전임자들이 보여 준 신앙과 용기, 인내 그리고 재능 덕분이지. 그들을 도구로 사용하신 하나님을 찬양하자구.

[장면 4]

이들 빌딩에 새로울 것은 없어. 28년 전 신명여학교가 세워진 즉시 똑같은 것이 세워졌지. 그래. 조명도 제대로 설비되지 않은 자그마한 사무실에서 책 속에 얼굴을 묻고 일하는 저 사람이 바로 폴라드 양이야. 훌륭한 자격을 갖춘 교육자가 왜 몇 명 되지도 않는 여학생들에게 중등교육을 시키려고 넘을 수 없는 벽에 부딪히며 자신의 삶을 희생하고 있는 걸까? 기적의 날이 아직 끝나지 않았기 때문이지. 하나님께서는 그녀의 마음속에 현재의 것이 아니라 앞으로 해야 할 것에 대한 비전을 심어 주신 거야. 2백5십만 명이나 되는 여성들은 어디에도 비견할 수 없는 변화의 시기를 겪고 있다구. 그리스도와 구원의 능력 안에서 이루어지는 그들의 변화에 관한 해석은 대부분 여기서 배우는 리더십 덕분이야. 그러나 그녀는 단지 지금 2백5십만에 대해서만 생각하고 있는 게 아니야. 그녀가 생각하는 것은 자기 앞에 놓인 잔고 장부라구. 신명학교 역시 정부가 정한 지표를 따라야 하기에 큰 혼란을 겪고 있는데 새 건물도, 필요한 시설도 없이, 더구나 미국에서 최고조에 이른 재정위기의 때[13]에 말이야. 정부 승인을 받으려 애쓰는 다른 학교들은 후원이 증대되고 있는데, 그녀는 잔고를 쏟아부으며 긴축예산을 가지고 어떻게 학교를 운영할 것인지 고민하고 있군. 이제 막 끝난 선교회의에서 그녀에게 주어진 예산은 1932년보다 3분의 1로 줄었다는군.

[장면 5]

여기는 윗방이야. 8월 말이 되니 더위가 수그러들기 시작했어. 성서공회의 꼭대기 층에 있는 방 세 개는 칸막이를 세워 만들어졌지. 강사의 방은 『조선신교사』(1927)의 저자이자 연설가이고, 조선신학대학 교수인 조지 백(L. George Paik)[14] 박사가 차지했어. 사람들이 많이 모였군.

---

13) 이때가 미국 대공황(大恐慌)이었다.
14) 역주-백낙준.

300개 교회와 노회에서 온 목회자들과 평신도들과 남녀가 생명의 물을 마시고자 이 출중한 지도자의 가르침을 찾아왔지. 일주일 동안 매일 당신은 하나님께서 그들 가운데서 행하시며 그들에게 새로운 힘을 주시고, 새로운 영감을 주시어 나아가게 하심을 볼 수 있을 거야. 그리고 내년에는 그들이 하나님의 포도밭으로 보내져 그곳에서 일하는 것을 볼 수 있을 거야.

[장면 6]

저 모든 한국인들과 선교사들이 도대체 무슨 일로, 어디로 가고 있는 걸까? 바로 폴라드 양과 버그만 양 그리고 헤드버그 양이 사는 곳이로군. 우리는 이곳을 알파하우스라고 부르지. 지금의 공관들 중에서 먼저 지어진 곳이야. 특별한 사람들만 들어가는 곳이라구. 그런데 알파하우스가 수용할 수 있는 수보다 몇 배나 많은 사람들이 들어왔군. 아니, 이 모두가 우리 기지의 사람들이 아니고 상당수가 다른 기지에서 왔다는데, 무슨 일이냐고? 가장 중요한 부분을 잊을 뻔했군. 정말 큰 사건이지. 브루엔의 아내이자 그의 업무를 도울 내조자를 구해 주느라 병원은 유일한 간호사 하나를 잃었고, 알파하우스의 인원은 3분의 1로 줄어 버린 거야. 기지가 있다고 해서 그곳이 아내마저 조달해 줄 만큼 언제나 조건이 좋은 것이 아니라는 사실에 감사할 일이지.

[장면 7]

대구? 아니, 대구가 아니야. 그럼에도 우리는 저 건물들 몇 채가 우리 것이라면 좋겠어. 우리에게 리더십을 가르쳐 주는 이 평양의 교육기관들에 대해 주님께 크게 감사드려야지. 하지만 우리는 이를 보기 위해 이곳에 온 것이 아니야. 군중들과 함께 교회 안으로 들어가 보자구. 총회는 지금 회의가 진행 중인데, 마지막 순서야. 집회가 열리기에 앞서서 23개의 노회에서 온 여성 대표들의 회의가 열렸지. 버그만 양이 대구 대표로 참석했군. 총회는 지금 자선위원회(Systematic Benevolence Committee)의 보고서를 통과시킬지에 대해 토론 중이야. 여기에는 모든 세례 받은 기독교인들에게 세금을 면제시켜 주자는 강력한 주장이 담겨 있지. 우리 기지의 블레어는 이 주제에 대해 많은 시간을 들이며 심사숙고를 했더군. 그가 회원으로 있는 위원회의 보고서에 드디어 표결이 부쳐졌어. 이겼군! 세금 면제!

이제 그들은 매우 민감한 사안 하나를 다루고 있군. 노회 가운데 하나가 분열을 일으킨 거야. 아주 작게 시작한 문제였지만 금세 전국적인 문제로 확산되었어. 다수인 북부인들이 소수인 남부인들을 부당하게 취급한다며 불평분자들이 목소리를 높이고, 혈기왕성한 이들은 총회를 두 개로 나누자고 주장하고 있군. 남부에 속한 우리 노회의 대표 9명이 그들의 눈속임을 꿰뚫어 보며 교회의 안녕을 위해 일하고 있다는 사실이 얼마나 감사한지.

저 위층의 남자? 아니, 한국인이 아니군. 그는 필리핀 사람으로 총회의 50주년을 축하하기 위해 필리핀 교회에서 온 사람이야. 2만에서 3만 명이 참가한 이번 일요일 오후 퍼레이드를 놓친 것은 정말 안타까운 일.

[장면 8]

다시 대구에 돌아왔어. 시장 집무실에서 시장 반대편에 앉아 있는 헨더슨은 얼굴에 불안함이 가득한 게 아마 속으로 땀을 뻘뻘 흘리고 있을 거야. 일본 천황을 앞세운 강력한 애국심이 민중들을 흥분시킨 것 같아. 내일은 죽은 국민 영웅들의 혼령을 기리는 신사참배가 불교식으로 진행된대. 시장은 열렬한 불교 신자야. 헨더슨은 십계명 중 첫 번째 계명에 의거해 기독교 신자들은 그 행사에 참여할 수 없다고 했지. 그들은 몇 시간 동안이나 논쟁을 벌였지만 끝내 헨더슨은 아무런 명확한 해답도 제시하지 않은 채 일어서서 방을 나가 버렸지.

벌써 밤 10시가 되었네? 선교단지 정문에서 자동차 한 대가 경적을 울리는군. 문이 열리고 차가 헨더슨의 집에 도착하자, 관리 한 명이 내리는군. 그는 헨더슨에게 기념식에서 불교 예식이 취소되었으니 기독교인들이 편안하게 와서 죽은 영들을 기리며 고개만 한 번 숙여 주면 되지 않느냐고 하네? 이렇게 되면 기독 학생들이 나갈까? 또 다른 기적이 일어난 거야. 주님께서 우리와 함께하시니 그분에 대한 감사의 기도로 초대를 받아들이는군.

[장면 9]

집사가 끙끙거리며 램프에 불을 붙였지만 방은 여전히 어두침침하군. 공기는 난로에서 나오는 연기와 먼지로 가득하고. 양쪽 뒤편으로는 소년 소녀 백여 명의 거무스름한 얼굴에서 호기심이 가득한 눈동자가 반짝거리고 있군. 자그마한 한국 여성들과 달리 앞쪽에는 키가 큰 헨더슨(Lloyd P. Henderson) 부인이 있군. 그녀는 이 지방 교회의 주간(週間) 사경회를 이끌고 있지. 잘생긴 한 열아홉 살 난 소녀가 눈에 띠네. 헨더슨 부인이 집회가 끝난 후에 그녀를 만나는군. 초등학교에 가기에는 너무 나이가 많고, 여자 성경학교의 여성부에 들어오자니 너무 어리군. 그녀는 다른 소녀들과 마찬가지로 관습에 따라 혼인을 기다리고 있었지만, 더 유익한 삶을 위해 공부를 하고 싶어 해. 헨더슨 부인이 해결책을 가지고 있지.

빨리 와 보라구. 성경학교에 가 보자. 아니, 우리가 예전에 쓰던 그 건물이 아니라 스위처 양이 이 지역의 한국 여성들에게 선물해 준 새로운 건물로 말이야. 저기 졸업식을 진행하고 있는 저분이 헨더슨 부인이야. 이 중급 성경학교에서는 54명의 소녀들이 열심히 공부하고 있어. 그 첫 졸업생 14명이 지금 졸업식을 하고 있군. 주님께선 다른 문 한쪽을 열어 놓으셨어. 이번에는 한국의 소녀들을 위해서 말이지.

[장면 10]

복잡하군! 저 예쁜 벽돌집으로 가 볼까? 교회인가? 그래, 지난해에 새로 지어진 대구의 제일교회야. 탑은 아직 완공이 되지 않았지. 그 아래 부지는 40년 전에 기독교 사역을 시작하려고 베어드 박사가 사 놓은 거야. 신성한 땅이지. 대구의 기독교인들이 한국에 개신교 선교가 시작된 지 50년 되는 날을 기념하기 위해서 모였어. 저기 올라가고 있는 멋진 차는 도지사의 차이고, 시장도 오는 중이야. 그 둘은 축하 연설을 하게 될 거야. 한국 각지에서 저명한 연사들도 오는데, 평양에서 원로 선교사 마펫(Moffett) 박사, 신학교 초대 졸업생 7인 중 한 명인 길선주 목사, 한국에서 가장 저명한 인물 중 한 명인 감리교 신자 윤치호 박사가 오실거야. 천 명 이상이 소액의 등록비를 냈다는데, 전에는 없었던 일이지. 이처럼 조직적으로 일이 치러지면 관료들이나 사회에 상당한 인상을 주게 되고, 앞으로 몇 년 동안은 이제 기독교인들도 과감하게 나서서 예수를 증거할 수 있는 용기를 얻게 될 거야. 하나님께서 역사하시는 일이지.

[장면 11]

안녕! 장면이 바뀌었어. 알아차렸어? 응, 병원 꼭대기야. 수염을 근사하게 기른 저 위엄 있는 사람? 우리 지역에서 처음으로 장로 안수를 받은 분인데 나중에는 목사가 되었지. 지난 몇 년간 병원 전도사로 있었던 박덕일 목사야. 병원선교회가 설립한 교회의 교인들이 참석해서 창립 기념식이 열렸지. 사람들 좀 봐. 교회가 64개나 이런 식으로 세워졌으니 말이야. 박 목사는 영혼을 치유하는 훌륭한 설교를 하고 있고, 육신의 치유는 병원에서 항상 해 오던 일이지. 상냥하게 생긴 어린 간호사가 지금 폐막곡을 부르고 있어. "슬픈 마음 있는 사람 예수 이름 믿으면~" 아름다운 저녁 시간에 조용한 서쪽 언덕 너머로 해가 떨어질 때면, 주님이 우리 곁에 계신다는 것을 확신하게 되지.

[장면 12]

12월이 되니 날이 상당히 춥군. 윗방의 성경학교를 들여다보자구. 아니, 8월에 봤던 같은 모임은 아니로군. 목회자들은 같은 사람들인데 평신도 사역자들은 장로님들로 바뀌었네? 노회가 열리는군. 모두가 질서 있게 이루어지고 있어. 아주 가끔씩 시끄러워지기도 하지만 대부분 정상적이야. 보고서, 신학교 입학 허가 요청, 목사나 평신도 사역자 초빙 요청 등 무언가 흥미로운 일이 일어나고 있어. 현지인들에 의한 순회 전도가 더 많이 이루어지고, 선교사들은 직접 전도에 더 많은 시간을 투자하라는 요청을 받았어. 기도의 응답이야! 단독 목회자를 모실 수 있는 교회는 아직 300여 개밖에 안 되니, 그 비율이 낮아. 다른 교회들은 연간 2회씩 순회 방문을 해 줘야 해. 우리 노회 소속 33명의 목사들은 자신들을 후원해 주는 교회에서 사역을 해야 한다고 생각하기 때문에 이러한 '모교회 선교'(home-mission) 업무를 떠맡고 싶어 하지 않아. 하지만 1년 전, 미국에서 특별 선물로 받은 큰 천막이 확보되어 이를 몇 차례 가지고 나갔더니 그때부터 선교사들이 할 수 있는 광범위한 봉사에 더 관심을 갖게 되었지. '우리 교회 중 취약한 곳에서 일주일간 천막예배를 드릴 수 있도록 해 준다면 일주일간 순회전도를 하겠다' 는 것이 그들이 내거는 조건이야. 선교사들의 열기가 얼마나 뜨거웠는지. 추수의 하나님께서는 그의 낫을 갈고 계시는 모양이야.

모교회 선교위원회(Home Missions Committee)에서 보고를 하니 귀를 기울여 보시라! "수년간 우리는 전임 전도사를 모시고 싶었지만, 이를 위한 충분한 기금이 없었습니다. 대략 360엔이 필요한데 우리 수중에는 90엔밖에 없습니다. 선교사들은 우리가 이를 190엔으로 불려 놓는다면 100엔을 보조금으로 주겠다고 제안했습니다. 어떻게 해야 합니까?" 토론이 진행되는 동안 조용히 서성거리는 저 사람들을 봐. 몇몇 장로들은 돈(방법)을 갖고 있는 듯해. 무언가가 일어나고 있어. 이제 그들은 만족스러워 보여. 한 명이 발언권을 얻었어. 그는 무조건 전도사를 고용해서 믿음으로 밀고 나가야 한다고 노회를 압박하는군. "성공적인 계획은 더 많은 은혜를 가져다줄 것입니다"라고 주장을 하는 중이야. 여러 사람들과 이야기를 나눈 결과 그의 믿음이 더욱 굳건해진 듯하고, 노회가 이를 감지하고는 그의 제안을 만장일치로 받아들였어. 한 걸음 더 나아가게 된 것 같아.

[장면 13]

크리스마스를 눈치 채지 못하고 지나칠 수 있을까? 하지만 한 번 이상은 생각이 나기 마련이야. 무소부재하는 새로운 기계 같은 것이 필요할 것 같아. 저기 빛나는 별은 병원 바로 앞쪽에 있어. 아치들과 온갖 장식들이 도처에 널렸고. 모든 환자들은 특별 치료를 받게 되었어. 기독교 신자가 아니라 할지라도 이날이 특별한 날이라는 것을 알게 될 수밖에 없어. 계성학교와 신명학교에서는 어느 쪽이 더 멋진 크리스마스 프로그램을 만들지 치열한 경쟁을 벌이는군. 대구 교회의 젊은이들은 크고 넓은 공회당을 빌려 특별한 크리스마스 잔치를 벌이고. 모든 교회들이 화려하게 장식했군. 그게 뭐지? 도대체 몇 교회가? 대구 시내의 7개 교회야. 심지어는 작은 부설 주일학교까지 잔치에 동참했어. 미국에 있는 주일학교에서 보내온 선물을 받으러 올라가고 있는 저 작은 아이들을 봐!

[장면 14]

부르르! 다른 사람들 역시 한국이 아열대 지방이라는 것을 실감하고 있어. 언덕 위에 등대처럼 서 있는 성경학교 건물은 온갖 바람을 전부 맞는 법이지. 하지만 이 추위와 바람은 남자 성경학교에 출석하기 위해 몰려오는 사내들의 기세를 꺾지는 못하는가 봐. 잘생겼을 뿐만 아니라 열정적이고 의지에 불타는 우리 교회의 미래인 그들의 얼굴을 봐. 읽기와 쓰기를 제외하면 학식에 어떤 차이도 없지만, 대부분은 초등학교 교육을 받았고 세 명은 계성학교의 졸업생들이야. 가장 고학력 학생들은 과정을 신학교에 들어가기 위한 발판으로 삼고 있지. 자격이 약간 부족한 이들은 평신도 사역자나 전도사가 될 준비를 하는 모양이야. 다른 이들은 자신들의 텃밭으로 돌아가 지역사회에서 주님을 섬기며 지내는 것 외에는 별다른 생각이 없는 것 같아.

모두가 얼마나 열성적인지 이 학급 저 학급 옮겨 다니는 교사들의 발걸음도 가볍군. 이는 참여율이 매우 높기 때문이야. 83명이 입학을 했으니 말이야. 하지만 2개월짜리 수업이 쉽지만은 않아. 많은 이들이 종종 학교에서 나가기 때문이기도 하지만 가난해서 심지어 한 달 식비 5엔조차 낼 수가 없을 정도야. 겨우 6명이 졸업을 하게 될 것이고, 이로써 총 졸업생이 다섯 번째로 늘어나게 되는 거야.

[장면 15]

산골에 들어앉은 저 마을을 봐. 이 언덕에 올라서서 무슨 일이 일어나는지 보자구. 집들이 얼마나 서로 가까이 붙어 있는지 마치 참새들이 온기를 유지하려 하는 것 같군. 위생적으로 문제가 있을지 모르지만 저 흙담과 초가지붕은 겨울을 아늑하게 보낼 수 있게 해 줄 거야. 안녕하세요, 누군가가 집 밖으로 나왔네. 플레처 부인 같군. 아이들이 곧

바로 모이기 시작하네. 얼마나 예쁘게 차려입었는지, 이렇게 화려한 색동이라니! 아, 한국의 설날이야. 그녀는 이제 골이 진 함석지붕과 회반죽으로 벽이 칠해진 새 건물 쪽으로 이동하고 있군. 새로 지은 교회당이야. 이 교회는 최근에 병원 쪽에 들어섰어. 그들은 열의로 가득 차서 이번 주의 성경 학급에 특별한 의뢰를 했지. 여성들의 업무를 보고 있는 버그만 양에게 그런 요청이 42여 건이나 들어왔어. 추운 1월과 2월의 겨울 내내 농사를 쉬고 있을 때에 젊은이들은 대구의 성경학교를 찾아가 공부하는 반면, 선교회 여성들은 1주일간 수업을 하기 위해 마을을 찾아가지. 버그만 양은 홀로 10개 반을 맡았어. 여성 1,500명가량이 이런 식으로 공부를 하고, 3,000명 이상이 저녁 집회에 참석하는군.

[장면 16]

그래! 우리 건물들을 알아보시는군. 이게 성경학교야. 하지만 여성 보통반에 빌려줬어. 성경학교 남자들이 전부 집에 갔기 때문이야. 노회 바로 앞에 비슷한 남자반이 있는데 지나쳤어. 여자들 머리 위에 올려진 저 꾸러미들은 이불 보따리야. 이불 보따리를 들고 걸어가는 중풍 환자들은 아무것도 아니지. 몇몇 여유가 없는 사람들은 아주 멀리서부터 걸어서 왔어. 이들의 수를 세려면 현기증이 날 거야. 여기 등록 사무실에서 물어보자. 1주일짜리 성경반에 666명이 등록했다고 하네. 많은 사람들이 자기 교회에서 성경반을 수료했지만 더 많은 것을 배우고자 여기까지 온 거야. 내일 하루는 성경반을 쉬고 노회 여성 임원회가 있을 거야.

[장면 17]

저 근처에 모인 사내들은 다 누구야? 계성학교 입학시험을 치르는 322명이로군. 여태까지 중에서 가장 많은 숫자야. 자리가 부족해서 102명밖에 못 받는다는데 여기서 선발된다는 건 좋은 기회가 아닐까? 새로운 학년은 높은 수준일 거야. 졸업식이 고작 2주 전에 있었는데 졸업생이 28명이나 되어 제일 큰 졸업반이었을걸? 정부에서 인가받기 전에 대다수의 학생들이 전학을 가 버렸어. 내년에는 28명도 적어 보일 거야. 하지만 숫자보다 중요한 건 올해 졸업생들이 다른 학교에 좋은 성적으로 입학했다는 거야. 가장 똑똑했던 소년은 3년간의 준비 과정도 뛰어넘고 제국대학에 들어갔어. 대구의대는 22명의 한국 학생들을 새로 받았는데 그 중에서 2명이 우리 학교 출신이지. 기독교 신자들은 신사참배를 하지 않아 미래의 학생들에게 애국심을 불어넣기가 힘들다는 이유로 공립학교에 들어가는 것이 거의 불가능에 가까워. 그래도 올해에는 우리 학교에서 두 명이나 들어갔어. 소년들 중에서 5명은 목사가 되려 해. 졸업생 대표는 과학 선생이 될 수 있도록 재정 지원을 해주려고 했지만 거절했대. 주님께서 그를 목사의 길로 이끌고 있다고 믿기 때문이라는군.

회계연도가 막 끝이 났어. 불과 수년 전만 해도 정부의 인가를 받아야 한다는 압박과 심한 적자에 시달려 왔던 이 학교가 특별 기부금 덕분이지만 과거 2,000엔의 채무를 갚아 회계를 처리할 수 있었다는 것은 정말 은혜로운 일이야. 주님이 정말 우리를 돌봐주시나 봐.

[장면 18]

　나는 당신이 폴라드 선생을 알아보지 못한 것에 대해 원망하지 않아. 당신은 그녀가 지난여름에 회계 장부를 들여다보며 크게 걱정하고 있는 모습을 보았지. 그녀의 어깨에 기대어 그녀가 쓰고 있는 보고서를 읽어 보라구. "신명학교에서는 기쁨과 희망의 기운이 솟아 과거의 그 패배와 굴복의 정신을 대체하게 되었습니다." 5,000엔의 선교위원회 책정액이 취소되고 학교를 닫아야 하는 문제에 직면하게 되자 학교의 지도자들, 졸업생들 그리고 후원자들은 지금이야말로 학교를 위해서 무언가를 해야 할 때라고 생각했던 거지. 그래서 그들은 새로운 슬로건을 내걸었어. "신명학교는 기독교 학교입니다. 우리의 것이고, 꼭 학교는 성공해야 합니다. 우리는 학생들이 학교 건물에 꽉 차게 만들어야 하고 돈을 모아 채플을 증축하고 교실을 더 많이 만들어야 합니다."
　폴라드 선생을 기쁘게 했던 몇몇 일들에 대해 얘기해 볼게. 102명의 학생이 입학시험을 보았지. 학교 수용인원이 이 인원의 반밖에 되지 않아 그녀는 이 새로운 반을 더욱더 신중하게 선별했다더군. 2년 전에 87명이었던 학생이 현재 127명으로 늘어났어. 한국의 여러 단체들은 학교의 교실 수용 증축을 위해 필요한 기금 10,000엔을 만들기 위해 열심히 일을 했지. 한 해 동안 선생님들이 예기치 못하게 학교를 떠났고, 약간의 기부금이 있었던 것을 대략 따져서 계산해 보니 올해는 적자를 내지 않고 마무리할 수 있군. 작년에는 이런 결과가 불가능할 것이라고 생각했는데 말이야. 하지만 하나님께서 폴라드 교장과 그 동료들에게 서서히 믿음과 용기를 스며들게 하여 그 다음 해에는 제대로 설 수 있게 할 거야.

[장면 19]

아! 성찬식! 하지만 앞에 앉아 있는 이 사람들은 뭐지? 도대체 어떻게 된 거야? 손은 비틀어져 있고 손가락조차 없어! 얼굴도 기형이야! 그래, 이자들은 문둥이들이로군. 우리는 나환자 수용소에 온 거야. 기형의 얼굴을 하고 있는 이들을 기독교의 사랑과 보호를 받지 못해 희망을 잃어버린 사람들과 비교할 수는 없는 일이지. 그 남자, 그들을 돌보는 목사가 출석을 부르는군. 80명이 일어나네? 그들은 그리스도를 구세주로 고백하는 첫 번째 간증을 하고 있는 거야. 그들이 앉으니 이번에는 다른 이름들을 부르는군. 이번에는 56명이 일어나네? 한 명이 물이 담긴 그릇을 들고 앞으로 나가는군. 목사는 그들에게 세례를 해 주고 있고 말이야. 기본 절차는 지나갔지만 질병으로 일그러진 손은 건네받은 빵과 잔을 움켜쥐기에는 너무 힘들어 보여. 하지만 중환자 옆에는 항상 병세가 조금 덜한 친구 한 명이 붙어 앉아 간간히 도움을 주고 있군. 얼마나 아름다운 성찬식인지.

뒤에 있는 저 문둥병 환자들을 보라구. 꿍한 표정을 짓고 있는 것을 보니 그들은 최근에 들어왔군. 아직까지 수천의 문둥병 환자들이 이 지방에서 거지처럼 따돌림을 당하고, 심지어 사회로부터 가정집 개보다도 못한 취급을 받고 있으며, 혐오감과 두려움을 주는 존재로 여겨지고 있지. 몇 년 후에는 과연 그들에게 인격이라는 것조차 남아 있을까 의문이 들 정도야. 이들은 이곳에 평균 4년간 머물게 되지. 여기에 머무르며 건강과 힘을 되찾는 기간이 상처 받은 정신과 마음을 치유하는 데 충분한 시간일 거야. 그리스도 안에서 이들은 진정한 생명체로 거듭나게 된다는군. 그렇더라도 사회적 오명은 완전히 사라지지 않기 때문에 그들은 예전의 삶으로 돌아가지 못하고 계속 이 집단촌에 머무르고 싶어 하지. 이 교회로부터 10개의 나환자 교회가 새로이 개척되었어. 지금 미국에 있는 챔니스는 집단촌에서 나온 환자들의 재활치료를 위해 농업 분야의 일을 시작해서 괄목할 만한 성과를 거두었다는군. 올해는 플레처 박사 내외가 이 두 병원을 이끌고 갈 임무를 맡았지. 다시 한 번 이 기관에서 기적적인 성과를 얻어 낸 것과 그 두 하나님의 종들에게 기적적인 힘을 유지할 수 있게 해 주신 하나님께 감사드리지 않을 수 없군.

[장면 20]

우리는 이 풍선을 들고 올라가 4층짜리 백화점 홍보를 위해 큰 사인을 걸어 놓을 참이야. 그렇지 않으면 내가 이 장면을 설명하는데 당신에게 보여 주려고 하는 것을 제대로 보지 못할 테니까 말이야. 멋지게 차려입고 뒷골목을 걷고 있는 저 젊은이를 보라구. 그는 계성 출신의 대학 졸업생이야. 그는 고등학생부터 대구에 있는 여러 공립학교의 학생과 농업학교, 상업학교 학생 등을 모집하고 있어. 우리는 그를 학생 담당 전도사라고 부르지. 그는 기독교에 관심이 있을 만한 사람들의 명단을 확보하고 연결해서 작년에는 무려 700여 명과 접촉을 했지. 이런 식으로 해서 1년에 32명을 기독교인으로 받아들였다는군. 이들은 일요일마다 미국 대학 학생회 산하의 교회와 비슷한 형태의 모임을 가지고 있군.

이번에는 저기를 보라구! 저기 선교사 한 명과 한국인 여자 한 명이 가고 있군. 그들은 유일한 여자 공립학교 학생들을 대상으로 강 선생이 하고 있는 일을 똑같이 하고 있는 거야. 당신이 생각하고 있는 바로 그 선교사지. 당신은 그녀를 성경학교 하급반에서 본 적이 있을 거야. 그녀와 같이 있는 여자는 김귀녀(Kim Kwee-yu)라는 부인인데, 신명학교와 평양에 있는 성경학교 상급반을 졸업한 사람이지. 김 씨 부인은 강 선생이 가르치고 있는 남자 학생들에 비해 이 여학생들을 다루는 것을 더 힘들어 하는군. 대다수의 아이들은 보수적이고 전통적인 관습을 따르는 부잣집 출신이야. 하지만 하나님은 천천히, 그리고 조금씩 이 한국인들 학급의 그 완고함조차 두 동강 내고 마시는군.

헬로! 바로 오른쪽 좁은 골목에 살고 있는 사람은 교장 선생님의 사모님인 또 다른 헨더슨 부인이지. 이들은 서로 얼마나 가까이 있는지 모르는 것 같군. 그녀는 계성학교에서 기독교를 믿지 않는 학생들의 어머니를 심방하는군. 맞아. 모든 선교사 부인들은 시간만 나면 이런 식으로 일을 하지. 그들은 대개 아직 어린 자녀들이 있어서 대부분의 시간을 아이 교육에 바치고 있군. 혹시 어떤 직업이 세계적인 지도자를 가장 많이 만들어 내는지에 대한 연구 결과를 본 적이 있으신지? 있다면, 하나님께서 이들 어머니들을 통해 그들의 집에서 조용히 일하고 계심을 알게 될 거야.

[장면 21]

다시 성경학교로 돌아와서. 당신이 보고 있는 이 그룹은 완전히 다른 모임이야. 칸막이가 제거되었군. 양 측면은 교실이 되었고 가운데는 채플이 되었어. 여자들 76명이 저기에 앉아 있군. 여기서 여자 성경학교의 정규 수업이 열리고 있군. 이들은 봄철에 3개월 동안 만난다는군.

하나님의 세계에 관해 배우는 것을 순수하게 즐기러 오는 사람들도 있지만 많은 여자들은 교회와 선교사들에게 고용되어 전도사나 집사나 성경교사 등의 일을 하기도 하지. 최근에 조사한 바에 의하면, 버그만 양은 하나님께서 인도하신 대로 이 졸업생들을 활용하여 훨씬 발전된 지역을 만들어 내었음이 밝혀졌다는군. 우리 졸업생들은 여러 선교지부에도 고용이 되었고 말이야. 이런 서비스를 제공할 수 있게 해 주신 하나님께 감사하지. 하나님께 영광을 돌립니다!

[장면 22]

증기선이야! 이렇게 작은 배로 항해하기에는 너무 힘든 밤이군. 파도가 크게 치면 배 전체에 바닷물이 뿌려져. 보라구! 굴뚝 근처에 어떤 물체가 움직이고 있지? 어떤 사람이 작은 배에서 기어 나왔네? 굴뚝의 바람이 부는 쪽을 향해 몸을 움직이고 있는 저 사람은 라이언 씨로군. 8개의 교회가 있는 울릉도로 여행을 떠나고 있네? 그 지역에는 12년 동안 목사가 있었던 적이 없고, 3년 전에 버그만 양이 다녀갔을 뿐이야. 이 여행을 위해 여가 시간을 내기도 쉽지 않지만, 특히 자기 분야가 아니어서 챔니스에게는 더 많은 부담이 되겠군. 노회는 300개의 교회를 9개의 지역 그룹으로 나누고 각각 위원회를 따로 두어 관리 감독 하게 하는군. 각 선교사들은 보통 두세 개의 관리감독위원회와 연관이 되어 있지. 작년에 라이언은 이 관리감독위원회에 종사하면서 100개가 넘는 교회와 접촉했고, 직접적으로는 59개의 교회에서 순회설교를 담당하고 있다는군. 그런데 당신도 기억하겠지만 노회가 열렸을 때 우리는 많은 짐을 덜 수 있게 되었지. 많은 짐을 지고 앞으로 나아간다는 것은 불가능한 일이야. 그러나 일이 되도록 맡기면 그 가운데에 인간뿐만 아니라 하나님께서 함께하시는 법.

[장면 23]

저 마을 앞에 있는 게 큰 나무가 맞을까? 모든 마을마다 수호신이 사는 당나무가 있거나 당나무 숲이 있지. 그런데 저 밑으로 뻗은 나뭇가지 아래는 무엇일까? 천막이로군! 천막이 왜 저기에 있는 거지? 그 위에 있는 굵고 선명한 검은 선은 무슨 뜻이지? '예수회'(the Jesus's Organization)라는 글자로군. 지금 브루엔이 천막에서 막 나오고 있군. 그 뒤를 따르는 건 분명히 수백 명의 어린아이들이 틀림없어. 그는 지금 아이들을 마당으로 끌고 나가 이야기를 해 주려는 모양이야. 안을 들여다볼까? 한국인 목사가 사람들에게 앞으로 나오라고 얘기하고 있군. 드디어 그 방에 들어가고 싶어 구석에서 서성거리는 사람들을 위한 방이 마련되었어. 아직 더 많은 사람들이 마을 밖으로부터 조심스레 기웃거리며 들어오고 있네? 바닥에는 사람들이 앉을 수 있도록 마을에서 빌린 큰 돗자리를 여러 개 깔아 두었어. 600명이나 모였군. 밖에는 약간씩 비가 오기 시작했지만 안이라 상관이 없어. 그들은 생명의 강에서 생명수를 마시고 있는 거야. 이 마을에서는 여러 차례 무엇인가를 새롭게 시작해 보려는 노력이 있었지만 사람들이 보수적인 양반들이야. 과거에는 기독교를 권하기만 해도 그것은 협박이나 박해를 당할 일이었지.

하지만 지금 그들을 보시라! 지난 몇 년 동안 두 여인이나 남 몰래 성경을 공부하고 기도를 해 왔지. 신명학교를 수료한 한 졸업생은 자기

가족을 데리고 최근에 이곳으로 이사를 왔지. 우리 병원에서 치료받았던 장님도 열성적인 기독교인이 되었고 말이야. 최근 성경학교 하급반에서 공부하던 또 다른 교인 가족의 한 며느리도 이사를 왔군. 새로운 분위기와 기운이 조성된 거야. 이런 상황들이 과연 우연일까? 그 누구도 계획하지 않았던 일인데 말이야. 우리 선교사들조차도 일이 바빠 어떻게 되어 가는지 모를 지경이야. 하지만 하나님은 아신다구. 하나님은 계획하시는 분이니까. 하나님께서는 학교, 병원, 성경학교, 개개인 그리고 보잘것없는 한 사람에게 나타난 역사라 할지라도 자신의 모자이크, 즉 예수 그리스도의 형상으로 활용하시는 거야. 하나님께서는 정말이지 이 모든 것들을 얼마나 기막히게 도구로 사용하시는지. 부흥집회를 통해 이런 것들을 또 다른 증거로 삼으시는 거야.

'현재의 영'이 바로 여기까지 이르렀군. 더 많은 상황을 설명드리고 싶지만 시간이 모자라네? 가능하다면 우리는 미래의 깨달음을 위해 '미래의 영'을 건네주고 싶은데 말이야. 왜냐하면 38년 전 하나님께서 만드신 발전을 보면 앞으로 처할 상황은 비교할 것도 없을 것 같기 때문이야. 대구 시내를 나가든지 시골로 가다 보면 99명은 아직도 죄에 매인 생활을 하고 있고, 동자귀신(child of king)이라는 미신에 매여 있군. 우리 노회 구역의 150만 영혼, 경상북도의 250만 영혼, 한국의 1,000만 영혼들이 진실로 그리스도를 받아들인다면, 지금도 그리하고 있지만, 한반도 북쪽 끄트머리에 있는 전문대, 4년제 대학, 신학교들은 더 이상 리더십 교육이 필요 없게 될 거야. 이것이 얼마나 빨리 올지는 그 누구도 예견하지 못할 일이고, 오직 하나님만이 아실 일. 그분께서는 38년 동안 신속히 일을 진행시키셨지. 왜냐하면 감히 하나님의 이름을 대신해 일할 종들이 있었기 때문이야. 만약 우리가 도전에 직면하여 열린

문으로 들어가 우리 주 예수를 통해 약속의 땅을 소유하게 된다면, 그분께서는 미래에도 마찬가지로 신속하게 일하시게 될 거야.

[*CHB*, 553-564쪽]

제2장 1935~1938

1. 제사 문제

연례보고서, 1935-1936년(발췌), 1936년 6월 22일

친구들에게

8월 마지막 주에 기독교 봉사자들을 위한 수련회가 성경학교에서 열렸습니다. 이 수련회는 이제 우리의 사역에 있어서 무척 중요한 일이 되었습니다. 규모가 큰 사경회 체계는 영감을 얻을 수 있는 특별한 기회도 필요하고 모든 교회에서 성경 수업을 진행하게 될 이들을 위한 준비도 필요합니다. 올해의 수련회는 특별히 복음전도를 강조하여 도움이 되었습니다. 평양에서 온 신학박사인 블레어 목사가 수련회를 이끌었는데 그의 교육 과정은 실제 한국인들의 필요를 충족시켜 주는 내용이었습니다. 그의 복음전도 방식에 대한 현실적인 제안은 무척 유용했고, 올해 시행된 전체적인 지역 수업에서 목사들과 전도사들에 의해 널리 활용되었습니다.

여자 성경학교 부설 청소년 성경학교에서는 14세에서 19세 사이의 어린 여학생들을 대상으로 9월 17일에 35명이 등록한 가운데 한 달 동안 집중수업을 열었는데 그중 12명은 두 번째 과정까지 참여하여 그들

이 갈망하던 수료증을 받았습니다.

　청소년 성경 교육은 10월의 2주 동안 계속되었고, 그것이 끝나고 며칠 후부터 전도부인들을 위한 보통 연수반이 이어졌습니다. 10월 21일부터 11월 4일까지 15명의 전도부인들이 지방 사경회에서 하게 될 교육을 위해 스스로 준비 모임을 가졌습니다. 대구 교회의 젊은이들은 크고 널찍한 시공관(市公館)을 빌려 특별한 성탄 프로그램을 준비했습니다.

　11월은 미국인들에게는 추수감사절과 같은 의미입니다. 한국에서도 11월에 수확 잔치가 열리는데, 기독교인들은 이 달의 하루를 교회 추수감사절 잔칫날로 정했습니다. 그것은 항상 같은 날짜가 아니라 어떤 단체라면 그들이 편리한 시간에, 보통 수요일 저녁 같은 날로 정하는데, 주일처럼 그렇게 모입니다. 감사 예물은 주로 곡식이나 채소입니다.

　기간은 다양했지만 보통 한 달에서 석 달 기간으로 대구의 여섯 개 교회가 12월 6일에 시작하는 열흘짜리 부흥회를 준비하기 위해 각각의 예배 장소에서 4시 30분부터 5시까지 새벽기도 모임을 가졌습니다.

　1월 초 며칠 동안은 성경학교에서 선교사 교류회의가 열렸습니다. 경상남도 지역에서 사역하고 있는 호주 지부의 12명과 안동기지에서 온 두 명의 대표가 참석했습니다.

　며칠 전에 대구 남산교회의 이문주 목사가 플레처 선생을 방문해 믿지 않는 한 가정의 아들 장례식을 치러 주기 위해 가게 되었다고 말했습니다. 그 아들은 바로 이 플레처 선생의 병원에 입원해 있었습니다. 아이는 완치되지 않았지만 진정한 삶의 길에 대한 확신을 가지고 세상을 떠났습니다. 그 아이는 자기가 가진 새로운 신앙의 진지함과 구세주로서의 그리스도에 대한 확실한 믿음으로 부모님과 친척들을 크게 감동시켰습니다. 결국 그들은 그 아들을 위해 기독교식 장례를 치르는 것이 적합하다고 판단했습니다. "그들의 행한 일이 따름이라."[15] 지금은 그의 가족 가운데 많은 이들이 이 새로운 믿음을 기뻐하고 있습니다.

또 하나 언급하고 싶은 것은 간호학교에서 두 명의 간호사가 졸업한 일입니다. 이것은 병원 사역에 있어서 이 부분이 마지막이라는 뜻입니다. 이 사역을 중단하게 된 첫 번째 단계는 2년 전에 더 이상 학생을 받지 않은 것입니다. 하지만 5명의 여학생이 그들의 3년 과정을 마치기 위해 남아 있었습니다. 이들 중 3명은 작년에 졸업을 했고, 남아 있던 두 명은 11월에 정부 자격시험을 통과하고 3월에 3년 과정을 마치고 수료증을 받았습니다.

성령의 역사하심은 이곳 대구의 한 명문가에서도 일어났습니다. 38년 전 제임스 E. 아담스 목사가 서 씨 가문으로부터 지금의 선교단지가 있는 부지를 매입했을 때 있었던 이야기입니다. 왕이 그 가족에게 그들의 거처를 비우고 이 언덕으로 이사하라고 강요했다는 것입니다. 그리고 왕은 여기에다 청동 기둥 두 개를 묻어 그 가문을 쇠락하게 만들었다는 것입니다. 하지만 이런 계획은 성공하지 못한 듯, 그 가문은 지난 500년 동안이나 이곳에서 살았습니다. 이 긴 세월 동안 그들은 열렬한 불교 신자였기에 지난 몇 년 동안 선교사들이 하나님의 말씀을 전했지만 쇠 귀에 경 읽기였습니다.

최근에 이 가문의 가장 영향력 있는 인물인 서병규 씨는 악귀로 말미암아 많은 어려움을 겪고 있습니다. 악귀를 달래기 위해 그는 절을 짓고 승려가 제안한 대로 제사를 드리기 위한 우상을 세우고 설비도 갖추

---

15) 역주-요한계시록 14:13.

었습니다. 하지만 문제는 점점 커졌고, 그의 마음에는 밤이고 낮이고 평화가 없었습니다. 그러자 한국에서 가장 유명한 승려를 불러들였습니다. 그는 한 달 동안이나 머물면서 매일같이 불경을 외웠지만 소용이 없었습니다. 그제서야 서 씨는 기독교인들은 악귀를 두려워하지 않는다는 소문을 듣게 되었습니다. 이름 있는 가문의 자존심 높은 종손이 기독교 교회에 구제를 받으러 찾아간다는 것은 어려운 일이었지만, 그의 처지는 할 수만 있다면 뭐든지 하고 싶은 형편이었습니다. 그는 제일교회의 장로를 찾아갔고, 그의 이야기를 들은 장로는 긍휼히 여겨 그를 대신해 교회의 기도 명단에 그의 이름을 올렸습니다. 그리고 몇 주 동안 매일 새벽에 기도 모임을 가졌습니다. 그렇게 해서 그는 그리스도가 베푼 자유를 찾게 되었고, 악귀는 쫓겨났습니다. 이렇게 평화를 찾게 된 그는 다른 식구들도 이 같은 일을 경험할까 봐 걱정되어 그 사이 열 명의 식구를 그리스도에게 인도해 왔습니다.

올해에 가장 어려웠던 점은 '제사 문제'였습니다. 「Women and Missions」 3월호에서 맥아피(C. B. McAfee) 선생은 이 문제에 대해 아주 중요한 지적을 했습니다. 선교 지도부에서는 우리의 선교가 맞닥뜨린 문제 가운데 이것이 가장 심각한 장애물이라고 계속해서 이야기를 해 온 것입니다. 우리 학교는 상황이 아주 어려운 형편이지만 계속 성장했습니다. 선교부는 학교를 계속 운영할 것인지를 결정하기 위해 거듭 모임을 가졌지만 더 이상 계속해서 운영하는 것은 불가능해 보였습니다. 하지만 주님의 은혜로 모든 미션 스쿨은 운영을 계속할 수 있게 되었을 뿐만 아니라 규모도 더 커지고 분위기도 그 어느 때보다 더 좋아졌습니다. 지금은 오로지 '제사 문제'만이 새로운 딜레마인데, 이는 교육사업을 좌절시킬 뿐만 아니라 우리의 모든 선교사업과 전체 한국 교회 사역까지도 힘들게 합니다. 지난 몇 년 동안 우리는 이런 어려움 속에 있으면서 이 문제를 제대로 고민한 적이 있는지 모르겠습니다. 하나님께서는 이것을 통해 우리에게 도대체 무엇을 보여 주시려는 것일까요? 이런 것들이 바로 우리 선교회가 해답을 얻기 위해 진지하게 고민하고 있는 문제들입니다. 우리는 한 번도 중심을 잃은 적이 없습니다. 또한 은혜의 보좌에 이처럼 간절한 기도를 드린 적이 없습니다. 우리는 여러분도 이 문제를 마음속에 품고 있다는 사실을 알고 있습니다. 그러나 우리의 하나님은 기도를 들으시고 응답하시는 분이므로 그분은 우리에게 길을 보여 주시리라 확신합니다.

하나님을 섬기며
대구기지의 회원들
[*CHB*, 458-460쪽]

2. 선교지의 활력

브루엔 개인 보고서, 1935-1936년

지난 몇 년간의 내 개인 보고서를 정리했습니다. 세부적으로는 다르지만 사람들이 거의 비슷한 우리의 연간 통계 따위를 읽어 보았을까 걱정이 됩니다. 지난해에 거의 생애 처음으로 정기 춘계 순회 프로그램에서 해방되어 어쩔 수 없이 집에 있는 시간이 많아졌다는 것을 깨달았습니다.(건강 때문이라는 것을 CHB, 469쪽에서 언급한다.) 성경학교에서 혹은 대구 시내에서 내가 경험한 것들을 소재로 몇 장의 펜 그림을 그려 보냅니다. 우리 가운데 임재하시는 성령께서 행하신 일들을 당신께 보여 주고 싶어서입니다. "From Far Away Korea"라는 글에서 존슨 박사는 다음과 같이 썼습니다.

> 세틀랜드 종보다 크지도 않고 말이라기에는 부끄러운 한국의 조랑말을 우리는 재갈이나 안장도 없이 탄다. 마부가 항상 앞이나 옆에서 재갈 대신 입에 물린 새끼줄로 잡아당기며 끌었다. 만일 마부가 고삐를 놓아 뒤쪽에 잠시 떨어뜨리면 조랑말은 잠시 멈춰 서서 풀을 뜯어먹었다. 이때 누가 조랑말을 타고 있으면 조종할 수 있는 고삐나 다른 수단이 없기 때문에 참으로

난감하다.
우리의 주된 이동 루트는 곡식이나 여러 작물들이 심어져 있는 계곡의 오른편 아래쪽으로 곧게 나 있다. 이 길에서 유일하게 위험한 지점은 가파른 절벽 옆을 따라 이어지는 길인데 그 아래쪽 깊은 데서는 강이 흐르고 있다. 통로는 단단한 바위 덩이로 막혀 있어서 어쩔 수 없이 말에서 내려 치우고 1마일 혹은 그 이상을 도보로 걸어야만 한다. 낙동강은 트렌톤의 델라웨어 강폭의 반 정도였지만 더 깊다. 우리는 여정의 3분의 1가량을 이 길을 따라 갔는데 길은 참으로 아름다웠다. 대구와 부산 사이의 길은 평균하여 폭이 5피트 정도였는데 아무도 치울 생각을 하지 않는 크고 쓸데없는 돌들로 가득 차 있었다.

초기에는 연회(年會)에 가는 것이 1년 중 큰 사건이었습니다. 내가 처음으로 연회에 참석하기 위해 택한 여정은 조랑말을 타고(여성들은 가마에 타고) 부산으로 가서 기선으로 제물포로 간 후 서울로 가는 반절을 기차로 가서 노무자들이 미는 협궤 위를 달리는 엉성하게 조립된 목판차를 타고 한강으로 가는 것이었습니다. 여기서 우리는 다시 너벅선에 '편승' 해서 도시 변두리로 노를 저어 들어갔습니다. 그 다음 몇 해 동안은 나룻배로 낙동강을 따라 부산으로 내려갔습니다. 한번은 캔버스보트로 간 적도 있습니다. 철도가 부설되기 전 몇 해 동안의 여러 가지 흥미로운 경험들이 내 마음속에 생생하게 떠올랐습니다.

그러나 작년 6월에는 라이언 일가와 해리엇 그리고 버그만 양 등 몇 명이 자동차를 타고 동해안, 금강산 그리고 원산을 거쳐 평양에서 열리는 연회에 참석하기로 결정했습니다. 그리고 기차를 타고 그곳으로 곧바로 올라온 아내를 만났습니다. 도로는 신작로였는데 그렇게 넓지는 않았지만 경치가 좋아서 매우 아름다웠습니다. 해안 길을 따라 평지를 달리다 보면 우리는 어느새 훌륭한 경치가 쭉 펼쳐진 고도가 높은 길로 나아가고 있었습니다. 금강산의 온사리(Onsari)에 있는 윤 씨의 쾌적한 여관에서 일요일을 보냈습니다.

두 번째 여정은 원산으로 가는 길인데 거의 지나갈 수 없을 만큼 험했습니다. 다른 사람들을 기차로 미리 보내고, 우리는 가까스로 빠져나가는 데에 성공했습니다. 원산에서 평양으로 가는 세 번째 여정은 너무 가파른 길이라 올라가는 데 몇 시간이나 걸렸지만 경치는 참으로 아름다웠습니다. 평양에는 개막식 시간에 겨우 맞추어 도착할 수 있었습니다.

연회는 우리의 교육사업에 대한 정부의 태도로 인해 큰 우려 속에서 열렸습니다. 마지막 세션이 끝나면 차를 타고 조용하고 안락한 소래 해변으로 갈 수 있다는 것으로 위안을 삼았습니다. 바빴던 지난 몇 달 동안 사람들을 지치게 만들었던 문제는 휴가를 통해 다 날려 버릴 수 있었습니다. 8월 중순경에 사람들은 블레어 박사가 이끄는 노회의 수련회에 참석하기 위해 돌아왔습니다. 서울에서 열린 연맹회의에 참석한 후 우리는 한국의 명소들을 거쳐 1,095마일의 여정으로 대구에 돌아왔습니다.

저녁식사 시간에 방문자가 찾아와 내 방문을 두드렸습니다. 한 사내가 잘 잘라진 긴 막대와 네 개의 자그마한 스크린처럼 보이는 것 한 뭉치를 들고 서 있었습니다. 그는 교인인데 시내버스 운전기사였습니다. 이 사람은 비번이었는데, 시내에서 3마일가량 떨어진 마을에 전도를 다녀왔습니다. 스크린은 접을 수 있는 칠판이었고, 나무 막대 뭉치는 칠판을 임시로 세워 둘 수 있는 거치대였습니다. 그는 말씀을 전할 때

청각과 시각을 모두 동원하면 더 효과적이라는 사실을 알아 낸 것입니다. 내가 그를 처음 만난 것은 시내에 있는 한 주차장에서였습니다. 그런데 그는 1개월 혹은 그 이상 일자리를 잃어버렸습니다. 그때 그의 아이가 아파서 치료가 필요했는데, 내가 약을 구할 수 있도록 약간의 도움을 주었습니다. 그 후로 그는 열성적인 기독교 신자가 되었고 교인 버스 운전기사로 도시 전체에 알려졌습니다. 그는 비번일 때면 항상 믿지 않는 마을을 찾아가서 전도하면서 하루를 보냈습니다.

나는 도시 밖에서 만주로 간 송 씨가 거지가 되어 돌아오는 것을 보고 깜짝 놀랐습니다. 그는 무일푼이 되어 쇠약해진 채 다른 교인 한 명과 함께 음식을 구걸하면서 걸어오고 있었습니다. 지금 그는 부유한 제화공이자 대구에서 가장 큰 제일교회의 집사입니다. 그의 가게는 일요일마다 문을 닫았는데, 제화공 협회를 조직할 계획을 세우고 있습니다. 모든 회원들이 "일요일 휴무"라고 쓰인 표지를 걸어 놓게 하여 행인들에게 자신들의 신앙을 증명하고 싶다는 것입니다.

한 젊은이와 그의 부인을 또 방문했습니다. 그는 신명학교의 주임교사였습니다. 그의 아버지는 산동 지방의 중국인들 사이에서 일하는 한국 장로교 소속 해외선교사입니다. 이 젊은이는 우리가 운영하는 계성학교를 졸업하고 평양의 대학과 일본의 대학교를 졸업하여 현재는 이 책임 있는 위치에서 일을 하고 있습니다. 그의 부인은 내과 의사로 우리 신명학교와 일본에 있는 의과대학을 졸업했습니다. 우리 학교에서 공부를 하고, 이제 다시 모교를 위해 일하는 그들을 보면 정말 기쁩니다.

올봄에는 전도사(Gospel Ministry)로 안수를 받은 세 젊은이가 있어서 기뻤습니다. 그들은 일찍이 나와 친분이 있었기에 더 특별한 관심을 가졌습니다. 예배를 드리는 사람들 사이에 한 젊은이의 어머니가 앉아 있는 것을 보고 나는 그 청년과 관련된 옛일을 떠올렸습니다. 그 어머니는 일찍 과부가 되어 두 아이와 할머니를 모시고 살았습니다. 그래서 그들에게 교육을 시켜 줄 수 있는 형편이 아니었지만, 결국 그녀는 해냈습니다.

큰아들은 지방 교회 부설학교에서 초등교육을 마친 후 우리 중학교에 입학했습니다. 내가 그에게 도움을 주어서 입학을 할 수 있었습니다. 그 이후로 그는 수업이 시작되기 전에 시내에서 신문을 돌리고, 시내에 있는 교회에서 잡무를 맡았으며, 다른 여러 가지 방법으로 돈을 모아 생활비를 벌었습니다. 독립운동이 일어나는 동안 수많은 변화를 겪은 후 그는 마침내 어머니와 동생을 일본으로 데리고 갔고, 신학 과정을 마친 후 우리 노회에서 목사 안수를 받았습니다. 그리고 지금은 대구 바로 밖에 위치한 언덕의 나환자 교회의 목사가 되었습니다. 또한 그는 동생이 도시샤(同志社) 대학과 우리 신학교를 졸업할 수 있도록 도움을 주어 지난 노회에서 동생도 목사 안수를 받았습니다. 당연히 그의 어머니와 형의 얼굴은 기쁨으로 환하게 빛났고, 나도 그들과 함께 기뻐할 수 있었습니다.

시골에서 한 나이 많은 신사분이 찾아왔습니다. 그는 신학교를 졸업하는 자기 아들을 보기 위해 평양으로 가던 길이었습니다. 그는 이를 수년 동안 학수고대해 왔고 내가 설교를 한 그 안수식에서 자기의 외동아들이 목사로 임명되는 것을 보았습니다. 그 후 얼마 지나지 않아 그 아들이 나의 교구에 동사목사로 취임하게 되어 참으로 기뻤습니다.

어떤 이름 있는 문중이 사는 마을에서 아들이 있는 한 젊은 어머니가 남편에게 버림을 받았습니다. 이러한 고난 속에서 누군가가 그녀를 그리스도에게 귀의하도록 인도했고, 그녀의 두 아들도 차례로 인도했습니다. 그런데 할아버지가 그들이 교회에 나간다는 것을 알고는 일요일마다 대문을 잠가 버렸습니다. 그러나 용달이와 그의 동생은 뒷담을 넘어 자유롭게 다녔습니다. 할아버지는 새로이 깨달음을 얻은 이 작은 가족들에게 신앙을 포기하게 할 수 있는 방법을 찾지 못했습니다. 그는 인내심이 있는 사람이 아니었기에 이를 참을 수가 없었습니다. 그래서 그들은 할아버지가 시키는 대로 하거나, 아니면 떠날 수밖에 없었습니다. 그러나 그 젊은 어머니는 그를 따르지도 않았고, 그렇다고 대들지도 않았습니다. 하지만 그가 알아채기 전에 마치 시장에 누에고치를 이고 가는 양 조용히 머리에 꾸러미를 얹고 길을 나섰습니다. 두 아들만이 겁먹은 모습으로 어머니의 뒤를 불안하게 총총걸음으로 쫓아갔습니다.

　이틀 후 그들은 산 반대편에 주방이 딸린 셋방을 하나 얻어 마을로 들어왔습니다. 때가 겨울이었기 때문에 그녀는 곧 빨래를 해 주는 일을 시작했습니다. 아낙네들은 차가운 강가에서 빨래를 하는 그 이웃을 돕기 위해 나섰습니다. 그녀는 또 바느질도 했습니다. 불빛이 보이도록 하기 위해 항상 문을 열어 두었기 때문에 아이들은 집이 춥다고 불평했습니다. 심지어는 아궁이에 불을 지피는 것도 아침 식후나 저녁 식후에만 잠깐씩 했을 뿐입니다. 왜냐하면 부엌에서 겨우 밥을 지을 수 있을 정도의 불씨만 살렸기 때문입니다. 맛있는 반찬은 없었기에 오히려 밥이 맛있었습니다. 이렇게 하여 아이들은 가난이 무엇인지를 배워 갔습니다.

　일곱 살쯤 된 형 용달이는 그것을 별로 원하지 않았습니다. 옛날에 살던 집이 너무 그리워 몰래 집을 나온 그는 마른 소나무 가지를 실은 수레를 얻어 타고 산을 넘어 할아버지를 찾아갔습니다. 할아버지는 그를 다시 보게 된 것을 매우 기뻐했습니다. 아마 그의 어머니에 관해서는, 어머니가 자기를 더 이상 먹여 살리지 않아도 되기에 기뻐할 것이라고 생각했습니다. 그것이 아니라면 어머니도 지혜롭게 옛날 집으로 돌아올 것이라고 생각했습니다. 그녀는 돌아왔지만 그리 오래가지 않았습니다. 그녀는 그저 아들의 손을 잡고 대문 밖으로 이끌어 냈습니다. 그러고는 아들을 둘러업고 높은 산길을 따라 돌아오면서 이렇게 말했습니다. "우리는 기독교인이야. 그러니 포기해선 안 돼." 당시에는 이 말이 그에게 어머니를 예전보다 훨씬 더 사랑하고 존경하고 믿게 되는, 막연한 무언가 외에는 아무 의미가 없었습니다. 하지만 그가 자라면서 이것이 무엇을 의미하는지 알게 되었고, 이는 그들이 삶을 살아가는 데에 아주 큰 영향을 주었습니다. 어머니는 읽는 법을 배웠고, 안동의 성경학교를 졸업하여 전도부인이 되고, 교회를 위해 일하는 사람이 되었습니다.

교회를 중심으로 누군가 와서 몇 주 혹은 몇 개월 동안 그들을 가르칠 사람이 필요하게 되었습니다. 결국 그녀는 나중에 대구 선교기지가 관할하는 김천의 교회에서 정식 직책을 갖게 되었고 여기서 열심히 봉사했습니다. 아이들은 하급 학교 과정을 마치고 대구의 미션 스쿨인 계성학교에 입학했습니다. 여기서 상당한 음악적 재능을 보인 용달이는 피아노와 코넷을 배워 일요일마다 나를 따라 근처의 교회에서 연주도 하고 노래 지도도 했습니다. 그는 다음으로 동생에게도 가르쳤습니다. 김천에서 나는 놀랍게도 예배가 없는데도 어느 작은 교회에서 풍금 소리가 나는 것을 듣게 되었습니다. 창문으로 다가가서 나는 한 소년이 주변 바닥에 둘러앉은 아이들과 함께 놀면서 노래를 가르치고 있는 것을 보았습니다.

지난가을 지방의 교회에서 한국식 추수감사절(11월 초)을 보냈습니다. 강단 옆에는 순무, 양배추, 쌀, 수수 그리고 다른 작물들이 쌓여 있었습니다. 예배가 끝날 즈음에 집사들 중 한 명이 강단으로 나와서 커다란 양배추를 들며 소리쳤습니다. "이것은 우리 어린이 주일학교의 추수감사 예물입니다. 이 양배추를 10센에 사실 분?" 이런 방식으로 그는 차례대로 예물을 경매에 부쳤고, 아이들은 아주 작은 액수로 헌금을 드리는 기쁨을 누릴 수 있었습니다. 이런 식으로 교회 어린이들은 남에게 베푼다는 것을 일찍 배울 수 있게 되었습니다.

지난가을에 나는 나의 순회 구역 중 하나를 도울 사람을 찾고 있었습니다. 헨더슨은 몇 년 전 계성학교와 평양의 숭실대학을 졸업한 한 젊은이를 추천해 주었습니다. 어렸을 적에 그는 기독교 신자라는 이유로 집에서 쫓겨났지만 신앙을 계속 지켜 나갔습니다. 나중에는 일본으로 가서 대학을 다니며 농장에서 일을 했습니다. 그리고 최근에 한국으로 돌아와서 고구마, 땅콩, 염소, 닭, 벌을 키우는 실험적인 농사를 하고 있었습니다. 나는 그가 매우 깨어 있고 진취적인 젊은이라는 것을 알게 되었고, 그는 나의 요청을 받아들여 함께 일을 하기로 했습니다.

나는 아내와 해리엇을 데리고 밤이 열리는 계절에 그의 집을 방문해서 밤나무 숲이 있는 강둑으로 나가 피크닉을 즐겼습니다. 그동안 그와 그의 친구는 땔감으로 쓸 나뭇가지를 찾으러 돌아다녔고, 우리에게 밤을 구워 주기도 했습니다. 그는 현재 제일교회에 채용되어 청년부 사역을 하고 있습니다.

지방 교회 가운데 한 군데에서 순회설교를 하던 중 내가 저녁식사를 마치기도 전에 교회의 저녁 종이 울리기 시작했습니다. 교회로 서둘러 간 나는 한 소녀가 30명가량의 소년 소녀들을 모아 놓고 그 앞의 강단을 차지하고 서 있는 것을 보았습니다. 이후의 예배에서도 이 소년 소녀들은 그 어느 모임에서보다 더 집중하는 모습과 경건한 태도를 보여 주었습니다. 나는 이 소녀가 야간학교에서도 어린아이들에게 노래를 가르치고, 성경 이야기를 해 주고, 성경 구절을 암송하는 것이나 기도하는 법을 가르치고 있다는 사실을 알게 되었습니다. 그 후로 나는 그녀의 친구들 중 몇 명과 수년간 교회를 멀리하다가 다시 돌아온 그녀의 아버지도 교회로 받아들였습니다. 그녀의 친구 중 한 명은 자기 아버지와 어머니와 형을 매우 열성적으로 전도하여 지금은 온 가족이 기독교인이 되었습니다.

올봄에는 성경학교에서 가르쳐야 하기 때문에 내가 매주 일요일마다 방문해 왔던 가까운 순회구역 한 군데를 맡을 한국인 목사 한 명을 구했습니다.

겨우내 나는 매우 쇠약해져서 플레처 박사로부터 '지방 순회 금지' 명령을 받았고, 다른 처방도 받았습니다. 고맙게도 돌보아 준 덕분에 나는 기력을 되찾았고, 기지로부터 지명받은 여자 성경학교에서 매일 몇 시간씩 가르칠 수 있었습니다. 건강하다는 것은 참으로 큰 축복입니다!

나는 대구의 몇 군데 어린이 주일학교에서 설교하는 것을 즐겼습니다. 아이들과 이야기를 나누는 것은 언제나 은혜스러운 일이었고, 누구라도 그들에게서는 좋은 반응을 이끌어 낼 수 있습니다.

2년간 평양의 외국인 학교에서 선생으로 지냈던 내 딸 해리엇은 한 해를 집에서 보내게 되었습니다. 이는 우리에게 큰 기쁨이었습니다. 올해의 큰 사건들 중 하나는 벌써 우리 가정의 새 주인이 된 내 아들 헨리(Henry Munro, Jr.)[16] 가 2월 19일에 태어난 일입니다. 장차 그의 놀이 친구가 될 캐슬린(Kathleen Henderson)은 1월에 벌써 태어났습니다.

[*CHB*, 465-469쪽]

---

16) 역주-브루엔의 두 번째 부인 클라라 헤드버그와의 사이에서 태어났다.

3. 보천교(普天敎)[17] 성직자

1936년

한국에는 주된 종교라고 할 수 있는 불교와 유교를 제외하고도 많은 토착 종교들이 있습니다. 그중 하나가 '보천교'입니다. 보천교는 그 이름을 수차례 바꾸었습니다. 외부인들은 이를 '도둑질하는 사교(邪敎)'라고 부릅니다. 이는 나라가 독립을 하게 되면 새로운 정권에서 자리를 얻어 많은 보상을 받게 될 것이라고 해서 붙여진 이름입니다. 높

---

17) 역주-보천교(普天敎)는 1916년 전라북도 정읍(井邑)에서 차경석(車京錫)이 창시한 유사종교의 하나이다. 차경석은 훔치교 교주인 강일순(姜一淳)의 고제자(高弟子)의 한 사람으로, 강일순이 죽은 뒤에 동료인 김형렬(金亨烈)이 김제(金堤)에서 태을교(太乙敎)를 창시하자 그도 선도교(仙道敎)를 창시했고, 1921년에 보화교(普化敎)로 개칭했으며, 다음해에 다시 보천교로 개칭하였다. 교지(敎旨)를 인의(仁義)와 경천(敬天), 교장(敎章)을 '井' 자로 정하고, 상투에 큰 갓을 썼으며 예복을 갖추었다. 서울에 총본부인 보천교 진정원(眞正院)을 설치하고, 지방의 중요한 곳에 지부를 두는 한편, 정읍에 대규모의 궁궐을 건축하였는데, 신도들은 차경석을 차천자(車天子)라 경칭하였다. 뒤에 사기, 협잡의 죄목으로 치안당국으로부터 여러 번 소환되어 조사를 받았으며, 차경석이 병으로 죽은 뒤에 교도는 흩어졌다.

은 지위를 보장하겠다며 사람들에게 땅을 기부하도록 강요해 왔던 것입니다. 이 성직자들은 머리 깎기를 거부하고, 30년 전에나 썼던 챙 넓은 모자를 쓰며, 연한 청색의 법복을 걸쳤기 때문에 쉽게 눈에 띄었습니다.

김정례는 여유가 있는 집안의 사람으로 옛날식 교육을 받았으며 편안하게 살던 청년이었습니다. 그는 이런저런 종교를 접해 보다가 '보천교'를 만나 선생이 되고 다시 성직자로 활동했습니다. 그러나 조국의 독립을 위한 일이라며 달랑 차용증서 한 장을 받고 유산의 대부분을 빼앗겼고, 생활고를 겪으면서부터 속았다는 것을 깨닫게 되었습니다.

잃어버린 재산을 찾기 위해 그에게 맨 처음으로 떠오른 방법은 속이기 쉬운 신자들에게 접근하는 것이었습니다. 그들에게서 자기가 잃어버린 재산만큼 최대한 쥐어짜낸 후 신자들은 버리고 갈취한 돈은 절대 놓지 않는 것입니다.

이즈음에 우리 목사들 중 하나가 근처의 교회에서 일주일간의 부흥회를 열었는데 그와 같은 마을에 사는 기독교인 한 사람이 그를 강제로 참석하게 했습니다. 부흥회에 참석한 그는 일주일이 끝나갈 무렵 그리스도를 믿기로 결심하고는 그 사실을 이곳저곳에 공포했습니다.

얼마 지나지 않아 이전에 감리교도였다가 미국에서 공부를 하고 돌아온 성결교 목사 한 분이 거기서 약간 떨어진 교회에서 부흥회를 열기로 했습니다. 믿기로 결심했던 김 씨는 이 새로운 교리에 대해 더 많은 것을 알고자 하여 제법 먼 길임에도 불구하고 이 집회에 한 주간 더 참석했습니다. 여기서 그의 결심은 더욱 굳건해졌고, 나는 그가 이 새로운 신앙을 매우 기뻐한다는 것을 알게 되었습니다. 그의 목사는 그가 학습자로 등록을 했다고 말했습니다. 뿐만 아니라 그가 새로 만나게 된 주님을 위해서도 큰일을 하게 될 것이라고 했습니다. "진리를 알지니 진리가 너희를 자유케 하리라."

[CHB, 469쪽]

4. 지치지 않는 선교의 활력

브루엔의 개인 보고서, 1936-1937년

내 책상 위에는 열두 개의 구멍이 뚫린 놋쇠로 된 총알 껍데기 같은 자그마한 도구가 있습니다. 그 한쪽 끝에는 쇳조각을 흔들어 꺼낼 수 있는 작은 구멍이 있는데, 3인치 길이 못 크기의 작은 눈금도 있습니다. 이것은 김봉도 전도부인이 나에게 준 것입니다. 그녀는 수년간 이 교회 저 교회를 방문하며 성경을 가르쳤고, 여전도회를 조직하기도 했으며, 믿지 않는 이들을 찾아다니며 열심히 전도했던 사람입니다. 특히 그런 사람들이 미신에서 벗어날 수 있도록 도와주었는데, 집 안에 모셔 두었던 우상들을 부수거나 제단을 없앤 것입니다. 믿음을 갖는다 해도 이들은 아직 스스로 그런 결단을 내리기에는 자신이 없었기 때문입니다.

위에서 말한 이 도구는 맹인 점쟁이들이 미래의 일을 예언하거나 사람들을 덮친 불행의 원인을 밝혀 내는 데에 사용되는 것이었습니다. 귀신의 대답을 얻어 내기 위해 점쟁이는 주문을 외운 후에 그 도구에 난 구멍을 집게손가락으로 막은 채 아래위로 흔들다가 적당한 때에 그 손가락을 치워 6~8개 쇳조각 중 하나를 자기 손에 떨어뜨리는 것이었습니다. 그러고는 눈금의 수를 헤아린 후 불행의 원인을 말해 주는데, 복채로 돈이나 곡식을 바치면 이를 없앨 수 있다고 합니다.

10여 년 전 김봉도 부인은 이제 막 점치는 법을 배우고 있는 한 맹인 소녀를 만나 기독교인이 되도록 인도한 적이 있습니다. 그런데 최근에 그녀가 성경을 가르치기 위해 교회에 들어가던 중 바로 그 맹인 소녀가 다른 사람들과 함께 앉아 있는 것을 보고 깜짝 놀랐습니다. 그 맹인도 전도부인의 목소리를 알아채고 몹시 반가워했습니다. 자신의 삶이 변화되었다는 증거로 그녀는 자기의 돈벌이 수단이었던 이 도구를 김 부인에게 선물했고, 그것을 다시 김 부인이 나에게 선물했습니다.

이 젊은 여성의 부모님은 기독교인이 아니었기에 딸의 결정을 반대했습니다. 점쟁이는 맹인이 할 수 있는 유일한 생계수단으로 수지맞는 장사라고 생각했고, 공부를 많이 못 했지만 안마사로서도 생계를 유지할 수 있다고 생각한 것입니다. 하지만 그녀는 여전히 새로운 길을 열망하며 고집하고 있습니다. 그녀를 맹인학교에 입학시킬 수 있기를 바랍니다.

지난 35년간 나의 순회구역인 서부 지역 4개 교구에서 꾸준히 일을 하다 보니 폭넓은 친분관계를 얻게 되었습니다. 이러한 교제 덕택에 나에게는 복음을 전할 수 있는 통로가 많습니다. 내가 기도해 주고 심방 또는 편지로 연락을 주고받는 전도 대상자들의 명부도 있습니다. 최근에는 회개하고 돌아온 두 사람으로부터 편지를 받았습니다.

노회의 협조를 얻어 후원을 해 주는 교회들이나 자기가 속한 교회들이 순회설교를 도울 수 있는 조사 한 명을 지원해 주었기 때문에 우리는 천막전도에 더 많은 시간을 쏟을 수 있었습니다. 덕택에 나도 7개 지역에서 방문 사역을 할 수 있게 되었습니다. 한 군데를 제외하고는 모두 성과가 있었습니다. 첫 천막집회에서 쿡(Cook)이 도와주어서 정말 힘이 되었습니다. 그가 코넷을 연주해 준 덕분에 예배는 활기가 있었습니다. 많은 이들이 집회에 참석하여 성공적이었습니다. 우리는 이러한 성과를 유지하여 조만간 교회를 하나 개척하려고 합니다. 이러한 새로운 모임에 적합한 지도자를 구하는 것은 언제나 가장 중요한 일입니다.

내가 위원장으로 있는 노회의 가정선교위원회(Home Mission Committee)는 최근에 지원 요청을 30건이나 받았습니다. 어떤 신앙심 깊은 전도부인이 도와준 덕택에 한 전도사가 두 달 동안이나 사역을 할 수 있었는데, 이 여인은 예수 그리스도를 증거하는 것이 유일한 낙이었습니다. 대구의 기독교 여성들의 도움을 받았지만 그녀는 경비를 아끼기 위해 음식도 스스로 만들었습니다. 지난겨울에는 폭설에 미끄러져 팔이 부러졌는데, 아직 이동이 불편할 정도로 눈이 쌓여 있었음에도 이틀 후에 다시 일을 시작했습니다. 블레어와 그 근방의 교회는 한 주간 동안 천막집회를 열었습니다. 모교회의 도움으로 그들은 100엔가량을 확보하여 이제 새로운 교회를 지을 수 있다는 희망을 갖게 되었습니다. 우리 지도상에는 검게 표시된 '면' 지역이 10개 이상 있습니다. 이는 그 지역에 아직 교회가 하나도 없다는 것을 나타냅니다.

일본에 사는 많은 한국인들을 돌보기 위해 우리의 가장 큰 지방 교회의 목사를 보낼 수밖에 없었던 것은 참 안타까운 일이었습니다. 그는 매우 열심히 일했고, 4년의 임기 동안 교회 건물의 크기뿐만 아니라 신도의 숫자까지도 곱절로 불려 놓았습니다. 게다가 전도사 한 명과 전도부인도 한 명씩 채용할 정도였습니다.

겨울은 사경회를 운영하고 성경학교에서 가르치는 데 집중하고, 이듬해에는 지방의 조직들을 관리했습니다. 각 순회구역을 편성해서 만족할 만한 정신적 지도자를 세우는 것은 언제나 어려운 일입니다. 그런 사람들을 우리 성경학교 졸업생들 중에서 구할 수는 있지만, 문제는 그 빈약하고 뒤처진 교구에서 생활에 필요한 임금을 마련하기가 어렵다는 것입니다. 성주에 있는 내 관할 교회들을 인계받을 사람으로 작년도 졸업생인 이정모(Yi Chong Mo)를 구할 수 있었던 것은 정말 다행이었습니다. 이곳은 옥화교회의 홍 장로가 지난 2년간 맡아 왔던 곳입니다. 현재 노회장인 유진성 목사가 이 지역으로 돌아온 것도 큰 힘이 되었습니다. 현재 이 지역에는 5명의 목사와 6명의 조사가 있습니다.

지난여름에는 가장 나이 많은 사람조차 처음 겪었다는 큰 홍수가 났습니다. 처참한 폐허를 남겼습니다. 마을 곳곳이 파괴되었고, 수십 명이 익사했습니다. 지리(Chiri)교구를 맡고 있던 젊은 조사인 이영경은 홍수가 난 바로 다음날 이웃 교회에 있다가 집으로 돌아갔지만 집도 재산도 모두 잃어버린 뒤였고, 집터조차도 찾을 수가 없었습니다. 아내와 아이들은 천만다행으로 집이 떠내려가기 직전에 나와 살아남을 수 있었습니다.

올봄에는 순회설교를 하던 중에 나의 38년 삶에서 이처럼 많은 절실하고도 거부할 수 없는 심방 요청을 받은 적이 없었습니다.

집으로 돌아오니 답장을 해야 할 편지들이 기다리고 있었습니다. 여행 중에 교적의 이동을 알리는 내용을 포함하여 애도나 축하의 편지를 보낼 곳도 있고, 새로이 믿게 된 이들에게는 용기를 북돋워 주기도 하고 믿음이 약해진 이들에게는 경고의 글도 보내야 합니다.

올해는 노회가 한 군데 더 생겨 경주 지방을 담당하게 되었습니다. 이 네 번째 노회는 원래 경상남북도를 관할하던 하나의 노회에 속해 있었습니다.

　15년간 대구 신정교회의 목사로 사역했던 염봉남 목사가 없어서 적적합니다. 그는 우리 노회의 주역이었을 뿐만 아니라 한때는 노회장으로 있어서 한국 교회 전체의 주역이기도 했습니다. 그가 몹시 그립습니다. 그리고 지난해에 이 지역에서 처음으로 세례를 받은 사람이 죽어 천국으로 갔습니다.

　첫 번째 이정표를 지나 두 번째 이정표를 향해 가고 있는 우리 아들 해리는 우리에게 기쁨과 많은 가르침을 주었습니다. 한편 내 큰딸과 사위는 본부의 발령을 받아들여 알래스카의 배로(Barrow)로 떠났습니다. 한 번은 항공 승객 편으로 서한을 전해 주었고, 놈(Nome)으로 가는 개썰매 편으로도 몇 번 보내더니, 이번에는 항공 편을 통해 미국으로 편지를 보내왔습니다. 해리엇은 지난여름에 시베리아를 경유해서 미국으로 떠났고, 프랑스어 실력도 늘리고 프랑스의 생활을 직접 경험하기 위해 파리에서 8개월을 보냈습니다.[18]

　기지에서는 대구의 명문가들과 어른들을 방문하고 사적인 업무를 도울 수 있도록 시간을 내 달라고 재촉했습니다. 그들은 나와 오래도록 친분을 가져왔던 사람들인데, 연회가 열리기 전에 이 일에 시간을 낼 수 있기를 바랍니다.

존경을 표하며
헨리 브루엔
[CHB, 475-477쪽]

---

18) 역주-두 딸의 이후 행적에 관해서는 부록에서 자세히 다룬다.

5. 헤드버그의 베이징 여행

1937년(1987년 Nan에게 구술로 전하다)

아들 해리가 아직 어린아이였던 1937년, 나는 다른 많은 선교사들이 그랬듯이 좋은 환율 덕택에 중국 양탄자 같은 것들을 아주 싸게 살 수 있다기에 베이징으로 갔습니다. 브루엔은 아이와 함께 집에 남았습니다. 베이징에는 질 좋은 중국 양탄자를 생산하는 특별 구역이 있었습니다. 그곳은 서양인들이 운영하고 있었지만 제조 방식은 옛날 중국식 그대로였고, 원단의 질도 믿을 만했습니다. 나는 양탄자를 몇 장 구입해서 대구의 집으로 보냈습니다.

하지만 떠날 때 그것이 기차에 화물로 실렸다는 사실을 알게 되었습니다. 그런데 목단(牧丹)에서 기차를 갈아타려고 할 때 일본인이 나타나 그것을 기차에 싣지 못하게 했습니다. 그것을 두고 떠날 수는 없는 일이라 하는 수 없이 그곳 여관에서 하룻밤을 보냈습니다.

아침이 되자 많은 한국인들 중 한 명이 조용히 다가와서는 숨을 죽이며 나를 쳐다보지도 않은 채 "일본 영사관에 가 보시오"라고 말했습니다. 그래서 나는 인력거를 타고 도시 밖 영사관으로 출발했습니다. 인력거꾼은 한국인이었는데, 또 다른 인력거 하나가 같은 길로 가고 있었습니다.

그곳에 도착하자 그 승객이 재빠르게 안으로 들어갔고, 나도 그를 뒤쫓았습니다. 그는 보이지 않았습니다. 접수계 소녀에게 영사를 만날 수 있겠느냐고 물었지만 영사가 없다고 대답했습니다. 들어오면서 그의 사무실 문이 닫히는 것을 얼핏 보았기 때문에 계속 요구했지만 그녀는 계속해서 그가 없다고 주장했습니다. 결국 나는 아랑곳하지 않고 안으로 들어가려고 했는데 그제서야 그녀는 꼬리를 내리며 나를 데리고 들어갔습니다. 영사는 걱정하지 말라고 했습니다. 양탄자가 보내지는지 봐 주겠다고 했지만, 그에게서 증명서를 받기 전까지는 이를 받아들일 수가 없었습니다.

나는 다음 기차로 양탄자를 싣고 떠났습니다. 하지만 대구에 도착하니 이번에는 직원들이 양탄자를 내주지 않으려고 했습니다. 우리는 관세를 내겠다고 제안했지만 그들은 양탄자가 아예 없다고 했습니다. 수하물이 아닌 화물 편으로 온다는 것입니다. 그들은 우리에게 양탄자를 보여 주면서도 물건이 없다고 했습니다. 나는 가지고 있던 수하물 물표를 보여 주며 포기하지 않았습니다.

그들은 양탄자를 그곳에 거의 3개월을 가지고 있었습니다. 여전히 양탄자가 그곳에 없을 수도 있다고 주장하면서도 장기 보관을 허가해 주었습니다. 이는 일본인들이 특별한 축하 잔치를 벌이고 많은 죄수들을 사면하여 석방하던 음력 설날까지도 계속되었습니다. 그리고 세관원 한 명이 병원으로 와서 그 양탄자를 찾아가라고 했습니다. 물건들도 석방시켜 주었던 것입니다. 병원에서 한 사내가 즉시 우리에게 와서 말해 주었고, 우리는 그와 함께 그것을 찾으러 갔습니다. 맙소사!

환율의 변동으로 말미암아 나는 떠날 때보다 돌아올 때 더 많은 액수의 돈(엔)을 가지고 돌아왔습니다.

[*CHB*, 478쪽]

6. 세계의 복음화를 위하여

대구기지 보고, 1937년(발췌)

지난 100년 동안 우리는 기독교의 전파에 성공했습니다. 현대적 선교가 이를 적극적으로 주도했습니다. 서부에서는 오랜 세월 동안 기본이 되어 왔던 복음과 교회가 이제는 전 세계적으로 한 걸음 한 걸음 새로운 삶의 길로 제시되고 있습니다. 성서는 100년 전에는 한정적으로 100개의 언어로만 번역되었지만, 지금은 711개 언어로 수백만 부가 보급되고 있습니다. 일부는 최소 987개의 방언으로 출판됩니다. 수백 곳의 선교회에서는 사실상 지구의 모든 땅에 수천 명의 선교사를 파견했습니다. 이 엄청난 사업에 있어 우리 위원회는 항상 최전선에 서 있었습니다. 우리는 해외선교국 100주년 기념행사에 진실로 감사한 마음으로 참여했습니다. 우리는 모교회의 자선사업과 이 모든 것을 가능케 한 선교사적인 자세를 지닌 개척자들의 신앙에 매우 감사합니다. 그리고 이 지상 모든 곳에서 하나님의 나라를 건설하기 위해 애쓴 선교 개척자들의 빛나는 업적에 감사합니다. 또한 세계의 복음화를 위한 한 세기 동안 우리 한국 선교회가 고무적인 공헌을 한 데 대해서 감사합니다.

우리 한국 선교회는 100년 선교 역사에서 가장 젊은 선교회 가운데 하나이지만 가장 큰 선교회 가운데 하나가 되었습니다. 흥미로운 선교회의 역사에 대해, 초기 사역자들의 열성적이고 사도적인 신앙에 대해, 하나님의 뜻에 따른 수준 높은 기준과 방식의 선택에 대해, 그리고 경이로운 이 한국 사람들의 마음속에 거룩하게 열려 있는 길과 사역에 대해 우리는 하나님께 감사드려야 마땅합니다. 300,000명 이상의 축복받은 기독교인들이 있다는 사실과 주일마다 3,000개 이상의 교회에서 행해지는 예배와 하나의 큰 총회로 뭉쳐진 27개의 노회와 우리 학교에서 교육을 받은 수천 명의 젊은이들과 우리 병원에서 치료를 받고 하나님을 영접한 백성들에 대해서 우리는 감사합니다. 우리는 53년간의 한국 선교회의 기록이 100년의 역사로 빛나는 우리 모교회의 영광에 이바지했다고 믿습니다.

대구에서 북쪽으로 7마일 정도 가면 굴로구동(Goolo-Koo-Dong)[19] 이라는 오래된 작은 마을이 있습니다. 그곳에는 칠곡교회에 다니는 신실한 여성 신도 두 명이 있는데 칠곡교회는 안동으로 가는 커다란 찻길의 2마일 아래 계곡에 자리 잡고 있습니다. 칠곡 전도단은 수년간 그곳에 가서 전도하고 성경 말씀을 전하고 쪽복음을 나눠 주기도 했습니다. 이 여성 신도들은 김이미라는 약간 나이가 많고 자그마한 전도부인을 데리고 있었는데, 그녀는 매우 열정적으로 시골 마을을 방문하여 거기서 몇 달씩 살며 전도했습니다. 김이미는 지칠 줄 모르는 전도자일 뿐만 아니라 나른 사람들을 보으는 데 뛰어난 수완가였습니다. 첫째로, 그녀는 칠곡 사람들로 하여금 자신을 후원하도록 했습니다. 그리고 우

---

[19] 역주-불로동으로 짐작이 된다.

리 선교사들을 쫓아다녔습니다. 나중에 그녀는 노회 본부의 선교회를 쫓아다녀 결국에는 천막전도를 위한 후원을 받아냈습니다. 3, 4개월간 그녀는 충분한 기금을 제공받아 온종일 집집으로 전도하러 다닐 수 있게 되었습니다.

그러자 노회 본부 선교회의 브루엔 목사는 김태현 장로를 보내왔습니다. 그는 노숙한 한국인 변호사로, 애국운동을 하다가 투옥된 경험도 있었는데, 특히 남성들의 강력한 지도자였습니다. 그는 두 달 동안 김이미가 하고 있던 일을 한층 강화했습니다. 그는 마을 지도자들로부터 마을회관에서 생활하고 종교 집회를 위해 교실을 사용할 수 있도록 허가를 받았습니다. 진짜 관심은 지도층 가족들이 보여 주었습니다. 여러 여성들과 몇몇 젊은 남성은 김 장로의 두 달간의 헌신이 채 끝나기도 전에 믿을 준비가 되어 있었습니다.

그리고 4월 초, 우리는 김이미를 돕기 위해 또 다른 전도부인 최재현(Chay Chai Hyen)을 보냈습니다. 그녀는 25년 전 바로 그 마을에서 완전히 홀로 기독교인이 되면서 엄청난 고통을 겪었습니다. 남편과 가족이 그녀의 결정을 되돌리기 위해 얼마나 괴롭혔는지 마을 전체가 알게 될 정도였습니다. 그녀는 아직도 팔다리에 남아 있는 흉터에 대해 말해 주었습니다. 손에는 칼에 크게 벤 끔찍한 자국이 허옇게 남아 있었습니다. 13년 동안 밤낮으로 남편에게 학대를 당하며 살아온 것입니다. 그녀를 따라 신앙을 갖게 된 남편의 첩이 집으로 돌아가 버리자 괴롭힘은 더 심해졌습니다. 그러나 끝내 남편은 누그러졌고, 심지어 교회에도 나가게 되었습니다. 이제 그들은 대구에서 함께 사는 데에 만족합니다. 그래서 우리는 여전히 믿지 않는 남편의 친척들이 사는 그 오래된 마을로 그녀를 다시 보낸 것입니다. 그들은 모두 그녀의 사정을 알고 있습니다. 그녀가 기독교 신앙을 통해 어떻게 고난을 극복했으며, 어떻게 남편을 되찾았고, 어떻게 대구 성경학교를 졸업하게 되었는지까지 말입니다. 그래서 그녀는 김이미와 함께 집집마다 돌아다니며 전도를 하였고, 노회장인 유진성 목사가 일주일간 이끄는 천막집회에도 나오도록 초대를 하였습니다.

천막 설치가 거의 끝나가던 늦은 오후, 아직 밧줄을 제대로 묶지 못한 상태였는데 먹구름을 동반한 강풍이 불어와 천막을 사납게 몰아쳤습니다. 돌풍이 천막을 통째로 들어올려 개울 쪽으로 내동댕이치려 하자 사람들이 모두 나서서 붙들기도 하고 막대기로 내려치기도 했습니다. 주변 사람들이 봤다면 정말 배꼽을 잡을 광경이었습니다. 마을 사람들은 목사와 칠곡의 기독교인들 그리고 새로 믿게 된 마을의 젊은이 두 명이 당황하지 아니하고 어두움 속에서도 천막을 다시 일으켜 세우는 것을 바라보았습니다. 그리고 석유 램프가 마치 커다란 등불이라도 되는 것처럼 개울 옆에 세워진 커다란 천막 안을 밝히는 것을 보았습니다. 그리고 어린아이들이 부르는 찬송 소리가 들리자 그들은 서서히 군중 속에 끼기 시작했습니다. 처음에는 천막으로 가려진 입구를 응시하더니 한 명씩 슬그머니 들어와서는 뒤쪽 돗자리에 모여 앉았다가 사람들이 더 들어오자 차츰 앞쪽으로 나와 앉았습니다. 여성 쪽은 일찌감치 차 있었습니다. 마을 주민들이 서로 존경을 표하면서 특히 마을의 어른이 들어왔을 때 예를 표하는 것을 지켜보노라면 참으로 흥미롭습니다.

처음에는 아이들이 노래하고, 큰 소리로 고함도 지르고, 남녀 할 것 없이 떠들고 있으면 정말 소란스럽습니다. 청중들이 점차 진정되고 프로그램이 시작되었습니다. 유진성 목사는 최선을 다하고 있었습니다.

그 모임의 결과가 어떠했는지 혹은 거기 모였던 이들이 결단을 할 수 있도록 어떠한 동기가 주어졌는지 누가 감히 말할 수 있겠습니까? 첫날 밤의 설교는 명료했고 성서적이고 강렬했습니다. 청중들에게 옛 미신의 덧없음과 어리석음을 비웃게 했고, 기독교 신앙의 참된 아름다움을 보여 주었습니다. 이러한 대조는 훨씬 설득력이 있었습니다. 하지만 이웃의 조롱을 두려워하는 오래된 풍습이 있는 데다 지적인 신념마저 부족하여 그들은 주저했습니다. 여성들과 어린이들은 첫날 밤에 벌써 그리스도에 대한 분명한 입장을 취했지만 남성들을 설득시키는 데에는 몇 번의 모임이 더 필요했습니다. 그들 또한 차츰 믿음의 세계로 돌아서기 시작했습니다. 일요일 밤까지 많은 사람들이 회개했습니다. 열네 가정이 마음을 바꾸었고, 그 외의 다른 개인들도 믿음을 고백했습니다. 이들 중 세 가정은 최재현의 친척이었습니다. 두 전도부인은 너무나 행복해서 발길을 돌릴 수가 없었습니다.

그들은 즉시 작은 교회 건물을 새로 짓기 위한 성금을 모으기 시작했습니다. 큰 칠곡교회에서 성금을 모은 다음, 대구의 교회 지도자들에게 모금을 하도록 김태현 장로를 설득시켰습니다. 마침내 그들은 마을 회관 옆, 마을 바로 앞에 천막이 세워졌던 자리 근처에 진짜 마을 교회를 지을 수 있는 충분한 돈을 모았고, 이제는 완공을 기다리고 있습니다.

어제 전도부인 김이미는 대구에 있었습니다. 그녀는 마을의 새로운 신도들과 신도가 아닌 자들까지 모두 모여 부지를 다지고 나중에는 지붕을 올리는 것까지 도와주었다고 이야기했습니다. 대구의 한 여성이 종을 구입할 수 있는 돈을 내놓자 김이미는 불로동(Pul-lo-dong)으로 가서 종을 샀습니다. 그리고 한 사내가 그 종을 지게에 져서 산 너머 새로 지어진 국구동(Kook-koo-dong) 교회까지 옮겨 주었습니다. 다음 일요일에 그들은 아직 가구도 없고 바닥도 깔려 있지 않은 건물에서 첫 집회를 열게 될 것입니다. 좋은 종각 위 높은 곳에 이미 걸려 있었는데 아이들은 아마도 종이 울리는 소리를 듣고자 몰래 들어와서 새로운 종의 줄을 당겨 볼 것입니다. 그리고 나이 드신 분들은 찡그리고 잔소리를 해댈 것이지만, 모든 것이 다 잘될 것입니다.

새로운 교회는 그렇게 고통 속에서 태어났습니다. 하나님의 성령의 힘 가운데서 이들 새로운 신자들은 주님을 사랑하게 되고, 유일하게 진실하시고 살아 계시는 주님을 찬양하기 위해 모여들 것입니다. 한두 명의 젊고 강한 남성들이 앞장을 서고, 여러 굳세고 열심인 여성들이 뒤에서 그들을 도와주었습니다. 전도부인 김이미는 여전히 돕는 역할을 하고 있었습니다. 성령께서 한국인 성도들로 하여금 그들의 믿음과 사랑을 우리 모두의 공통된 한 분 주님을 위해 쏟아붓도록 감동시키고 계실 동안 그들의 곁에서 필요할 때에 약간씩 도와주며 영광스러운 일에 힘이 되어 주는 것은 참으로 기쁜 일입니다. 이는 지난해 많은 천막 전도의 노력 중 하나일 뿐입니다.

모든 일은 성경이 기본이 되었습니다. 이 신념을 따라 우리는 대구가 내려다보이는 오래되고 고풍스런 절벽 위에 세워진 성경학교 건물을 중심으로 사역을 하고 있습니다. 경북노회는 수년간 이 건물을 주된 모임 장소로 삼았습니다. 노회장은 그곳에 사무실을 가지고 있었습니다. 노회 종교교육위원회 역시 그곳에 사무실을 가지고 있었습니다. 현재는 기독면려회 사무실 또한 그곳에 있습니다. 지난 25년간 수많은 대규모 남녀 성경반들이 이 성경학교 건물에서 열렸습니다. 아마도 이 지방의 기독교 지도자들 중 대다수는 종종 성경 전문학교 건물 앞의 언덕에 서서 도시를 내려다본 적이 있을 것입니다. 7개의 대구 교회 중 3

개가 바다처럼 펼쳐진 기와지붕 위로 선명하게 보이는데 그 중에서도 제일교회의 종탑이 가장 우뚝 솟아 있습니다. 그들은 이곳을 자신의 집처럼 여기고, 이토록 새롭고 아름다운 삶을 발견하게 된 한국 교회의 중심에 있다는 것을 깨달았습니다. 그래서 기뻐하고 놀라며 기도를 올렸다는 것은 의심할 필요가 없습니다. 성경학교는 우리의 복음전도에 있어서 중심이 되는 교육 장소이며, 성경을 연구하는 일이야말로 참으로 보람된 일입니다.

올해를 통틀어 우리 기지에서 가장 중요한 일은 새로이 경동노회를 세운 동쪽 교구 소속 100여 개의 교회를 꾸려 나가는 것이었습니다. 고고학적 유물이 남아 있는 고대 수도 경주가 바로 이 새로운 노회의 전통적 중심지였습니다. 특별히 라이언의 효과적인 지도 하에 이 교회들은 훌륭하게 성장했습니다. 몇몇 유력한 한국인 목사들의 탁월한 지도력 덕분에 현재 그들은 그들만의 독립된 조직을 구성할 수 있도록 총회의 허가를 받아내는 진전을 보였습니다. 라이언과 아담스는 둘 다 이 새로운 노회가 관할하는 영역에서 선교 업무를 하도록 임명받았고, 몇 개의 교회는 계속해서 책임을 져 달라고 부탁을 받았습니다. 새 노회는 자기들의 일손을 거들어 줄 수 있도록 선교사 가족 둘을 경주로 보내 그곳에 거주하게 해 달라고 선교위원회에 요청을 했습니다.

나환자 병원에서 목사로 지냈던 이영식 목사는 그 지방에 흩어져 있는 7개의 나환자 교회의 목사이기도 했습니다. 그의 임기 중에 나환자 수백 명이 기독교 신자가 되었습니다. 그는 나환자들 다수의 영적인 깨우침에 대해 기록해 오고 있었습니다. 수년간 그들은 부랑자 거지가 되고, 차츰차츰 사회적인 소외집단이 되어 증오의 대상이 되었으며, 점점 더 많은 죄를 짓게 되었습니다. 그러나 마지막에는 결국 나환자 병원으로 들어와 깨끗한 옷과 방 그리고 좋은 음식 등으로 환대를 받았고, 음악에 몰입하거나 교회 예배에서 기쁨을 얻으면서 나환자 집단에 쉽게 합류할 수 있었습니다. 그들은 또한 기꺼이 기독교를 믿기로 작정하고 성경과 찬송가를 구입했습니다. 그러고는 진짜로 주님의 놀라운 생명의 말씀을 공부하는 이들과 합류했습니다.

그들은 공부를 하고 연륜이 있는 기독교인들과 이야기를 나누면서 점차 고민에 빠지게 되었습니다. '어떤 양날 검보다 더 날카롭고, 원하는 생각과 의도를 진정으로 깨닫게 해 주는' 생명의 말씀 한가운데에서 그들은 새로운 삶을 발견한 것입니다. 자신의 죄를 깨닫게 되자 그들은 아주 분명하고도 단호하게 주님과 하나 되고 죄악으로부터 벗어나 주님의 임재하심 가운데 함께하게 되었습니다. 그들이 병원에서 찾게 된 생의 기쁨들은 양심의 깨달음이 가져다주는 불로 말미암아 공포로 바뀌었습니다.

밤이고 낮이고 그들은 걱정스런 마음으로 도움을 구하기 위해 한 사람씩 은밀하게 목사를 찾아왔습니다. 이런 죄 많은 이들이 정화될 수 있을까? 거짓말하고 도둑질하고, 색을 밝히고, 살인하고! 이러한 죄들이 씻어질 수 있을까? 이 목사는 그들을 위로하며 이끌어 갈 수 있는 능력을 키워 갔습니다. 그는 확신에 가득 차서 그들의 죄가 예수의 죽음으로 인해 씻어졌다고 했습니다. 예수는 왕을 위해서 뿐만 아니라 나환자들을 위해서도 돌아가셨기 때문이라고 했습니다. 그는 '온전하게' 구원하시는 분이며, 평생을 그들을 위해 기도하며 살아오셨고, 그리하여 결국에는 "문둥병자들이 깨끗하게 되었음을 요한에게 가서 알리라"라고 하신 주님입니다.

신명학교가 지속적으로 성공할 수 있었던 한 가지 원인은 음악부의 훌륭한 업적 덕분입니다. 선교지부의 여성들이 지난 수년간 음악 개인 지도를 해 왔던 일을 기억할 필요가 있습니다. 특히 해롤드 헨더슨(Harold Henderson) 부인의 역할이 컸습니다. 하지만 신명학교는 견신희라는 대단한 음악가이자 음악교사를 길러냈습니다. 지금은 폐교되고 없어졌지만 그녀는 본디 선산 월포교회 부설학교 출신입니다. 대구에 와서 우리 학교에 입학하여 선교기지의 몇 명의 여성들 밑에서 음악을 배우기 시작했습니다. 그리고 서문교회에서 수년 동안 오르가니스트로 활동하며 꾸준히 음악적 재능을 키워 왔는데, 그 오르간은 맥파랜드 부인의 모친인 스튜어트(Stewart) 여사가 기증한 것이었습니다. 견 선생은 학교에 다니면서 헨더슨 부인에게서 피아노를 배워 상당한 경지에 이르렀고 기독교적 소양도 갖추었습니다. 그리고 서울의 이화여대 음악과에 입학하여 전문가가 되었습니다. 그녀는 참으로 어려운 가정환경에서 고군분투하면서도 꿋꿋하게 일어섰습니다. 지금까지 몇 년 동안 그녀는 학교에서 빡빡한 음악 수업의 일정을 소화해 내고 있습니다. 그리고 헨더슨 부인의 피아노 반주에 힘입어 여성 글리클럽 합창단을 해마다 크게 발전시켰습니다. 덕택에 학교는 대구뿐만 아니라 경상북도에서도 유명해져 학교의 이름을 드높였습니다.

신명학교에서 꼭 소개해야 할 선생이 한 분 더 있습니다. 이태영 목사의 아들인 C. C. Lee 교수로, 한국 총회에서 중국 산둥 지방으로 파견한 선교사 가운데 가장 성공한 사람입니다. 이 교수와 그의 멋쟁이 부인은 학교에서 뿐만 아니라 대구의 기독교 사회에서도 크게 존경받고 있습니다. 그는 특히 여성들에게 더 높은 수준의 교육을 제공해야 한다는 열정을 가지고 있습니다. 그의 행정부나 교회에서의 폭넓은 인맥은 우리 학교의 발전에 큰 도움이 됩니다.

또 다른 한 명은 서순학이라는 기숙사 사감입니다. 그녀는 여학생들이 기독교적 소양을 기르는 데 큰 영향을 끼치고 있습니다. 그녀 또한 견 선생처럼 신명학교 졸업생입니다. 그들의 성품과 성공적인 업적은 아마도 우리 동창회가 지역사회에 내세울 수 있는 가장 큰 자랑거리일 것입니다. 폴라드 교장을 비롯해서 이런 훌륭한 선생님들이 있지만 과학 분야를 담당할 교사가 없다는 단 하나의 사실 때문에 우리 학교는 여전히 정부 인가를 받지 못하고 있습니다.

또 한 해가 지나갔습니다. 사랑받던 많은 이들이 떠났습니다. 난(Nan Bruen Klerekoper)이 알래스카 북극 지방의 배로(Barrow)로 가 버렸지만 수잔 블레어(Susan Blair Macy)는 올해 포르투갈령 동아프리카에서 선교사로 새로운 터전을 잡았으니 균형을 이룬 셈입니다. 이렇게 대구 선교기지의 사역은 새로운 국면을 맞게 되었습니다.

1937년 경동노회가 새롭게 설립되었습니다.

[*CHB*, 471-475쪽]

7. 선교의 현장에서

버그만, 1937년 12월 14일, 1938년 1월 17일

미국 장로교회 해외선교국
뉴욕 156번가

친애하는 친구들에게

북서부의 사역이 잘 되어 간다는 소식은 잘 받았습니다. 매번 편지를 받을 때마다 주님께서 여기 대구 지역에 행하시는 일들에 대해 여러분에게 자세히 써 주지 못하는 것이 유감입니다. 편지를 쓰는 것은 나에게 가장 힘든 일 중 하나인데, 이는 쓸 내용이 많지 않기 때문이 아니라 낮에는 편지를 쓸 조용한 시간을 갖는 것이 거의 불가능하고, 밤이 되면 흥미로운 편지를 쓸 수 없을 정도로 너무 피곤하기 때문입니다.

지난가을 뜻밖에 총회 개최 장소가 대구로 바뀌어서 한국인과 외국인들 모두가 바쁜 시간을 보냈습니다. 우리는 침실에 다리를 네 개 세우고 커튼을 둘러쳐서 임시로 세면대를 설치했습니다. 이렇게 하면 남자 손님 다섯 명을 모실 수가 있습니다.

지난가을에는 3개의 지방 교회에서 6주의 시간을 보냈습니다. 나는 20개 교회를 단위로 하는 한 구역에서 2주간의 수업을 여는 것이 더 유익하다고 생각되었습니다. 이 수업을 통해 우리는 하고 싶은 일을 훨씬 더 많이 포함시킬 수가 있었습니다. 1주일이 지나면 시험을 치고, 60점 이상을 받은 사람은 진급 증명서를 받았습니다.

3시간의 사경회 외에도 우리는 음악과 유아복지학과 위생학을 가르쳤습니다. 그들은 바르게 열을 지어 앉는 법에서부터 우리가 고작 5일밖에 되지 않는 짧은 기간의 사경회에서 가르칠 수 없는 자잘한 것들을 배웠습니다. 매일 저녁식사 후에는 내가 가정예배를 인도했습니다. 나는 보통 주님께 바쳐진 삶에 주님의 능력이 역사하시는 예화로 이야기를 끝맺습니다. 한국인들이 '속성 기초 성경학교'라고 부르는 이 15일간의 수업을 통해 여성들과 소녀들은 고향으로 돌아가서도 그 체계적인 사경회에 대해 호기심을 가지고 있다가 그중 한둘이 대구의 성경학교로 찾아왔습니다.

6일간의 사경회에서 내가 경험한 지난 일요일을 여러분에게 말로 다 전할 수 있다면 좋겠습니다. 예배는 교회 영수의 인도로 11시에 시작되었지만, 그는 개인적인 성령 체험을 한 것 외에는 다른 성경 교육을 받은 적이 없는 사람이었습니다. 그는 매우 잘 해내었습니다. 10분간 휴식을 취한 후 주일학교 수업이 진행되었습니다. 내가 하나님의 말씀에 대해 이야기할 때는 휴식도 없었습니다. 그 다음은 '여전도회의 필요성'에 대한 중요한 이야기가 뒤따랐습니다. 선교회가 구성되고 이 모든 것이 끝난 시간은 오후 3시 45분이었습니다. 그날 아무도 점심을 먹지 않았는데 두 끼로 충분했습니다.

영수의 며느리는 시어머니가 허락할 때까지 선교회원이 될 수 있다는 대답을 할 수 없다고 했습니다. 회비를 각각 얼마를 낼지 결정하자고 할 때도 이 며느리만 제외하고 모두가 동의했습니다. 나와 함께 일하던 전도부인이 이를 영수에게 가서 말하자 그가 여성들 쪽으로 건너와서는 "매월 3센씩 내자"라고 말했습니다. 이는 한국 가정에서 며느리의 위치가 어떤지를 알 수 있는 장면이었습니다. 그녀의 삶이 그녀 자신의 것이라 말할 수 없었습니다. 그녀는 허락을 받거나 시키는 일밖에 할 수 없었고, 독창성 따위는 없었습니다. 7시에는 믿는 사람들이 몇몇 믿지 않는 자들을 데리고 교회로 돌아왔습니다. 아아, 그들이 얼마나 노래하는 것을 좋아하는지! 그들은 우리가 7시 30분에 도착할 때까지 노래를 했습니다. 그들은 자기들 가운데서 노래를 부를 5명을 특별히 뽑았고, 그들이 준비한 프로그램 사본 한 부도 건네주었습니다.

나를 돕는 전도부인이 사회를 보았고, 나는 그들에게 "살아 있는 신앙"에 대해 설교를 했습니다. 그들이 찬송을 부르고 싶어 해서 우리는 밤 10시가 되기 전에 교회를 떠나지 않았습니다. 주일에 교회에서 7시간을 보낸 것입니다. 우리는 교회에 구원받지 못한 자들을 데려오는 데에만 치중하지 않았습니다. 우리의 목표는 이곳 어린 기독교인들이 죄악에서 벗어날 수 있도록 해서 이 마을의 빛이 될 수 있도록 돕는 것이었습니다. 기독교의 산 증인이 세상 속에서 복음을 전파하는 데 끼치는 영향은 놀라울 정도입니다. 사람들이 목사가 얼마나 오래 설교하는지 보기 위해 시계를 꺼내 보는 것 따위의 문제는 미국에서나 있는 일이지 한국에서는 생각할 수도 없는 일입니다. 만일 우리가 20분만 설교를 한다면 그들은 종종, "우리는 매서운 바람을 뚫고 5마일에서 10마일이나 말씀을 듣기 위해 왔는데, 이것이 당신이 우리에게 해 주는 전부입니까?"라고 묻곤 합니다.

이미 아시는 바와 같이 여기 한국의 기독교인들이 당면해 있는 특별한 유혹에 저항할 수 있도록 특별한 기도가 필요합니다. 여기서는 글로 쓸 수 없는 많은 것들이 있지만 직접 만나게 된다면 말씀드리도록 하겠습니다. 이 작은 반도 도처에서 전쟁과 동요가 일어나고 있지만 말씀을 전할 수 있는 자유가 있고 안전한 곳에 거하고 있다는 사실에 대해 감사합니다. 나는 7월까지 수업에 매이게 될 텐데, 기도를 부탁드립니다.

1938년 1월 17일. 우리는 여기 대구의 남산교회에서 수업을 마쳤습니다. 선교사회의 회장이 마지막 집회를 시작하기 전에 날이 매우 추워 고작 몇 명밖에 오지 않을 것 같아 걱정했지만, 매일 세 번의 집회에 200명가량이나 참석한 것을 보고 놀라지 않을 수 없었다고 했습니다. 20명 이상이 예수 그리스도를 믿기를 희망한다며 명단을 제출했습니다. 총동원 사경회(General Bible Class)를 준비하기 위해 포스터나 배지 등 행사에 필요한 자질구레한 일들을 도울 수 있는 비서 두 명을 채용했습니다.

우리의 성탄절은 매우 즐거웠습니다. 외부 방문객은 딱 두 명으로, 평양 외국인 학교에 다니는데 부모님이 중국에 있어서 갈 수가 없는 아이들이었습니다. 나를 여기에 있도록 해 준 모두에게 사랑을 담아.

그리스도의 사랑으로
버그만(Gerda. O. Bergman)
[*CHB*, 479-480쪽]

8. 수확을 기다리며

클라라 헤드버그의 개인 보고서, 1937-1938년

나는 집안일과 두 살 난 아이를 돌보는 일로 지난해의 대부분을 집에서 보냈습니다. 그러나 여기에는 많은 연락들이 끊이지 않아 방문객이나 회의나 혹은 손님이 없는 날이 거의 없었습니다. 남편은 오랫동안 지방 순회로 봉사한 덕분에 많은 친구들을 갖게 되고 발도 넓었습니다. 개인적으로든 교회적으로든 여러 문제에 정통한 지식을 갖고 있어서 어쩌다 대구로 돌아오는 날이면 남녀노소 할 것 없이 많은 사람들이 그를 보기 위해 몰려들었습니다. 특별한 목적이 있을 때도 있지만, 그저 단순한 방문인 경우도 많았습니다. 후자의 경우에는 남편을 찾아왔다가 시골에 갔거나 수업 중일 때면 실망을 하여 어린 해리를 얼핏 보는 것으로 대신하기도 했습니다. 다른 사람들에게는 내가 약속을 잡아 주거나 메시지를 전해 주거나 문제를 해결해 주기도 했습니다.

우리는 이렇게 찾아온 손님들로부터 많은 흥미로운 이야기를 듣곤 했습니다. 당연히 슬프거나 시시한 이야기들이 대부분이었지만, 고무적인 이야기도 많았습니다. 특히 지난가을에 조사들이 저녁식사를 하러 와서 그들이 귀의한 방식에 대해 이야기를 꺼낸 것이 기억납니다.

지난 30여 년간 조사 노릇을 해 왔던 나이 많은 한 장로가 그의 방탕했던 어린 시절에 대해 이야기했습니다.

그의 형이 개종하자 그 또한 형을 기쁘게 하기 위해서, 그리고 형을 존중한다는 것을 보여 주기 위해서 형을 따라 억지로 교회에 갔습니다. 그는 벽에 걸려 있던 시계에 매료되었습니다. 그리고 이 '놀라운 외국 귀신'을 관찰하기 위해 계속해서 교회에 나갔습니다. 이 기계는 스스로 침들을 움직일 수 있는 효험을 가지고 있어서 절로 시간을 알려주는데, 만일 그 신비로움을 알 수만 있다면 그것이 그저 귀신이 조종하는 물건만은 아니지 않겠는가라는 생각이 들었습니다. 그러나 이것이 대단히 매력적이긴 하지만 계속 시계에만 주의를 기울일 수는 없는 일이라 생각이 되어 그때부터 설교를 듣곤 했습니다. 그리고 점차 그는 시계보다 설교에 더 흥미를 갖게 되었고, 진리에 취하기까지는 그리 오래 걸리지 않았습니다. 그리하여 그는 자신의 삶을 봉사하는 일에 바쳤고, 그때부터 열정적인 교회 사역자가 되었다는 것입니다.

그는 자신의 삶에 이것이 어떤 의미가 있었는지, 또한 그가 받은 은총에 대해 얼마나 감사해 마지않는지에 대해 계속해서 이야기하고 싶어 했습니다. 그러나 참으로 다행스럽게도 한국에서는 식사 도중에 이야기를 하는 것이 예의에 어긋나는 일이었습니다. 사람들은 오로지 먹는 일에만 집중해야 하기 때문에 '이야기를 하는' 사람은 수저를 내려놓아야 했습니다. 이제 그가 식사를 하려면 이야기를 중단할 수밖에 없었고, 그렇게 되니 다른 사람이 이야기를 이어 갔습니다.

이 다른 사람은 안동에 있는 시장에 갔을 때(이는 당연히 그곳에 기지가 들어서기 전의 일이었다.) 한 사내가 쪽복음을 사라며 다가왔던 일을 이야기했습니다. 그는 관심을 갖지 않았고 살 의향도 없었지만 무례하게 딱 잘

라서 "안 사요"라고 할 수 없었기에 가격을 물었습니다. 그러고는 2센 밖에 하지 않는다는 이야기를 듣고는 한 권을 샀습니다. 살림이 궁핍하여 무엇이든 싸게 내다 팔고 있는 것이라는 생각에 그 남자에게 미안한 마음이 들었던 것입니다. 하지만 그가 그것을 읽어 보았다거나 눈길이라도 주었다는 것은 아닙니다. 그는 옷가게에서 재봉틀을 관리하는 일을 하고 있었는데, 돌아와서는 이 작은 쪽복음을 서랍에 쑤셔 넣고는 잊어버렸습니다. 쪽복음은 그 서랍 속에서 7, 8년가량 방치되어 있었습니다. 여태까지는 그 지역 전체에서 대부분의 마을 사람들이 재봉틀을 구경하기 위해 찾아왔지만 이제는 사람들이 잘 오지 않았습니다. 그래서 그는 일이 없어 한가할 때면 종종 요 몇 년 동안 처박아 두었던 그 책을 훑어보기 시작했습니다. 조금씩 흥미가 생기기 시작하여 시간을 들여 반복해서 읽었습니다. 그러고는 이런 것(소책자 형태의 복음서)이 더 있을까 호기심이 생기기 시작하여 자세히 연구해 보기로 했습니다. 그래서 그는 기독교 모임을 찾아가 가르침을 받고 처음에는 안동 지역에서, 그리고 최근에는 이쪽 지역에서 수년간 조사로 일을 하게 되었다고 했습니다.

다음으로 이야기를 꺼낸 사람은 최근에 개종을 한 젊은 사내였는데, 아주 방탕하게 살았다고 했습니다. 그는 음악과 노래를 매우 좋아했지만 여태껏 듣고 배운 노래들은 품위 없는 술자리 노래뿐이었습니다. 그런데 우연히 하게 성경학교가 열리는 마을에 가게 되었습니다. 거기서 그는 어린아이들의 노래에 빠져들어 대부분의 시간을 그 주변에서 보냈습니다. 친구들은 언제나 웃음을 주던 그가 더 이상 자기들과 함께하지 않으려고 하여 매우 실망했습니다. 그는 도대체 그 모임에 어떤 사람들이 모이는지 캐물은 결과 '예수 믿는 사람들'이라는 것을 알게 되었습니다. 당연하게도 그들의 교리에 대해서는 관심이 없었지만 그들의 노래만큼이나 흥미를 불러일으키는 것은 그가 경험한 적이 없었습니다. 친구들이 말렸지만 그는 매일같이 다시 돌아와 그 주변을 배회하며 노래를 들었습니다. 그를 발견한 사람들이 들어오라고 했지만 그는 그렇게 하지 않았습니다.

그러던 어느 날 저녁, 그는 수많은 어른들이 와서 그곳으로 들어가는 것을 보았습니다. 그들은 입장권 같은 것을 갖고 있지도 않았지만 그저 들어갔습니다. 그는 그 군중들 사이에 섞여 들어간다면 아무도 자신을 주시하지 않을 것이라고 생각하고 안으로 들어갔습니다. 그런데 정말 즐거운 밤이었습니다! 놀랍게도 어린이들이 하나둘씩 자리에서 일어나 노래하고 읽고 낭송을 했습니다. 그들은 정숙하고 침착했으며, '야단법석' 따위는 없었습니다. 어른들도 마찬가지이지만 그가 아는 젊은이들 가운데 이토록 믿음직스럽게 행동하는 사람은 없었습니다. 이것은 확실히 알아 볼 만한 가치가 있는 것이었습니다. 긴 이야기를 짧게 하자면, 그는 교육을 받고 그 다음에 성경 전문학교에서 공부를 했습니다. 그리고 언젠가는 어린아이들을 위해 일을 하겠다는 희망을 가지고 지금은 신학교에서 공부를 하고 있습니다. 다방면에서 씨앗이 뿌려졌으니 이제 이곳에서 어느 정도의 수확을 할 수 있게 되기를 고대하고 있습니다.

클라라 헤드버그 브루엔
(브루엔 부인)
[CHB, 480-482쪽]

9. 우울한 총회 결과

브루엔의 개인 보고, 1937-1938년

1937년 9월 3일, 한국 장로교회의 대표들이 대구에서 세 번째 모임을 가졌습니다. 1911년 대구의 옛 제일교회에서 모인 노회 연합회에서 한국 총회를 구성하기로 결정했습니다. 1928년에는 염봉남 목사가 담임으로 있는 신정서부(서문)교회에서 총회를 개최했습니다. 그는 노회장으로 선출되어 1년간 노회장직을 수행했습니다. 이제 1937년에 총회가 다시 대구에서 개최되어 남산교회의 이문주 목사가 노회장으로 뽑혔습니다.

이 제일교회는 현재 벽돌로 된 종탑에 멋진 벽돌 건물로 지어져 한국에서는 수용 규모가 가장 큰 교회라고 합니다. 이 건물은 민사 법원에서 소유권 문제로 긴 소송에 휘말렸었습니다. 소송이 진행되던 14년 동안 집회는 다른 곳에서 개최될 수밖에 없었습니다. 이 건물이 노회로 돌아오게 되었을 때는 수리를 하지 않고 방치되어 사용을 할 수 없을 정도였습니다. 그래서 가능한 한 빠르게 새로운 건물을 세워 지금의 예쁘고 널찍한 건물이 들어서게 된 것입니다. 안뜰에는 노회가 아담스(J. E. Adams) 목사를 기리기 위해 세운 기념비가 있습니다. 이 교회는 소속 목사들을 지원하고, 오랜 기간 이 지방의 모교회 역할을 했습니다. 이 교회는 원래 1896년 베어드 목사가 구입한 선교단지 안에 지어진 것입니다. 최근에는 교회 제직회가 열렸는데 참석자가 100명이었습니다.

선교회 소속 성서공회의 일원으로서 나는 가을에 서울에서 열린 밀러(H. Miller)의 송별회에 참석했습니다. 밀러는 영국 및 해외 성서공회와 40년 가까이 연락을 취해 왔습니다. 성서공회와 관련하여 그 누구도 이 주님의 신실한 종이 한국 장로교회를 세우는 데 있어서 오랜 기간 동안 기여한 공로를 진심으로 칭찬하지 않을 사람이 없습니다.

기지의 제의로 나는 일주일 동안 대구의 몇몇 유력한 가정을 방문하고 교회를 떠나간 오랜 이웃들을 만나 보았습니다. 하지만 라이언이 휴가를 떠나면서 자기의 순회교구 2개까지 나에게 맡겼기 때문에 나는 대구에서 다른 일을 돌볼 여유가 없었습니다.

지방의 두 곳에서 천막집회가 열리기로 계획되었습니다. 그중 한 군데는 내가 참석했고, 다른 한 군데는 한국인 목사 두 명이 참석했습니다. 양쪽에서 모두 새로운 모임이 생겨났고 교회 건축이 시작되었습니다.

상주의 목사와 순회교구를 서로 바꾸어 돌아보았습니다. 가을 순회를 내가 20년 동안이나 주기적으로 방문하지 못했던 교회들을 중심으로 돌아볼 수 있게 된 것은 참으로 기쁜 일이었습니다. 이 중 두 교회는 모교회들의 지원을 받아 출발한 개척교회였습니다. 그 가운데 한 곳에서 우리는 천막집회를 가졌습니다. 다른 곳을 순회할 때는 제직회 같은 이런저런 모임에 참석했습니다. 한 교회에서 지난해 보고서에 언급했던 맹인 여성을 다시 만났습니다. 그녀가 진리를 얼마나 열성적으로 빠르게 받아들였으며, 또한 배운 것을 얼마나 잘 기억하고 있는지를 보니 정말 기뻤습니다. 그 이후로 우리는 그녀를 평양의 맹인 학교에 1년간 보낼 수 있게 되었습니다.

12월 초에는 노회 남자 사경회를 열었습니다. 이태영 목사가 주 강사이자 교사였습니다. 그는 한국 해외선교위원회 소속으로 상하이에서 사역하고 있는 해외선교사였습니다. 그의 고향이 이 지역이었기에 그는 휴가 중에 많은 집회를 다니며 용기와 격려를 주었습니다.

노회 가정선교위원회의 의장으로서 나는 원조 요청을 받았고, 회의가 끝난 후에는 취약한 모임을 도와주고 새로운 모임을 개척하기 위해 다른 위원들과 함께 전도사를 파견했습니다. 그는 몇몇 지역에서 천막집회를 잇달아 열어 좋은 성과를 보여 주었고, 현재 몇몇 새로운 모임들이 새로운 예배 처소를 갖게 되었습니다.

여유가 있던 어느 날 저녁 우리는 빠르게 변하고 있는 한국어를 따라잡기 위해 모였습니다. 우리는 서울기지에서 시사, 신학 또는 생활에 사용되는 언어 교육 자료의 복사물을 확보했습니다. 하지만 일본어 공부가 더욱 절박하다고 여겨졌기에 진행을 하지 않았는데 아마도 다른 방식으로 해결할 수 있을 것입니다. 어쨌든 나는 이 강의물을 복사해서 도움이 되기를 바라는 마음으로 다른 지부에도 보냈습니다.

1월 초에 남자 성경학교가 시작되어 두 달간 매일 3시간씩 교육을 했고, 같은 시간만큼 다음날 강의를 위해 준비했습니다. 주님의 말씀을 공부하는 것은 언제나 즐거운 일이었지만 생각이 깨어 있는 학생들 그리고 열성적인 그룹과 함께 공부하는 것은 특히 더 그러했습니다. 90명가량이 입학을 했습니다. 학기 중에 입학한 학생들을 위해 시간을 좀 더 내어 그들과 가까이 지내지 못한 것이 아쉬웠습니다. 그러나 다른 학년들은 성경을 매우 잘 이해하고 있어서 그들과 함께했던 시간은 정말 특별했습니다.

봄에는 내가 담당한 지방 순회에 주력했지만 상주교회의 목사였던 분이 갑자기 떠나는 바람에 내 어깨가 더 무거워졌습니다. 그는 상주 지역의 유일한 목사였기 때문에 교회뿐만 아니라 6개의 순회 교회들까지도 떠맡아야 했습니다. 목사를 구하려고 애를 썼지만 성공하지 못해서 결국 목사를 구할 때까지 조사 한 분을 모시기로 했습니다.

블레어의 관할 지역에서 목사로 지내고 있는 유진성 목사의 아들을 방문한 것은 즐거운 일이었습니다. 다음 주일이 부활절이라 어린이들 몇 명이 세례를 기다리고 있었습니다. 그의 할머니와 아버지 그리고 그에게도 내가 세례를 주었기 때문에 그의 막내아들에게도 내가 세례를 베풀어 주기를 원한다고 했습니다. 나는 이제 와서 내 일정을 바꾸는 것은 불가능하니 당장 거기서 예식을 행한다면 못 할 이유가 없다고 했습니다. 그와 그의 아내는 동의를 했고, 나는 장로 한 명을 동반해 왔기 때문에 우리는 그들의 집에서 예배를 드리고 세례식을 거행할 수 있었습니다.

최근에 대구의 신정교회는 정재순 목사를 모셔왔습니다. 그는 그 교회의 첫 번째 조사였고 초기의 목사였습니다. 1936년 평양의 서문교회에서 열렸던 총회에서는 무장 경찰이 입구를 지키고 서 있어서 오로지 회원들만 입장할 수 있었습니다. 회의실 안에는 의장용 탁자의 양쪽으로 두 개의 탁자가 앞쪽에 놓여 있었습니다. 한쪽에는 평양시의 경찰청장이 칼로 무장한 부관들을 대동한 채 앉아 있었고, 다른 한쪽에는 그 지방(도)의 경찰청장이 칼로 무장한 부관들을 대동한 채 앉았습니다. 방의 가장자리 쪽에는 경호대가 서 있었고, 뒤쪽에는 경찰 50명가량이 칼로 무장하고 있었습니다. 회원들 근처에는 곳곳에 많은 수의 평상복 차림의 형사들이 앉아 있었습니다. 회의의 결과는 총회나 노회, 심지어는 사경회 등 어떤 집회를 하더라도 반드시 신사참배의 의무를 먼저 해야 한다는 것이었습니다.

[CHB, 482-483쪽]

제3장 심상치 않은 분위기

I. 신사(神社) 문제와 학교

블레어(William Newton Blair)의 『Gold in Korea』 제26장에서 발췌

일본의 전쟁 야욕과 완벽한 군의 통제로 인해 신도(神道)가 되살아나기 시작했습니다. 신도는 일본인들, 다시 말하면 일본의 천황이 '아마테라스'라고 불리는 태양신의 직계 후손이라는 교조입니다. 일본인들은 우월하고 우수하여 신성한 민족이므로 신성한 황제의 '자애로운' 통치력을 전 세계적으로 확장시킬 고귀한 임무가 있다고 믿고 있습니다. 살아 있는 천황조차도 신으로 취급되고, 이미 죽은 천황들이나 태양신의 혼(魂)들은 도쿄에 있는 거대한 신사를 비롯해서 전국에 산재해 있는 작은 신사에서 참배를 받습니다. 숭배와 감사 의례가 이러한 사당에서 이루어지고 기원(祈願)이 이루어지는데, 이는 오로지 신께만 바쳐질 수 있는 일입니다. 한국이나 대만, 만주 그리고 일본이 통치하는 중국 지역과 위탁 통치 섬 지역에는 아직 신사가 몇 개밖에 없습니다.

'토리'(鳥居)라는 거대한 문을 세우고 사당으로 가는 길에 수백 개의 디딤돌을 놓아 훌륭하게 꾸며 놓은 새로운 신사가 평양에 완공되었습니다. 우리 집에서 얼마 멀지 않은 언덕 위의 읍성 안에 지어졌는데, 이 사당은 말할 것도 없이 오로지 태양신에게 헌정된 것입니다.

물론 우리는 이 사당들이 세워지고 있는 것을 보았고 정부 관리들과 공립학교 아이들이 사당 앞에서 무척이나 자주 참배를 강요당한다는 것도 알고 있었지만 크게 긴장하지 않았습니다. 왜냐하면 일반 사람들이나 사립학교의 학생들에 대해서는 참배 요구가 없었기 때문입니다.

하지만 가끔씩 우리 기독교 학생들도 공공 광장에서 열리는 대규모 모임에 참석하도록 명을 받은 적이 있습니다. 이런 대규모 집회에 대해 구체적인 것은 알 수 없지만 목사들이 적극적으로 나서서 신사참배를 진행하고 있다는 소문이 돌기도 했습니다. 우리는 무척 불쾌했지만 그들이 실제로 무엇을 하는지 우리 역시 불확실했기 때문에 공식적인 항의는 하지 않았습니다.

1935년 가을에 일본인 도지사가 평양 연합신학대학 학장인 맥큔(George S. McCune) 박사와 여학교의 스눅(Velma Snook) 교장을 자기 사무실에서 열리는 도내 교육 지도자 회의에 초대했습니다. 그런 모임은 이전에도 열렸었기 때문에 맥큔 학장과 스눅 교장은 별 당혹스러움 없이 초대를 받아들였습니다. 하지만 이번에는 개회식에서 도지사가 일어나더니 이렇게 말했습니다. "오늘 회의를 더 진행시키기 전에 우리 모두 밖에서 기다리는 자동차를 타고 새로 지은 신사에 올라가 '참배'(일본어로 'worship' 이라는 단어를 영어로 'pay repect' 로 번역했다.)를 하겠습니다."

우리 선교사 대표들은 참으로 곤란한 상황에 처했습니다. "도지사님." 맥큔 박사가 말했습니다. "스눅 교장과 저는 기독교인으로서 그런 참배를 할 수 없으므로 여기서 제외해 달라는 부탁을 드려야 할 것 같습니다." 그러한 반응을 충분히 예견했던 도지사는 놀라는 척하면서 분노를 표했습니다. "왜 갈 수가 없습니까? 만약 같이 가지 않으면 우리는 황제 폐하에 대한 모욕으로 간주하겠습니다." 우리는 설명을 하려고 애를 썼지만 도지사는 더 세게 밀어붙이며 협박을 하여 상황이 더 어렵게 되고 말았습니다. 결국 도지사는 집으로 돌아가서 우리가 한 짓을 다시 생각해 보라고 했습니다. "60일 후에 나에게 다시 보고하시오"라며 명령을 했습니다. "그때까지 당신들이 고집을 피운다면 당신네 교육 지도자 자격은 박탈당할 것이고 이 나라에서 다시는 교육 사업을 하지 못하게 될 것이오."

맥큔 박사와 스눅 교장은 일어난 일을 즉시 평양기지와 선교국 실무위원회에 보고했습니다. 우리 모두는 상황이 심각하다는 것을 알아챘지만 우리의 교육 지도자들이 자기의 입장을 지킬 수 있도록 전적으로 지원을 했습니다. 평양시에 있는 27개 장로회 교회의 한국인 목사들의 회의를 소집했습니다. 1명을 제외하고 모두가 무슨 일이 있어도 신사에 가는 것을 거부해야 한다고 말했습니다. 모임에서 가장 영향력이 있어 보이는 지도자가 이 말을 하면서 회의를 마쳤습니다. "여러분은 무슨 일이 있었는지 들으셨습니다. 우리는 신사에 모신 신들에게 제사를 지내는 일은 하나님의 계명에 어긋나는 일이라는 것을 압니다. 우리는 또한 한국 교회에 엄청난 압박이 가해질 것이라는 것도 알고, 우리 가운데 다수는 그것을 견뎌 내기가 어려울 것입니다. 그러므로 오늘 우리는 선교사 여러분께 부탁합니다. 우리가 말할 수 있을 동안은 어떤 일이 일어나더라도 교회에 대한 믿음을 지키시도록 말입니다."

이것은 우리 모두의 질문에 대한 답변이 되었습니다. 우리는 한국인 형제들의 생각을 받아들였고 그날을 온전히 자유롭고 정갈하고 진지하게 종교적인 믿음으로 보냈습니다. 비록 우리는 그 후에도 많은 한국인 지도자들이 핍박을 받아 약해지고 '변심하는' 것을 보았지만 그때 그 잊을 수 없는 회의에서 받은 그들의 입장이 얼마나 진실하고 선한지에 대해서는 아무런 의심이 없습니다.

내 마음속에 약간의 의심이 있었지만, 그것은 일본에서 공부하면서 고등교육을 받은 한 한국인 지식인 친구를 통해 해결되었습니다. 그는 이렇게 말했습니다. "지난 50년간의 선교와 한국 교회는 주님 외에 다른 신에게 제사 지내는 것은 잘못된 것이라고 가르쳤습니다. 신도(神道)는 단순히 조상에게 제사 지내는 것이 아니라 조상을 신격화한다는 데 문제가 있습니다. 만약 우리가 학교를 지키려는 의도로 우리의 신앙을 포기하고 신사참배를 한다면, 아무도 더 이상 우리가 신실하다는 것을 믿지 않을 것입니다. 우리는 복음을 전할 힘이 없어지는 것입니다."

정해진 시간이 다가오자 맥큐 학장과 스눅 교장은 도지사에게 편지를 보내 우선 지금까지 보여 주었던 많은 호의에 감사를 표했습니다. 그리고 신사참배를 왜 받아들일 수 없는지를 설명했습니다. 그들은 도지사가 이를 이해하고 더 이상 그런 요구를 하지 않기를 바랐습니다. 하지만 도지사는 이 문제를 그냥 넘어갈 생각이 전혀 없었습니다. 나는 이전에 이미 모든 것이 결정되고 계획되어 있었다고 생각합니다. 맥큐 학장과 스눅 교장은 즉각 그들의 직책이 박탈되었음을 통보받았습니다. 경찰이 맥큐 학장 집의 대문 앞에 와서 '경비'를 섰습니다. 그 집에 온 모든 한국인 방문객들은 불편한 조사를 받았고, 어떤 경찰들은 심지어 괴롭히기도 했습니다. 경찰은 맥큐 학장이 가는 곳마다 따라다녔습니다. 너무 괴롭힘을 당하여 그는 실제로 3개월을 견디지 못하고 한국을 떠나야 했습니다.

이 시점에서 우리는 총독부의 교육국을 이해시키기 위해 노력했습니다. 서울에 있는 외무국 대표이자 정부의 특별 통역관인 오다 선생이 평양으로 왔습니다. 스스로 기독교인이라고 주장했는데 내가 보기에도 선교사들의 진정한 친구였습니다. 그는 이렇게 말했습니다. "대체 정부가 요구하는, 간단한 애국적 행동에 다름 아닌 신사참배에 참여할 수 없는 이유가 무엇입니까? 물론 우리 기독교인들이 이 참배에 참여하는 데에는 종교적으로 어려운 면이 있는 것도 사실이지만 당신들이 이 나라에서 지내려면 상황에 적응할 줄도 알아야 합니다."

우리는 그에게 여러 가지 대답하기 어려운 질문들을 제기했는데, 가장 어려운 것은 이것이었습니다. "총독부가 요구하는 참배의 대상에 하나님 말고 또 다른 대상이 있는 겁니까, 없는 겁니까? 만약 총독부가 이 참배는 오로지 애국심을 위한 것이라고 공식적으로 선언하기만 한다면, 그리고 참배를 해야 할 영적 대상이 따로 없다고만 한다면 우리는 안심할 수 있습니다." 그의 대답은 이러했습니다. "아니 될 말이오. 미안하지만 대다수의 일본인들은 신사에서 참배를 받는 것은 영(靈)들이라고 믿고 있기 때문이오." 우리는 고린도전서 8장 4-13절의 "우리가 우상은 세상에 아무것도 아니며 또한 하나님은 한 분밖에 없는 줄 아노라 그런즉 너희 자유함이 약한 자들에게 거치는 것이 되지 않도록 조심하라"라는 구절을 인용하며 바울의 말씀으로 끝을 냈습니다. "우상 숭배하는 일을 피하라."

일본 당국자들과 이러한 회의를 가졌지만 우리 문제를 해결하는 데는 실패했습니다. 그러나 제 생각에 적어도 우리가 신실하다는 사실과 그들에게 진정으로 협조하고 싶어 한다는 우리의 의지만은 분명히 전달한 것 같습니다.

어느 순간 한국인 지도자들은 총독부와 만족할 만한 합의를 이룬 것 같았습니다. 만약 신사에 가서 참배하는 것이 아니라면 그들은 일장기에 경례를 하고 살아 있는 천황을 향해 절을 하겠다고 했고, 정해진 시간의 공공 모임에서도 실행하겠다고 총독부와 약속을 한 것입니다. 이것은 행동으로 옮겨졌고, 한동안 당국자들을 만족시키는 것처럼 보였습니다. 하지만 군사 정부는 그것을 받아들이지 않았습니다. 다행히 교육부가 6월에 예정된 우리의 선교 연회 때까지 학교의 신사참배 명령을 연기해 주기로 했고, 그때까지 우리가 어떤 해결 방안을 찾을 수 있을지 제기된 모든 문제를 충분히 논의해 보겠다고 약속했습니다.

하지만 연회가 열리기 며칠 전 상상도 할 수 없을 만큼 놀랍고 실망스런 일이 생겼습니다. 서울의 경찰이 선교부 실행위원회에 만약 신사참배 문제를 논의하지 않겠다는 확인서를 경찰에 문서로 제출하지 않는다면, 실행위원회든 연회든 개최를 허락하지 않겠다는 통지문을 보내온 것입니다. 실행위원회는 강압에 못 이겨 결국 확인서를 제출했으며, 그 내용을 다시 선교국에 알렸습니다. 서울에서 연회가 열렸을 때 우리는 많은 형사들과 경찰들이 모든 선교 집회와 위원회 모임에 참석하도록 배정받았다는 사실을 알았습니다. 경찰은 심지어 본회의에 제출될 모든 보고서의 복사본까지 미리 요구했습니다.

이러한 힘든 상황에 부딪히자 선교부는 다음과 같은 행동을 취했습니다. 경찰이 신사참배에 관한 주제를 언급조차 하지 못하게 했기 때문에 우리도 어떤 분명한 입장도 정리할 수가 없다는 것이었습니다.

계속해서 미션 스쿨을 운영해 나가기가 어렵고, 원래의 이상과 목적을 유지하기도 어렵다는 것을 알게 된 이상 이제 우리는 세속교육 분야에서 발을 빼는 정책을 승인해 주도록 선교부에 요청했습니다.

원래 순서대로 하자면 이것은 상당한 시간을 요하는 일이었습니다. 이것은 또한 교육사업에 대한 앞으로의 관리 그리고 재산과 부지의 처분이나 사용에 대한 문제도 포함하고 있었기 때문입니다. 총독부 관리들과의 긴밀한 협조가 필요한 문제였습니다.

　실행위원회는 우리가 연회에서 심각한 문제에 봉착했다는 사실을 알고, 뉴욕의 해외선교국 본부에서 대표진을 보내 연회에 참석하여 함께 논의해 줄 것을 요청했습니다. 해외선교국에서는 필리핀 선교부의 로저스(James B. Rogers) 박사와 중국 위원회의 애벗(Paul R. Abbot) 박사에게 전권을 위임하여 우리 연회에 참가하도록 했습니다. 두 명 모두 교육사업을 철수하고자 하는 우리의 움직임에 전적으로 찬성하고 승인했습니다.

　비록 선교부의 이러한 조치가 모든 학교를 폐교하는 것으로 이해될 수도 있겠지만, 선교부와 총독부 관리들은 우리가 신사참배를 강요받지만 않는다면 어떤 학교도 문을 닫는 일은 없을 것이라는 사실도 알고 있었습니다. 우리 중 일부는 여전히 모든 학교에 신사참배를 명령하는 일은 없으면 좋겠다는 자그마한 바람을 가지고 있었습니다. 왜냐하면 우리는 총독부가 우리의 교육사업에 감사하고, 필요로 하며, 계속되기를 바란다고 믿고 있었기 때문입니다.

　그러나 이런 희망은 곧 사라졌습니다. 우리의 연회가 끝나고 몇 주가 채 지나지 않아서 평양의 숭실대학과 평양 남녀 고등학교의 모든 학생들과 선생들이 정해진 날짜에 신사참배를 해야 한다는 명령이 떨어졌기 때문입니다. 학생 중 몇 명은 자퇴를 하거나 도시를 떠남으로써 신사참배를 피하려고 했습니다. 경찰은 그들을 따라가 평양으로 다시 데리고 왔습니다. 경찰의 압박이 이토록 심각하여 한국인 선생들과 학생들 대다수는 정해진 날에 언덕 위에 있는 신사까지 도시를 가로질러 행진해 갈 수밖에 없었습니다. 그곳에서 신사 앞에 군대식으로 줄을 서서 경찰의 명령에 따라 고개 숙여 절을 해야 했습니다.

이 일이 일어나자 즉시 학교의 이사회가 포함된 회의가 소집되었습니다. 이 회의에는 한국 교회의 대표들도 모두 선교사 자격으로 참석했습니다. 이런 모든 교육기관의 이사들은 폐교에 대해 무기명으로 투표를 했습니다.

내가 대학의 법인 이사장이자 당시 남자 학교의 설립자였기 때문에 우리가 결정한 조치에 대해 평양의 총독부 관리들에게 알리는 것은 나의 몫이었습니다. 솔타우(T. S. Saltau) 목사는 당시에 선교실행위원회의 의장 자격으로 평양에 왔기 때문에 나와 함께 관리들을 만나러 갔습니다. 도지사는 처음에는 유감을 표하더니 우리가 학교를 닫지 않고 한국인들에게 이양하지는 않을 것인지 알고 싶어 했습니다. "도지사님." 우리는 대답했습니다. "우리가 재정이나 직원이 부족해서 학교를 닫는다면 당신이 제안하신 대로 기쁘게 따르겠습니다. 하지만 당신도 알다시피 우리가 학교를 닫는 유일한 이유는 신사참배가 하나님의 계명에 반하는 것이라고 믿기 때문입니다. 그렇게 믿는데 어떻게 우리가 옳지 않다고 믿는 일을 해야 할 것이 뻔한 학교를 그들에게 맡기겠습니까?" 도지사는 놀라워하며 알았다는 듯 대답했습니다. "당신의 요점을 알았으니 폐교할 수 있도록 도와주겠소."

총독부가 학교에 신사참배를 명했기 때문에 우리는 타협 대신 폐교를 선택하게 되었습니다.[20] 평양에 있는 모든 선교 교육기관이 문을 닫고, 대학과 남녀 고등학교뿐만 아니라 나중에는 신학교, 성인 남녀 교육기관 그리고 소외계층 아이들을 위한 학교까지 닫게 되었습니다.

[*CHB*, 461-464쪽]

---

20) 역주-숭실전문학교가 자진 폐교 결정을 내린 것은 1938년 3월 4일이었다.

2. 폴라드 교장의 환갑잔치

클라라 헤드버그, 1939년[21]

1939년 2월 19일. 우리는 여기서 잠시 멈추어 참으로 유별나고 흥미로운 사건, 진정한 사랑의 향연에 대해 이야기하고자 합니다. (신명)여자학교의 교장은 'Great' 라는 말을 붙여도 좋을 60번째 생일을 맞았습니다. 이는 헌신적이고 사랑 많은 졸업생 동문들이 베푼 축하의 자리였는데 멀리서도 많은 사람들이 찾아왔습니다. 서양에서는 여성의 나이가 알려지는 것을 그리 탐탁하게 여기지 않지만, 그녀는 이 정성들인 축하연을 기쁘게 받아들였습니다. 한국 관습에서는 흰색 옷(소복)이 장례 때 입는 복장이라고 하지만 그녀가 입은 예쁜 흰색 비단 한복은 장수를 상징하는 것이었습니다. 그리고 아름다운 한복을 입고 나타난 의사와 선생인 '두 딸' 로부터도 큰절을 받았습니다. 그 후에 졸업생들이 앞으로 나와서 순서대로 절을 올렸습니다. 그중 한 명은 이렇게 축사를 했습니다. "보통 여성들에게는 그저 몇 명의 딸만 있지만, 이 노처

---

21) 역주-본문에 1940년이 서술된 것으로 미루어 글을 쓴 시기는 1939년이 아니라 1940년 이후로 생각된다.

녀께서는 '수백 명'이나 있습니다!" 잔치에 참여한 사람들에게는 특별한 경험이었고 매우 아름답고 인상적인 축하연이었습니다.[22] (1939년 6월의 연례보고서에서)

학교 강당은 그리 크지 않아 그 많은 친구들과 하객들을 수용할 수가 없어서 야외에서 행사를 치르기로 했습니다. 선교사들은 야외 모임을 가질 때에 날씨가 괜찮을지 걱정을 했고, 불편하지나 않을까 주의를 기울였습니다. 준비위원 중 한 사람에게 혹시 다른 대비책이라도 있는지 물었더니, "기도를 올렸으니 걱정하지 마세요!"라고 대답했습니다. 그 날은 우리 아들 해리의 생일(3세)이기도 했는데 날씨가 너무 좋아 잊지 못할 날이 되었습니다. 그날은 눈이 잠깐씩 흩날렸는데 다음날인 2월 20일에는 예외적으로 엄청난 폭설이 내렸습니다.

1939년 6월 27일에 노회에서는 선교사들이 처음 살던 터에 자리 잡고 있는 제일교회의 열린 오후예배에서 브루엔이 한국에 온 지 꼭 40년째 되는 날이라며 축하를 해 주었습니다. 많은 선물과 축하카드를 받았습니다. 한국 장로교에서 파견한 중국 선교사인 이태영 목사가 참석해 자리를 더욱 즐겁게 해 주었습니다.

우리는 몇 달 후면 휴가를 떠나기 때문에 아들 해리에게 미국으로 가게 될 것이라고 말해 주었습니다. 거기서 듣고 보게 될 엄청난 일들을 미리 준비시키고 싶었고, 특히 그곳에 가기 위해서는 '커다란 물'을 건너게 될 것이라고 이야기해 주었습니다.

떠닐 때가 다가오사 손님이 낳이지 않았습니다. 그들을 맞을 시간을 확보하기 위해서는 미리 짐을 꾸리고 준비를 해야만 했습니다.

---

22) 나는 이 잔치의 장면들을 영상 촬영기로 찍어 두었다.

언제나 그랬듯이 우리는 가구를 대부분 한 방에 몰아넣어 놓고, 필요하다면 다른 사람이 집을 사용할 수 있도록 해 두었습니다. 우리는 많은 사람들을 만날 수 있도록 지방 교회 중 한 군데를 거쳐서 가기로 했습니다. 나룻배로 낙동강을 건너자 아들 해리는 나를 바라보며, "엄마, 우리 이제 미국에 있는 거야?"라고 물었습니다. 나는 아이가 무슨 말을 하는지 이해할 수 없어서 깜짝 놀랐습니다. 무슨 말인지 물어보았더니 아이의 대답은 이랬습니다. "미국에 갈 때 커다란 물을 건너야 한다고 했잖아."

우리의 휴가 길은 고베까지 기차를 타고 가서 일본을 횡단하는 것이었습니다. 배는 President Cleveland호였습니다. 호놀룰루에서 하루를 보냈는데, 친구들을 만나서 아들 해리의 첫 번째 유람으로 동물원에 데리고 갔습니다. 샌프란시스코에 도착해서는 그의 큰누나인 난을 만났습니다. 난과 알래스카 배로(Barrow) 지역의 선교사인 사위 프레드(Fred Klerekoper) 역시 이곳에서 휴가 중이었습니다.

프레드는 기차를 타고 내려갔고, 우리는 로스앤젤레스로 배를 타고 가다가 갑판에서 잠이 들었습니다. 로스앤젤레스에서는 대구의 첫 의료선교사였던 존슨 박사를 만났는데 우리가 세관에서 가방을 찾아오는 동안 그가 아이를 돌봐주었습니다.(남편은 피아노를 제외한 그 어머니의 모든 유품을 자기 딸에게 갖다주는 중이었습니다.)

내 친구가 해리와 나를 패서디나(Pasadena)에 있는 선교사 휴가용 아파트에 데려다 주었습니다.

점심을 먹으러 나왔다가 해리는 처음으로 아이스크림소다를 먹게 되었는데 빨대를 어떻게 사용하는지를 몰랐습니다. 그는 소다를 여기저기 뿌려서 거기서 빨대 사용법을 가르치면 안 되겠다는 생각이 들었습니다.

아파트 건너편에는 우리 모두를 황홀하게 만든 축제 장터가 있었습니다. 계산대의 아가씨는 해리에게 큼지막한 막대사탕을 주었지만 그 아이는 받으려 하지 않았습니다. 그것이 사탕이라고 설명을 해 주었지만 사탕이 무엇인지 몰랐던 것입니다. 하지만 그가 배우는 데에는 그리 오래 걸리지 않았습니다.

우리는 이글락(Eagle Rock)에 있는 존슨의 집에서 하루를 보냈습니다. 우리가 막 집 안으로 들어서자 존슨 부인이 남편 해리를 얼싸안으며, "당신 남편이 40년쯤 전에 우리 남편을 살렸었지요"라고 이야기했습니다. 그들은 추억을 이야기하면서 많은 시간을 보냈습니다.

패서디나에 머물며 우리는 일본에서는 현상을 할 수 없었던 사진들을 현상했습니다. 일본 정부가 자국 내에서 많은 미국 회사들의 영업을 중지시켰기 때문에 우리가 요코하마에서 필름을 보냈던 사진 인화 회사 또한 문을 닫았습니다. 우리는 묵고 있던 곳 모퉁이 근처의 사진관을 이용했는데 그들은 다른 선교사들이 그랬듯이 영상 필름을 슬라이드로 만드는 게 좋다고 우리를 열심히 설득했습니다.

우리는 제이교회를 방문하기 위해 패서디나를 떠나 미주리의 캔자스시티로 향했습니다. 그리고 나의 선교활동 후원자였던 친구들도 만날 작정이었습니다. 우리 사진을 보여 줄 수 있는 첫 번째 기회이기도 하였지만 그들이 얼마나 잘 지내는지 볼 수 있게 되어 들떴습니다.

그곳에 있는 동안 독일이 폴란드를 침공하면서 제2차 세계대전이 발발했습니다. 우리는 캔자스시티에서 마이어스(Myers) 부부와 함께 주말을 보냈습니다. 그리고 애틀랜틱시티 근교에 있는 뉴저지의 벤트너(Ventnor)를 향해 출발했습니다. 휴가를 위해 그곳에 별장을 빌려 놓았기 때문입니다. 열차는 도중에 필라델피아에서 정차했습니다. 해리의 작은딸 해리엇을 만났지만 방문할 수 있는 시간은 고작 몇 분밖에 없었습니다.

곧 우리는 차가 없어서는 안 될 것 같아 상태가 좋은 중고 플리머스를 아주 싸게 구했습니다.

지난번 안식년 때 해리가 교구목사를 대행했던 성요한 성공회 교회의 예배에 참석했습니다.

아들 해리는 보육원에 맡겼습니다. 선생님의 집이 보육원이었기에 그녀는 아이들을 매일 자기 집으로 불렀습니다.

주일학교 성탄 프로그램에서 해리가 "하나님께서는 당신을 사랑하십니다"라는 성구를 낭독한다며 대중 앞에 처음으로 나섰습니다. 그런데 그는 계속해서 "하나님은 나를 사랑합니다"라고 말했습니다.

남편 해리의 첫 손자인 제임스(James J. Davis)[23]가 펜실베이니아에서 1940년 3월에 태어났다니, 우리는 그를 보기 위해 당장이라도 달려가고 싶었습니다.

아침 일찍 출발하고 싶었기에 해리는 성경과 기도서를 여행가방 속에 넣어 버렸습니다. 다음날 아침 일찍 가정예배 때 하는 수 없이 기도 스케줄에 적혀 있을 사람을 위해 기도했습니다. 우리는 셀러스빌(Sellersville)에서 그리 멀지 않지만 사람이 붐비는 사거리로 들어섰습니다. 거기에는 오른쪽으로 호텔이 하나 있었는데 근처에 차들이 주차되어 있어 정지 표지가 잘 보이지 않았습니다. 우리 앞에 가는 차가 속

---

[23] 역주-해리의 둘째 딸 해리엇이 1938년 필라델피아에서 William Davis를 만나 결혼하고 낳은 아들이다.

도를 줄였습니다. 양쪽을 한 번씩 살피고는 우리도 속도를 줄였습니다. 그때 갑자기 어디에선가 (아무것도 없었던 것 같이 보였던) 빵을 실은 차가 우리 차에 강하게 부딪쳤고, 우리는 도랑에 빠져 버렸습니다. 차는 그렇게 되었지만 해리와 나는 다치지 않았습니다. 그러나 내 무릎 위에 있던 아들 해리는 자동차 바닥으로 떨어지고 말았습니다. 나는 아이를 안고 차 밖으로 나왔지만 의식을 잃은 듯했습니다. 한 여성이 그를 내 품에서 받아 안으면서 같이 호텔로 가자고 했습니다. 그는 우리를 침실로 데려가 아이를 침대에 눕혔습니다. 그러는 동안 해리는 트리플 에이(AAA)[24]와 몇 마일 거리 내에 있던 사위 빌(Bill)을 불렀습니다. 그가 왔을 때에 아들 해리는 정신을 차렸는데 다친 곳은 없어 보였습니다. 호텔 사람들은 그곳에서는 자동차 사고가 매우 자주 일어나는데 우리가 다치지 않아 천만다행이라고 말해 주었습니다.

트럭 운전사 또한 괜찮아 보였습니다. 나중에야 우리는 그의 앞니 두 개가 빠졌다는 사실을 알게 되었습니다. 그는 과속을 했던 것입니다.

그날 밤 잠자리에 들기 전, 해리는 아침예배가 짧았는데 더구나 오늘은 특별히 감사할 이유가 생겼으니 더 간절히 예배를 드리자고 했습니다. 그는 기도서를 꺼내며, "오늘 아침에는 누구를 위해 기도를 드렸어야 했는지 볼까?"라고 말했습니다. 그리고 그는 깜짝 놀랐습니다. 거기에는 우리의 이름이 적혀 있었던 것입니다. 우리의 선교평의회가 출판한 기도 선교 연보(年譜)는 전 세계의 많은 사람들이 사용하는 것인데, 본국과 해외의 선교사 명단이 그날그날의 기도 대상자로 적혀 있었던 것입니다. 그날 아침 우리가 서쪽으로 떠났을 때, 세계 기도책을 쓰는

---

24) 미국의 자동차 회사.

사람들은 우리를 위해 기도를 했을 것입니다. 날이 지날수록 우리는 매 시간마다 이 나라 밖의 다른 곳을 위해서, 특히 한국의 우리 동료들을 위해서 기도를 드렸습니다. 그날 확실히 우리는 기도의 응답을 받았던 것입니다.

우리가 언제나 그랬듯이 그 책을 매일 사용해 왔는데도 한국의 대구 기지가 목록에 올라와 있을 뿐만 아니라 그 다음 명단의 순서가 곧 우리라는 것을 깨닫지 못했다는 것이 이상한 일입니다. 우리가 한국에 있었을 때는 우리 순서가 언제나 2월이었는데 선교평의회가 그것을 4월로 바꾸어 버린 탓에 우리가 아직 익숙지 못했던 것입니다.

[CHB, 488-491쪽]

3. 감사의 말씀-회고

대구기지 보고, 1939년 6월

젊은 디모데는 사도 바울의 명에 따라 데살로니가로 돌아왔습니다. 그곳에 세워진 개척교회의 형편이 어떤지 궁금했기 때문입니다. 그는 그 작은 단체가 매우 헌신적으로 기독교적 삶을 실천하고 있다는 기쁜 소식을 가지고 돌아왔습니다. 바울은 너무나 기뻐서 진심으로 말했습니다. "우리가 너희 모두로 말미암아 항상 하나님께 감사하며 기도할 때에 너희를 기억함은 너희의 믿음의 역사와 사랑의 수고와 우리 주 예수 그리스도에 대한 소망의 인내를 우리 하나님 아버지 앞에서 끊임없이 기억함이니."[25]

선교사들은 아직까지도 자기들에게 용기가 되어 주었고, 그렇게도 충실하게 후원을 아끼지 않았던 사람들에 대해 이야기하고 있습니다. 대구가 중심이 되는 이 지역에서 한 해 동안의 실적을 요약하자면, 우리는 조금 전에 언급했던 단어들인 믿음, 노동, 사랑 그리고 희망을 다시금 떠올릴 수 있습니다. 이미 오래전에 완성한 교회 건축, 예수님의

---

25) 역주-데살로니가전서 1:2-3.

사랑을 매일매일 웅변적으로 전해 주는 치유와 사회봉사의 목회, 마지막으로 우리가 사역의 미래를 바라볼 때 그렇게도 희망적으로 들려주던 용기가 그것입니다.

올해에 12명의 부인들이 졸업을 합니다. 그중 한 명은 우리 신명학교 졸업생으로 대구 교회의 장로님의 딸인데, 이 지역에서 가장 먼저 세례를 받은 여인의 딸이기도 합니다.

1. 종합병원

소아과를 가지고 있는 장로교 (동산)병원, 별도의 자선부서와 나병원 및 미감아 수용소를 몽땅 묶어서 우리 사역의 의료 및 선교 사회봉사 사업이라고 할 수 있을 것입니다. 나병원과 장로교 병원의 이사회에서 연례보고서를 처음으로 경북노회와 조선 선교부 대구기지에 제출했을 때 나는 굉장한 기쁨을 느꼈습니다. 이사회의 주요 회의는 3월에 열렸는데, 몇 년 동안 계획 단계에 있던 병원사업에 대한 해외선교국과 경북노회의 공동 관리에 대한 토론이 가장 중요한 안건이었습니다. 8명이 새로운 이사회를 구성했는데, 4명은 노회의 대표이고 나머지 4명은 선교회의 대표입니다. 새로운 장로교 병원 건물을 사용한 지 6년밖에 되지 않았지만 급격히 늘어나는 모든 환자들을 수용하기에는 공간이 부족하게 되었습니다.

2. 복지부서

　복지부서에서 돌보는 일에는 궁핍한 사람들의 딱한 사연들이 많습니다. 태원이라는 작은 아이는 '큰 바탕'이라는 뜻의 이름만큼이나 똑똑한 아이였습니다. 하지만 불행과 가난은 그의 몫이었고 영양실조 때문에 정상적인 발육이 어려웠습니다. 가족을 부양할 힘이 없었던 아버지는 아들이 겨우 여덟 살밖에 되지 않았을 때 세상을 떠났습니다. 그리고 아이의 어머니는 그때부터 홀몸으로 아이를 키우기 위해서 갖은 고생을 해야 했습니다.

　우리 병원 소속의 전도부인은 자그마한 시골 마을에 순회전도를 나갔다가 그 작은 아이를 보고 매우 가슴 아파했습니다. 15세가 된 그 아이는 7세 아이의 몸처럼 말랐고, 두피는 피부병 때문에 매우 흉했습니다. 병원으로 데려온 아이의 마르고 비틀어진 몸을 엑스레이로 진찰하니 구루병이었습니다. 한국은 날씨가 좋아 햇빛이 풍부하기 때문에 험한 생활 여건이나 영양실조가 있다 하더라도 구루병은 매우 드문 경우였습니다. 그럼에도 태원이는 모든 주어진 것에 감사하며 쾌활하게 지냈기 때문에 모든 사람에게 사랑을 받았습니다. 2달 만에 그의 몸무게를 단 저울이 46파운드에서 59.5파운드로 바뀌는 것을 보고 우리는 깜짝 놀랐습니다.

　다발성 농양이라는 병을 가진 한 젊은 남자의 안타까운 경우도 있었습니다. 지난여름에 그의 다리에 있던 상처가 농양으로 번졌을 때 그는 명의를 찾아 침술로 치료하려고 했습니다. 감염된 부위는 매우 빠른 속도로 퍼져나갔고 그는 흉측한 상처로 뒤덮였습니다. 복지부서로 옮겨져서는 많은 부위에 큰 절개 수술을 받아야 했고, 몇 주 동안 엎드려 있어야 했습니다. 그가 누워 있는 동안 입히고, 보살피고, 씻기고, 먹이는 일은 굉장한 사랑이 필요한 일이었지만 그가 서서히 나아가는 것을 보는 것은 더 큰 보람이었습니다.

3. 소아병원

복지부서 가까이에 자리하고 있는 옛 진료소는 몇 년 동안 의료사회사업센터로 꽤나 좋은 역할을 해 왔습니다. 여기서는 유아복지 클리닉과 태아 클리닉이 일주일에 한 번씩 시행되고 있었고, 부녀회도 한 달에 한 번씩 진행되고 있었습니다.

어린이를 위한 국제주간을 축하하는 행사가 5월 17일에 대구의 도립병원에서 열렸습니다. 2세 이하의 204명의 아기들을 심사하여 건강한 40명을 뽑았는데 그 중에서 최우량아로 선정된 2명의 아이 가운데 하나가 대구 장로교회 병원에 등록된 아이였습니다. 이 아이는 9년 전 소아병동이 개원한 이래로 지속적으로 한 명에서 세 명 정도의 아이들을 등록시킨 가족의 일곱 번째 아이이기도 했습니다. 여기서 우승한 아이는 그때부터 서울에서 열리는 전 조선 우량아 대회에서 대구를 대표하게 되었습니다.

9년의 역사 동안 우리 소아병동에는 970명의 아기가 등록했는데 매주 30명씩 꾸준히 들어오는 추세를 우리의 열악한 인력으로는 감당하기 어려웠습니다. 어떤 한국인 의사의 부인은 필요한 때면 언제나 도울 준비가 되어 있었기 때문에 늘 인기였습니다. 지금은 기독교를 믿지 않는 집안의 여자들도 꽤 많이 참여하고 있고, 대기실에서는 전도부인이 전도지나 위생 팸플릿을 서가에 얹어두고 환자들의 관심을 얻으려고 노력하고 있었습니다. 놀이방은 돌보는 사람이 있어서 뛰어다니기 좋아하는 아이들에게는 굉장한 장소이기 때문에 큰 아이들이나 작은 아이들이 클리닉에 오기를 즐겨 합니다. 클리닉에서 매일 평균 12명 정도의 작은 아이들에게 하루 종일 혹은 부분적으로 급식을 제공하고 있는데 이 아이들은 무료로 우유를 공급받는 아주 궁핍한 가정의 아이들입니다.

4. 나병원[26]

나병원은 우리의 의료 사회봉사 프로젝트 중에 가장 큰 비중을 차지합니다. 대략 도시의 끄트머리를 넘어서, 그리고 우리 의료단지의 다른 건물에서 1마일이나 떨어진 곳까지인데 시의 경계가 확대되었기 때문에 여전히 우리 시에 포함이 됩니다. 병원은 51,664평(약 43에이커) 정도로 큰 땅을 소유하고 있는데 그 땅은 농사, 원예, 과수원, 동물 사육 등의 목적으로 사용되었습니다. 이 일들은 챔니스(Chamness)가 시작한 것입니다.

총 50개의 건물 중에 35개는 630명 환자들의 기숙사, 부엌, 식당, 학교, 세탁실로 쓰이고 있습니다. 미감아들을 위한 집은 30명의 어린아이들을 수용하고 있고, 6개의 집은 스태프 중 나병에 걸리지 않은 사람들을 위한 공간으로 사용되고 있습니다. 남은 건물들은 100마리가 넘는

---

26) 플레처(Fletcher) 박사의 보고.

소, 돼지, 토끼, 닭과 비둘기를 사육하는 공간으로 사용되고 있습니다.

나병원의 일은 7개의 부서로 나누어지는데 경영, 의료, 사무, 환자, 고아원, 농경 그리고 종교 부서가 있습니다. 모든 일들을 기독교식으로 처리하기 위해 애를 쓰고 있습니다. 아침 채플에는 모든 사람이 참석해야 하고, 하루의 일과는 아침예배가 끝이 난 다음에야 시작됩니다. 환자들 가운데 참된 기독교 신자를 길러내기에는 조건이 매우 좋습니다.

새롭게 수용되는 나환자들은 대다수가 문맹입니다. 그 이유는 나병이 가지고 있는 사회적 인식이 배타적이기도 하고 환자들의 가족이 가난하기 때문이기도 합니다. 학교는 병원 내에서 운영되는데 배울 수 있는 모든 사람에게 5학년까지의 교육 혜택이 주어집니다. 3개의 주요 과목은 한자, 일본어 그리고 산수입니다. 올해는 15명의 졸업자가 나왔습니다.

5. 치료

매년 50~60명의 환자들이 건강한 몸을 되찾아서 가족의 품으로 돌아갑니다. 심각한 환자들은 그런 희망을 가질 수는 없지만 "변화되어 이 썩을 것이 썩지 아니함을 입게 될"[27] 하늘나라로 가게 될 것을 기다리고 있습니다.

---

27) 역주-고린도전서 15:53.

6. 유아 보호소

1938년 3월 4일에 미감아 숙소가 세워질 부지에 처소가 들어섰습니다. 11월 14일에 3명의 여성 일꾼들이 들어가 아이들을 받을 준비를 시작했고, 18일에는 의사의 허가를 얻어 33명의 아이들이 이송되어 왔습니다. 그들은 욕조에서 몸을 씻고 새 옷을 받아 새로운 삶을 시작했습니다. 이 작은 아이들이 이제 건강한 여자와 건강한 남자로 자랄 것이라는 사실을 생각하니 참으로 기쁩니다.

7. 소망의 인내

"소망의 인내를 기억하라." 바울 사도에게 소망이란 고린도 교회 사람들에게 보내는 첫 번째 편지에서 중요한 3가지 불변의 요소 가운데 하나였습니다. 로마서에는 "보는 것을 누가 바라리요 만일 우리가 보지 못하는 것을 바라면 참음으로 기다릴지니라"[28] 라고 되어 있습니다. 모든 일은 이런 소망 가운데서 이루어져야 합니다. 내일은 오늘이 되고, 우리는 새로운 내일을 위해 계획을 세워야만 합니다. 이것은 우리가 교육 사역 분야에서 새로운 방법으로 시도해 보려던 것입니다.

한국 선교위원회는 이전에 있었던 결정에 따라 1939년 4월 1일, 우리가 운영하던 남녀 고등학교인 계성과 신명에서 손을 떼었습니다. 헨더슨 교장과 폴라드 교장이 사임하였습니다. 이사진은 노회로부터 선정

---

28) 역주-로마서 8:24.

되어 각 학교의 운영과 재정에 관해 총책임을 맡게 되었습니다.

8. 새로 시작하는 계성학교

3월 31일에 모든 선교부 관계자들이 계성학교 이사회에서 철수했습니다. 한국인 이사들은 두 명의 설립자를 선정하여 행정적으로 대표를 삼았습니다. 노회를 대표하는 이들은 학교 운영에 있어서 중대한 책임을 져야 합니다. 그들의 책임은 가장 힘든 상황 속에서 가장 어려운 임무를 맡는 것입니다. 하지만 그들이 학교를 운영하는 데 있어서 순수한 기독교 정신을 유지하는 기관으로 남기로 결정한 사실이 기뻤습니다. 새로운 교장을 물색했습니다. 가능한 후보자들이 누구일지 고민했습니다. 확실한 기독교 신자라고 생각되는 사람들은 이런저런 이유로 적합하지 않았습니다. 교장 자리에 적절하다고 생각되는 사람들은 외압으로부터 기독교적 이상을 지켜 낼 수 있을지 의문이었습니다. 그래서 그들의 이름은 명단에서 제외되었습니다. 하지만 교장은 반드시 있어야 하므로 적절한 사람을 찾을 때까지 조금만 더 기다려 달라고 선교사들에게 사정을 했습니다.

9. 기회

젊은이들을 신앙 가운데서 성장하게 하고 그들이 진정한 봉사의 삶을 살도록 하는 것이 우리에게는 축복받은 특권입니다. 매일같이 시골

집에서 수 마일을 걸어와서 지방의 공립학교에 다니는 한 남성을 생각하면 보람이 있습니다. 그는 수업료를 벌기 위해 일도 하는 심지 곧은 사내였습니다. 하급학교 과정을 수료한 그는 작은 경찰서에서 일자리를 구했고 근방의 지방 교회에 관심을 가지면서 주님께 헌신하게 되었습니다. 그 사이에 한 친절한 경관이 그가 중학교 과정의 통신 교육을 받을 수 있도록 도와주었고, 그는 경찰서에서 사환으로 일을 하면서도 2년간의 과정을 마쳤습니다.

하지만 그는 대구에 있는 미션 스쿨에 다니기를 간절히 바랐고, 마침내는 시험을 만족스럽게 통과하며 우리 중학교에 3학년으로 편입했습니다. 열심히 일해서 학비를 벌면서도 학업 또한 우수했습니다. 최근에 졸업을 하고 시내에 일자리를 구했습니다. 그는 지금 주께서 인도하는 곳이라면 어디에서든 주님을 열정적으로 섬기겠다며 돈을 아껴 신학교에 들어갈 준비를 하고 있습니다. 그는 '10년 계획'을 위한 예산을 세워 빚 없이 신학교를 졸업하는 것을 목표로 하고 있습니다.

10. 신명의 기념일

9월 1일 학교가 문을 열고부터 30주년 기념일까지 그 행사에 총력을 기울였습니다. 10월 20일 목요일에는 학교 운동장에서 초대 손님들을 위한 프로그램을 가졌습니다. 수년간 학교에 큰 도움이 되어 왔던 이들에게 감사패를 수여했고, 창립자인 브루엔(Martha Scott Bruen) 여사에게는 깊은 감사의 찬사를 바쳤습니다. 그 후 이틀 동안은 가정과에서 만든 의류, 자수품, 음식 따위를 파는 자선시장이 열렸습니다. 저녁에는 시공회당에서 학교 음악회가 열렸는데, 많은 청중들이 뜨겁게 호응해 주었습니다.

3일간의 축하연에 걸맞은 피날레가 있었습니다. 10월 23일 일요일에 공식적인 기념행사는 평소와 같이 교회와 주일학교에 참여하는 것으로 조용히 마쳤습니다. 월요일 저녁때는 교사들이 한국 식당에서 후원자가 대접한 저녁식사를 먹으며 휴식을 취했습니다. 2월 10~14일에는 남산교회의 목사인 이문주 목사가 학교에서 특별 전도예배를 인도했습니다. 몇몇 소녀가 처음으로 주님께 다가갔고, 다른 아이들은 집에서나 학급에서나 주님께 보다 더 꾸준히 기도하겠다는 의지를 보여 주었습니다. 부활절 주일에는 우리 학생들 중 28명이 신정교회에 출석했습니다.

11. 문제들

이 나이의 아이들이 저지르는 몇몇 문제는 단발머리 헤어스타일, 남녀 아이들의 은밀한 만남, 보호자 없이 극장 또는 카페에 가는 것 등입니다. 우선 나쁜 영향에 물들지 않도록 하면서도 청춘기의 남녀들에게 완전한 자유를 줄 수 있어야 합니다. 전통적인 품행에 어긋나지 않도록 하면서도 올바른 몸가짐과 자기 표현을 할 수 있도록 가르칠 수 있어야 합니다. 라디오나 잡지나 영화에 나오는 광고와 새로운 유행으로 말미암아 혼잡스러워진 세상에서 그들이 최선의 선택을 할 수 있도록 인도할 수 있어야 합니다. 이런 일을 하기 위해서는 고도의 기독교 정신과 선한 뜻을 가진 교사들의 지치지 않는 열정이 필요합니다. 교사들은 그들의 임무에 충실하고 성실했습니다. 홀로 유일한 길이시며 진리이자 생명이신 주님께 온몸을 내던지는 것이 얼마나 기쁜 일인지 그들 모두가 알게 되기를 기도합니다.

[*CHB*, 492-497쪽]

4. 그때 그 시절

브루엔의 개인 보고, 1939년

최근에 편지를 정리하다가 내가 한국에 도착한 이후에 처음으로 받았던 편지들을 발견했습니다. 당연히 나는 우리 기지를 설립할 때의 초기 경험을 떠올리게 되었습니다. 동방으로 가는 30명 이상의 선교사들 가운데 나만 유일하게 한국으로 향했습니다. 일본에서 이 친구들과 작별을 한 후 교토의 가게를 둘러보던 중 도로 건너편의 가게에서 다른 3명의 외국인을 만났습니다. 이들이 바로 샤록스(Sharrocks) 박사 내외와 놀스(Nourse; 나중에 Welbon 부인이 됨) 양이었습니다. 우리가 부산에 도착했을 때 오스트레일리아 선교회 소속 브라운(Brown; 나중에 Engle 부인이 됨)이 우리가 탄 배로 마중을 나왔습니다. 부산기지의 멤버인 어빈(Irvin) 부부와 로스(Ross) 부부, 체이스(Chase) 양은 모두 연회에 참석하기 위해 서울에 가 있다고 했습니다. 그녀는 친절하게도 내가 서울에서 돌아올 때까지 자기가 짐을 맡아 주겠다고 했습니다. 증기선으로 제물포에 도착해서 대구에서 온 존슨(Johnson) 박사를 만났습니다. 존슨 부부와 아담스(Adams)도 이 연회에 참석한 것입니다.

거기서 서울까지는 25마일인데, 그중 첫 10마일은 기차로 갈 수 있다고 해서 놀랐습니다. 이 철도는 한국의 첫 번째 철도로 한 미국 기업이 건설하고 있는 중이며, 처음 몇 마일만 얼마 전에 개통되었다고 했습니다. 이 10마일이 끝나는 지점부터 우리는 각각 짐꾼 4명이 끄는 목판차에 8명씩 갈아타고 갔습니다. 한강에서는 돼지 새끼처럼 나룻배 위에 옹기종기 실려서 강을 건넜습니다. 그리고 인력거를 타고 정류장까지 가서 남대문까지 전차로 갔습니다. 여기서부터 우리는 미국 공사관 근처에 있던 구 선교회 단지로 향했습니다.

선교회는 42명의 멤버로 구성되어 있었는데 1899년에 새로운 회원들이 가세하여 46명이 되었습니다. 연회는 에비슨(Avison) 박사의 집에서 열렸고, 여기서 각자 그들의 개인 보고서를 발표했습니다. 이때만 해도 한국은 독립국가였지만 대도시들은 밤이 오면 모든 성문을 닫았고 불빛도 없었습니다. 식수는 우물에서만 얻을 수 있었고, 교통은 당나귀나 가마였으며, 은행도 없었고, 가게는 약방을 제외하고는 사실상 없었습니다. 통화는 중국 돈이었는데 짐꾼들을 통해 구입할 수 있었습니다.

경상북도에는 세례를 받은 신도가 두 명뿐이었는데 그중 한 명은 부산에서 오스트레일리아 선교사인 아담슨(Adamson) 목사에게 세례를 받았고 나중에 최초로 목사 안수를 받았습니다. 지금은 500개의 교회와 3개의 현지 노회가 있고, 대구 시내에만 15개의 교회가 있습니다. 그중에는 1,000명 이상이 등록한 교회가 3개나 됩니다. 그 가운데 하나인 남산교회는 제일교회에서 분리되어 나왔고, 나는 그곳의 담임목사로 임명을 받았습니다. 그들은 다음 주 일요일에 25주년을 기념합니다. 지금은 이문주 목사가 담임을 맡고 있는데, 작년에는 한국 총회의 총회장을 맡기도 했습니다. 몇 년 전 그의 첫 사역 때에 나는 부흥사로 참여한 적이 있습니다.

　침상이 70개이고 방화시설을 갖춘 병원에 갔는데 자선 병실이 30개의 침대를 차지했으며 유아 진료소에는 수백 명이 대기하고 있었습니다. 100명 정도의 이상한 흰 가운을 입은 조수들이 몰려든 환자들을 보살피고 있었습니다. 그들은 매일 대기실을 꽉 메울 정도로 몰려왔습니다. 나는 존슨 박사가 처음으로 대구 읍성의 남쪽 끝자락에 진료실을 열었을 때가 생각이 났습니다. 나도 가끔 그곳에 가서 마취를 해 주기도 했습니다. 또한 그때는 길거리에 나환자들이 얼마나 많이 눈에 띄었던지 마을마다 문둥병 환자가 없는 곳이 없었습니다. 나는 700명가량을 입혀 주고 먹여 주고 신체적, 정신적, 영적인 양식을 제공해 주는 나병원을 방문했습니다. 거기서는 원예와 농작 그리고 가축을 사육하는 방법을 체계적으로 교육하고 있었으며, 언덕 근처에 마련된 감염아들의 집을 보고는 그저 주님의 큰 은혜를 간구할 수밖에 없었습니다.

　나는 매일같이 신명학교 여학생들의 행복한 목소리와 채플에 참가한 500명의 소년들의 합창 소리에 잠을 깨고, 또다시 자비로우신 하나님의 뜻을 찬미하게 됩니다.

　나와 존슨 박사는 자전거를 대구에 가지고 왔는데, 그것은 당시 서울과 부산 사이에서 유일하게 볼 수 있었던 바퀴 달린 교통 수단이었습니다. 관찰사가 남문에 의사 선생님이 자전거를 타고 올 때에는 길을 비키라는 공지를 붙여 놓았을 정도였습니다. 내 자전거는 사람들을 끌어 모으는 데 상당한 진가를 발휘했습니다. 마을 사람들은 '안경 말'이라고 하는 그것을 구경하기 위해 마을 앞 나무 주위에 몇 겹이나 둘러싸고 기다리고 있었습니다.

　한번은 10마일가량의 거리를 운송하는 것이 용이하겠다는 생각에 부산에서 작은 손수레 하나를 구입했습니다. 대구 근처로 나룻배가 도착하면 미국에서 보내온 물건들을 받아 집으로 가져와야 했기 때문입니다. 잠시나마 의기양양했지만 수레에 상자들을 싣기는 했어도 워낙 길이 좁아 거의 움직일 수가 없을 정도였습니다. 결국 짐을 옮길 짐꾼과 수레를 옮길 또 한 명의 짐꾼을 부를 수밖에 없었습니다. 이제는 시내버스가 하루에도 몇 번씩이나 오가는 공원이 되어 버린 이곳에 나는 자주 들르게 됩니다. 아스팔트로 포장된 도로를 따라 나아가자니 존슨 부인의 피아노를 대구로 옮기기 위해 짐꾼 30명을 동원하여 이틀이나 씨름했던 오래전 일을 떠올리게 됩니다. 이제는 시내버스가 도시 밖의 주변 도시들과 대구의 중심지로 연결되어 있습니다. 많은 사람들이 자전거를 타고 꽥꽥거리는 돼지에서부터 닭, 술통 같은 온갖 물건들을 싣고 오가고, 뒷자리에 여성이 함께 타고 있는 광경도 적지 않게 볼 수 있습니다.

 8명의 학생이 있었던 첫 여자반이 떠오릅니다. 지방에서 온 한 명은 자기들 가운데 한 명이 글을 읽을 수 있다는 것을 알고 깜짝 놀라 집으로 가서 남편에게 글 읽는 법을 가르쳐 달라고 졸랐습니다. 남편은 "흠, 당신처럼 나이만 많은 바보가 배울 수 있겠어?"라고 말했습니다. 그녀는 자신이 바보라고 인정하며 그래도 한번 해보자고 졸랐습니다. 첫 수업은 짧게 시작했습니다. 한글 철자의 첫 음절을 가르치려고 몇 번 시도했지만 그녀는 금방 익힐 수가 없었습니다. 남편은 긴 곰방대로 그녀의 옆구리를 사정없이 지르며, "이 무식한 속부터 좀 밝혀 줘야겠네"라고 힐난했습니다. 그녀는 마루에 나와 무릎을 꿇고 자신이 정말 멍청한 것은 사실이지만 주님께서 자비를 베풀어 대구의 그 여성처럼 글을 읽을 수 있도록 도와달라고 간절히 빌었습니다. 이 기도를 들은 남편은 마음이 움직여 그녀에게 글 읽는 법을 가르쳐 주었고, 함께 여행을 하며 인근에 여러 교회를 세우기 시작했습니다.

700여 명의 여성이 등록해서 일주일간 공부를 했던 지난 수업을 되돌아보니 이 아름다웠던 광경이 떠올랐습니다. 이 지역에서 최초로 세례를 받은 여성 신도는 '밝은 별'[29]이었습니다. 그녀는 세례를 베풀기 위해 문답을 마쳤을 때 당시에는 다반사였듯 자기 이름이 없다며 나에게 지어 달라고 부탁을 했습니다. 남편의 이름이 '밝은 근원'[30]이었기 때문에 아내 또한 밝은 무엇으로 하는 것이 적당하다는 생각이 들었고, 그녀가 이 지역에서 세례를 받는 첫 번째 여성이라는 생각이 들어 '밝은 별'이라는 이름이 떠올랐습니다. 다른 많은 이들도 이 '밝은 별'을 좇아 주 예수 그리스도를 찾게 되기를 바랐습니다. 성경학교에서는 올해에 12명의 여성이 졸업을 하는데 이 중 한 명은 우리 신명학교를 졸업한 대구 교회의 장로 부인으로, 이 지방에서 처음으로 세례를 받은 바로 그 여성의 딸이었습니다.

부활절 이른 아침이 되니 선교단지 뒤쪽에서 있었던 또 다른 일이 떠올랐습니다. 30년 전에 바로 그 언덕에서 한 이교도가 제사를 지내기 위해 동물을 잡는 것을 목격한 적이 있었던 것입니다. 이번 부활절 아침에는 그곳에 1,000여 명이 모였습니다. 십자가 모양으로 빛나는 전광판이 올려져 있는 아치형의 상록수 아래로 설치된 임시 강단을 경건하게 마주하고 있었습니다. 언덕의 능선 각 편에서 소녀들이 손에 붉은 등불을 들고 두 줄로 들어서며 합창하는 소리가 정적을 깼습니다.

---

29) 역주-明星.
30) 역주-明源. 그의 성(姓)은 방 씨이며, 브루엔을 도와 김천의 송천교회를 창립했고, 독립운동에도 참여했다.

두 줄이 만나기 직전에 그들은 예배 참석자들이 모인 양쪽 언덕으로 각각 한 줄씩 내려왔습니다. 그들은 앞쪽으로 나왔고 대구의 교회 연합 합창단이 합류했는데, 지휘는 계성학교를 졸업하고 프린스톤의 웨스트민스터 교회 음악대학에서 유학한 사람[31]이 맡았습니다.

내가 사역을 시작할 때부터 관리하도록 맡겨진 구역에 지금은 6명의 목사가 함께 일을 하고 있습니다. 아직 안수를 받지 않은 조사 9명과 전도부인 5명이 이 지역 교회들을 일구어 나가기 위해 많은 시간을 쏟고 있습니다. 각 목사들은 조사 한 명이 담당하는 지방 교회를 봄가을로 한 번씩 순회를 해야 하고, 거기에다 자신들을 지원하고 있는 교회도 책임지고 돌보도록 되어 있습니다. 그렇게 되니 나는 순회설교를 할 교회가 26개이고, 아직 교회가 들어서지 않은 한 행정구역인 '면' 하나도 보살펴야 합니다.

성경학교의 학생들끼리 조직한 선교회도 요충지에 교회를 개척하기 위해 올해 졸업생 가운데 한 명을 보냈습니다. 그는 현지 경찰로부터 제재를 받기도 했습니다. 때때로 그는 교회의 지도자들을 마을 근처로 데려와 야외예배를 개최하여 많은 사람들이 참석하게 했습니다. 이렇게 함으로써 마을 사람들이 이웃 교회까지 거리의 반절 내에서 자기 마을에 대한 책임감을 갖도록 일깨워 주었습니다. 이 지역에서 입학하는 성경학교 학생들의 숫자도 늘어났습니다. 다른 지역에서 온 영수가 이 세 막 지어진 그들의 교회를 보고 이렇게 말했습니다. "더 이상 걱정할 것이 없다. 내 아들은 교회에서 일을 하고 있고, 나는 주님께 십일조를 바치고 있으며, 이제는 관리인의 숙소와 목사가 왔을 때를 대비해

---

31) 역주-작곡가 박태준 선생이다.

그의 휴게실도 지으려 한다."

최근에 한 교회가 사경회를 열었는데, 그들의 얼굴을 보고 우리는 분명히 알 수 있었습니다. 2년 전에 노회에서 일하던 사람이 시작한 그 교회는 새 건물을 봉헌했으며, 임시로 전도부인도 고용했고, 특별 부흥사를 모셔 주간(週間) 특별 예배를 개최했으며, 목사의 봉급으로는 연 30엔을 지불했습니다. 이 교회를 연 지 1년 후에 인근 교회의 전도사가 그곳에서의 임무를 끝내고 1년 내내 혹은 그 이상 매주 일요일과 수요일에 와서 예배를 진행했습니다.

소형 풍금이 더 많이 필요해졌는데 이는 젊은이들의 관심을 끌어 모으는 데 큰 역할을 했습니다. 널리 사용되는 교회 곡조를 연주하기 위해서는 많은 연습이 필요한데, 이를 습득하는 그들의 솜씨에 대해 나는 아직도 놀라움을 감출 수가 없습니다.

나는 블레어의 교구에서 순회설교를 했고 수년 전에 내가 세례를 베풀었던 한 노인의 장로 안수식을 돕기 위해 상주에 들르게 되었습니다. 남자 성경학교에서 상급반을 가르치는 것은 즐거운 일이었습니다. 그들은 성서에 매우 정통해서 제대로 인용되지 않은 구절이 있을 경우 거의 대부분을 곧바로 성서에서 출처를 찾아 낼 정도였기 때문입니다.

김천의 저명한 집안 출신으로 지방의 관공서에서 서기로 일하던 한 젊은이는 몇 년간 지방 교회의 전도사로 있었습니다. 그리고 그는 영수가 되었고, 마침내 성직자의 길을 걷는 데에 평생을 바치겠다고 다짐을 하고는 신학 공부를 하기 위해 일본으로 떠났습니다.

최근에 현풍교회에서 조사로 있다가 일본의 성결신학교로 떠났던 전직 경찰관이 6년 만에 돌아왔습니다. 나는 그에게 자신의 옛날 교회인 현풍교회에서 주간 특별 예배를 맡아 달라고 부탁했습니다. 그는 흔쾌히 승낙했고, 교회는 매일 밤 사람들로 붐볐습니다. 결국 교회는 전도부인을 배치하고 매주 일요일마다 여자 성경학교에 나가 가르치는 목사를 모셔 그들을 도왔습니다. 그들은 성경학교가 끝난 후에도 그를 계속해서 데리고 있고 싶어 했습니다.

내가 설립한 남산교회는 다음 주 일요일에 25주년 기념일을 맞이합니다.

우리의 휴가 계획에 관해 말씀드리고 보고를 마치고자 합니다. 우리는 1940년 봄에 몇 달간 내 딸 난과 아직은 한 번도 본 적이 없는 사위와 함께 보내게 되기를 매우 기대하고 있습니다. 하지만 그들의 휴가가 앞당겨져서 알래스카 배로(Barrow)의 선교기지에서 이번 여름에 오게 될 것이라는 편지가 이제 막 도착했습니다. 이렇게 되면 나의 안식년 동안 아이들을 더 오래 볼 수 있게 됩니다.

우리는 항상 우리의 부재로 인해 더 무거운 짐을 떠안게 될 동료들 그리고 끊임없이 발생하는 당면 문제와 씨름하게 될 우리의 선교기지를 위해 기도합니다. 그리고 우리가 없을 때도 계속 일을 하게 될 한국인 동지들을 위해 기도드립니다. 이들 모두를 위한 나의 기도는 사도 바울의 빌립보서 1장 27절 말씀입니다. "오직 너희는 그리스도의 복음에 합당하게 생활하라 이는 내가 너희에게 가 보나 떠나 있으나 너희가 한마음으로 서서 한 뜻으로 복음의 신앙을 위하여 협력하는 것을 듣고 있을 것이나."

[*CHB*, 485-588쪽]

5. 시상 공표[32]

브루엔 목사가 수십 년 동안 우리 교회를 위해 값진 봉사를 해 주었다는 것은 모두에게 잘 알려져 있습니다. 그는 수년간 근면하고 성실하게 자신의 임무를 수행했고, 우리는 이 사실에 감사하기 위해 자그마한 감사장을 수여합니다.

1939년 5월 21일, 헨리 브루엔 목사에게 교인 및 제직 일동
한국 대구시 남산교회를 대신해 이문주 목사 서명

[CHB, 484쪽]

---

[32] 역주-이 시상은 남산교회 창립 25주년을 기념하여 이루어진 것으로 보인다.

6. 중국 파송 선교사

브루엔, 1939년

    나는 올봄에 성경학교가 시작하던 날 지방에서 돌아왔습니다. 하루에 2시간씩 가르치며 과외수업도 했습니다. 신명기와 구약성서 역사를 가르쳤습니다. 내일부터 일주일 동안은 대구 시내의 교회들이 연합하여 남산교회에서 특별 집회를 개최합니다. 강사는 지난 6년간 감옥생활을 한 한국인 목사로 북쪽 지방에서 모셔왔습니다. 그의 죄목은 3.1운동에 연루된 2명의 사내들에게 식사를 제공했다는 것입니다. 이제 출소한 지 두 달가량 되었는데, 그는 감옥에서도 전도를 하여 100명 이상의 수감자들에게 세례를 베풀고 개종시켰다고 했습니다.

    우리는 지금 이 상황을 넘겨야 하기 때문에 목사도 없이 우리가 운영하고 있는 교회의 일부를 노회가 맡을 수 있도록 계획 중입니다. 각 지방의 목사들이 조사를 한 명씩 보내서 최소한 우리가 해 온 만큼 교회를 순회하도록 노회가 조처할 수 있으리라 생각합니다. 사실 그 교회들은 노회에 속해 있으니 노회가 책임져야 할 일입니다. 나는 어제 중국으로 떠나는 우리의 해외 파송 선교사인 이태영 씨와 그의 부인인 김성애(김부숙) 여사에게 작별인사를 했습니다. 그들은 자랑스러운 한 쌍입니다. 기차가 떠날 때 그가 우리 지부의 단원들에게 마지막으로 남긴 말은, "기도해 주십시오"였습니다. 그는 신앙이 깊고 열심히 기도하는 사람이었습니다. 그는 일단 '주님께 기도하고', 그 문제에 대한 주님의 뜻을 알게 되면 끝까지 밀어붙였습니다. 그를 우리의 품에서 옛 중국으로 떠나보낼 수 있었던 것은 정말 기쁜 일입니다.

[*CHB*, 491쪽]

7. 이 수년 내에 부흥하게 하소서

1939년 6월-1940년

"이 수년 사이에." 우리가 한국에서 마치 유다에게 닥칠 재앙을 느끼고 있는 가운데, 하박국은 성심을 다해 기도를 드리고 있었습니다. "여호와여 내가 주께 대한 소문을 듣고 놀랐나이다 여호와여 주는 주의 일을 이 수년 내에 부흥하게 하옵소서 이 수년 내에 나타내시옵소서 진노중에라도 긍휼을 잊지 마옵소서." 올해, 1940년은 은혜의 시간이었습니다. 주님께서는 자비롭게도 대구기지에서 일하는 일꾼들을 다시 일으키시어 당신을 위한 사역에 전념케 하셨습니다. 비록 교회가 봉착한 심각한 문제와 한국에서 미래의 사역이 평탄치 않을 것임이 그들의 얼굴에 비치고 있음에도 불구하고, 모든 개인 보고서들은 기쁨과 승리의 노래를 담고 있습니다.

1. "이 수년 내에 나타내시옵소서"

개인 신앙고백들

기지의 멤버들은 서로 주님이 행하신 바를 알리고 있습니다.
1939년 11월에는 남아공에서 온 알레타 제이콥즈(Aletta Jacobsz) 양과 유니스 마레이스(Eunice Marais) 양이 우리 집에서 일주일을 보내면서 우리 기지의 회원들을 위한 집회를 가졌습니다. 제이콥즈 양의 설교와 개인 면담을 통해 우리는 더욱 주님의 말씀을 가까이할 수 있었습니다.
우리 선교사들 중 약 20명이 하루 세 번씩 한자리에 모여 전도자의 말씀을 경청했고, 나머지 시간은 성경 공부와 기도와 자기 성찰을 위해 확실히 확보해 두었습니다. 신앙고백과 참회가 이루어졌고, 모두의 마음이 녹아내리고 겸허해졌습니다.
성서의 '때가 되면'이라는 말을 특별히 새겨서 봉독했습니다. 이 말씀은 올해 특별한 뜻이 있습니다. 우리의 사역이 변화의 시기를 겪는 중이었고, 예기치 못한 문제들을 겪는 가운데 새로운 생명력과 힘, 새로운 비전과 주님의 일을 해내기 위한 그분의 인도하심을 갈망하고 있던 터였기 때문입니다. '때가 되니' 주님께서는 그의 종 두 명을 우리에게 보내셨습니다. 우리에게 주님의 사랑과 갈보리 십자가에 달리신 예수의 희생을 되새기게 해 주어 우리 마음이 녹아내리게 되었습니다.
마치 희망의 무지개처럼 지난겨울 이곳 어두운 하늘에 하나님이 함께하시어 힘을 북돋워 주셨습니다. 그것은 주님의 뜻을 따라 남아공의 제이콥즈 양과 마레이스 양이 방문하여 우리를 놀라운 부흥으로 이끌어 준 것과 마찬가지였습니다. 이들 지도자들이 성경 말씀을 통해 주님께로 인도하여 우리는 씻김을 받고, 정화되고, 새로운 믿음과 새로운 희망을 얻게 되었습니다. 우리는 모두 위로와 인도가 필요했습니다. 그런데 자비로우신 주님께서는 그녀들을 보내시어 주님과 함께하면 두려워할 필요가 없다고 하셨습니다. 그리고 주님께서는 사람의 증오 또한 주님을 경배하게 만드실 수 있다는 사실을 보여 주셨습니다.

우리는 오늘 여기저기서 주님께서 역사하시어 분명한 영혼의 변화가 있었던 경험담을 경외심을 가지고 경청하고 있습니다. 주님께서는 새롭게 깨닫고, 새롭게 거룩함을 입은 당신의 자녀를 통해 이루시고자 하는 특별한 목적이 있다는 사실을 느낄 수 있어서 매우 깊은 감명을 받았습니다.

이와 같은 실제적인 영적 체험을 하고 나면 새로운 삶을 나누고자 하는 일을 이룰 수 있습니다. 다른 이들이 그들의 삶에서 어떤 열매를 맺든 저희는 오직 주님을 향해 진심 어린 찬양을 드립니다. "이는 여호와의 행하신 것이요 우리 눈에 기이한 바로다."

2. "고난의 시간 중에 오 주여, 다시 역사(役事)하시옵소서"

다음에 이어지는 내용은 기관들과 지방 구역이 어떻게 지속적으로 축복을 받아 왔는지를 일어난 순서대로 설명해 주는 기록입니다. 축복을 받은 기관들은 신명학교, 동산병원, 나병원, 남자 성경학교, 여자 성경학교 그리고 지방의 교회들입니다.

이는 우리 모두에게 놀라운 경험이었습니다. 주님 귀하신 손에 미래가 달려 있으므로 우리는 확신을 가지고 이렇게 기도하며 일합니다.

"너희 안에서 착한 일을 시작하신 이가 그리스도 예수의 날까지 이루실 줄을 우리는 확신하노라."

이 '좋은 일'이 6월에 새로이 완공된 2층 병원 진료실이 불타면서 시험에 들게 되었습니다. 이 재앙을 딛고 일어선 감독자인 플레처 박사와 직원들의 의지를 보면 그들이 얼마나 단단한 반석 위에 기반을 두고 있는지를 알 수 있습니다.

매주 월요일 저녁에는 남자 성경학교에서 따로 신앙고백 집회를 열었습니다. 그중 하나를 여기에 기록합니다.

그 남자는 이 집회에서 매우 깊고 감동적인 경험을 했고, 돌아오는 일요일에는 반드시 집으로 가서 기독교인이 아닌 아버지와 형제들에게 이 경험담을 전해야겠다고 결심을 했습니다. 동양의 엄격한 부자지간의 예법대로라면, 어떤 경우에라도 아들이 함부로 아버지께 제안을 올릴 수 없는, '일방적인' 관계입니다. 그러므로 이 아들은 가족에게 오해를 살 확률이 다분한 힘든 일을 하겠다고 나선 것입니다. 자전거를 끌고 가다가 그는 갑자기 생각에 사로잡혔습니다. '나의 죄가 얼마나 큰지 이제야 알게 되었구나. 주님께서는 어떻게 벌레만도 못한 나 같은 사람을 통해 아버지는 말할 것도 없이 다른 사람들이 죄를 깨우치고 참회하도록 만든단 말인가?' 너무나 당황스러워 그는 자전거에서 내려 저수지 둑에 앉아 다시 생각을 해 보았습니다. 그가 기도하며 고민하는 동안 갑자기 생각이 하나 떠올랐습니다. 옛날 그가 살던 시골에서는 높은 산봉우리에서 봉화를 피워 이쪽에서 저쪽으로 신호를 보냈던 것입니다. '어쩌면, 어쩌면! 주님께서 나를 봉화로 사용하실 수도 있겠구나.' 그는 다시 자전거를 타고 출발했습니다.

일요일 아침, 예배시간이 되자 그는 자신의 아버지에게 교회에 같이 가자고 했습니다. 답이 없었습니다. 계속해서 졸랐지만 아버지는 여전히 답을 하지 않았습니다. 형제들을 설득하는 데는 성공했습니다. 교회에서 그는 노인 한 분을 만나 말했습니다. "우리 아버지에게 가서서 교회에 나오라고 설득해 주시지 않겠습니까?" 노인은 그러겠노라고 하며 떠났고, 얼마 지나지 않았습니다. 그 아들이 교회 창가에 서서 도로를 바라보며 느꼈을 감정들을 상상해 보십시오. 방탕한 아들과 그의 아버지에 대한 이야기가 반대가 되어, 노인과 함께 그의 아버지가 오고 있는 것을 보고 느꼈을 기쁨을 상상해 보십시오. 그리고 그날 두 번째 예배시간에는 그의 아버지가 동반자도 없이 자진해서 참석을 했습니다. 기쁘고 기뻤습니다. 주님께서 자비를 베푸셔서 봉화를 사용하신 것입니다.

3. 순회활동

순회와 천막 사역이 크게 제한을 받게 되었습니다. 정치적인, 그리고 사회적인 상황 때문에 이제는 선교사들이 억지로 나서서 말씀을 전하는 것은 현명치 못한 일이었습니다. 그들이 돕고자 하는 사람들이 고통을 겪게 될 것이 분명하기 때문입니다. 그럼에도 우리는 꽤 많은 교회를 방문할 수 있었고, 어떤 경우에는 한 곳에서 이틀, 사흘을 보냈습니다. 그 시간에 우리는 성경 공부와 심방을 했는데 모두에게 유익이 되었습니다. 선교사들이 교회와 그 지역의 사정을 면밀히 아는 데 도움이 되었고, 교회와 밀접한 관계를 맺는 데 도움이 되었습니다. 개인 접촉이 있었던 어떤 경우에는 이런 여유 있는 순회가 얼마나 더 효과적인지를 가늠할 수 있게 해 줍니다. 시골집에서 열린 기도회에서 회심을 한 한 여성은 선교사들과 함께 교인 여러 명을 자기 집으로 초대했습니다. 예배를 드리기 전에 그녀는 먼저 우상 숭배에 사용하던 물건들을 내려놓았습니다. 그리고 찬송가를 부르고 사도신경을 외우고 간략한 예배를 드리면서 자신의 가정을 온전히 주님께 바쳤습니다. 봄에 그곳을 다시 방문했을 때는 그녀의 신앙이 자라고 있는 모습을 볼 수 있었습니다. 어려움이 없지 않으나 순회 방문에는 이러한 진전이 있었음이 보고되었습니다.

4. 기지 생활

최근에 진행 중인 우리의 새로운 프로젝트는 순회도서관입니다. 한 믿음직한 청년이 교회 순회를 맡게 되었는데 순회를 돌면서 대여 목적으로 가지고 다니는 책이 현재 800권 정도 됩니다. 독서를 하고 있어야 할 사람들이 책을 살 돈이 없어서 독서 습관을 기를 수가 없었습니다. 한국 교회의 지도자들은 이 프로젝트에 대한 진가를 빨리 알아차렸고, 어떤 분들은 사람들이 관심을 가질 만한 책의 종류에 대해서도 좋은 조언을 해 주었습니다. 그러나 한국에서도 여전히 성경책이 가장 잘 팔리는 책이고, 많은 이들이 처음 접하는 책이기도 합니다. 권서들의 보고에 따르면, 올해 성경책이 295권이 팔렸고, 1,355권의 신약성경과 21,000페니어치의 쪽복음이 팔렸다고 합니다.

기지 소속의 여러 여성들이 시내의 주일학교를 인도하고 있는데, 만족할 만한 성장이 이루어지고 있으며, 젊은 층과 장년층의 여성 전도회도 성장하고 있다고 보고해 왔습니다. 이들 단체의 임원들은 매달 기도회와 회합과 사교 모임을 가졌는데, 이 모임은 우리와 한국인 친구들 사이에 진정한 유대감을 갖게 하는 데 가장 효과적이었습니다. 남자 선교사들은 같은 방식으로 모든 목사들과 만났습니다. 외적으로, 내적으로 지쳐 있는 지금과 같은 시기에 우리는 교회 지도자들에게 큰 짐이 되고 있습니다. 그들은 빈번히 경찰서에 불려가 심문을 받아야 했으며, 신사참배를 강요받았습니다. 우리 기지의 일일 기도회에서 우리는 그들과 이 문제 모두를 주님 앞에 가지고 나왔으며, 올 한 해 동안 이렇게 함으로써 여러 해답을 얻을 수 있었습니다. 매주 수요일 오후에는 기지의 여성들이 모여 성경 공부나 선교 공부를 하며 기도 하는 모습을 볼 수 있었고, 한 해를 정리하는 수련회를 어느 하루 조용한 장미꽃밭에서 가졌습니다. 올해는 그 어느 때와 달리 하나님께서 우리와 함께 계셨음을 잊을 수가 없습니다.

5. "너희 가운데 계시는 그분은 여호와시니 권능자라"

생각이 깊은 이 글의 독자는 우리가 주님께서 이곳에서 이루신 일을 충실히 기록하고자 했지만, 지금의 역경 속에서 부흥의 길을 가로막고 있는 '거물'들의 존재를 생각하지 않을 수 없다는 것을 알아차릴 수 있을 것입니다. 우리가 세운 학교 두 개가 우리의 감독으로부터 벗어나게 된다는 생각에 마음이 무겁습니다. 이제 우리는 주님의 이름으로 설립되어 이 지역뿐만 아니라 타 지방에도 많은 기독교 지도자들을 키워 낸 이 학교들을 위해 할 수 있는 일이 별로 없습니다. 오로지 주님을 바라보며 노회의 책임 아래 기독교 이상들이 지켜지기를 바라는 것 외에는 말입니다.

  많은 기적을 이루어 내시며 힘을 주신 주님이 계신데 우리가 감히 용기를 잃거나 기죽을 수 있겠습니까? 주님의 손으로 간단히 해결할 수 없는 일이 있겠습니까? 혹은 주님의 힘으로 이루지 못하는 일이 있겠습니까? 우리는 믿습니다. 그분은 전지하시다고. 그래서 우리는 온 마음을 다해 주님께 찬송드리며 이 보고서를 마무리 짓습니다.

  "내 영혼아 여호와를 송축하며 그의 모든 은택을 잊지 말지어다 그가 네 모든 죄악을 사하시며 네 모든 병을 고치시며 크신 사랑과 자비로 너에게 왕관을 씌워 주셨으니, 내 영혼이여 주를 찬양하라."

[*CHB*, 498-501쪽]

제4장 떠나야 할 시간

1. 얼어붙은 분위기

1940년

    1940년 3월에 펜실베이니아에서 자동차 사고를 당한 후 우리는 한국으로 가져갈 작정으로 새로 자동차 한 대를 구입했습니다. 일본 정부가 미국에서 샀거나 사용했던 자동차를 무관세로 한국에 가지고 가는 것을 허락한다는 이야기를 들었기 때문입니다. 7월에 우리는 매사추세츠의 레스트 산으로 1개월간 여행을 떠났습니다. 그런데 거기서 법이 바뀌어 일본으로 자동차를 가져올 수 없게 되었다는 소식을 '에큐메니칼 선교 및 관계 위원회'(COEMAR)를 통해 듣게 되었습니다. 하는 수 없이 펜실베이니아에서 차를 되팔고는 샌프란시스코로 기차를 타고 떠났습니다.

    다행히도 한국에 낡은 자동차를 두고 왔기 때문에 우리는 타이어, 기화기, 점화 플러그 등 몇몇 장비들만 가지고 돌아왔습니다. 우리는 설탕이나 커피 같은 식료품을 비축해 두었습니다. 한국인들이 주문했던 수동 재봉틀 5개와 가리개 커튼을 만들기 위한 검은 재료도 사 가지고 왔습니다. 샌프란시스코에서 한국으로 돌아올 때는 1940년 8월 23일에 President Taft호를 타고 9월 20일에 도착했습니다.

선교사들의 행동 범위는 극히 제한되어 있었습니다. 순회설교도 박탈당했고 매우 불편한 분위기가 감돌았습니다. 일본은 소등을 강요했고, 가정집이나 교회에서는 불빛이 새어나오지 못하도록 했습니다. 플레처 박사와 브루엔은 어느 일요일 저녁에 한국인 1,500명이 참석한 예배에 나갔습니다. 그들은 보름달이 너무 환해서 도시 전체를 비추는 것을 보고 사람의 힘으로는 신의 빛을 가릴 수 없다는 것을 다시 한 번 깨닫게 되었습니다.

한국 목사들과 영수들은 계속해서 경찰의 심문을 받았고 방문객들 또한 감시를 받았기 때문에 선교사들과의 연락도 매우 뜸해졌습니다.

미국 정부는 11월에 선박 마리포사(Mariposa)호를 급파해서 미국인 부인들과 아이들에게 미국으로 돌아갈 것을 권고했습니다. 서울에 있는 외국인 어린이 학교는 폐교되었고, 1940년 11월 4일 평양 외국인 학교 또한 문을 닫았으며, 미국인 부인들과 아이들은 그들의 고국으로 돌아갔습니다.

[CHB, 496쪽]

2. 지붕이 무너지다

1940년

    1940년 9월 20일, 우리가 대구로 돌아오니 지붕은 무너졌고, 침실 옆 지붕에서는 커다란 통나무가 굵은 새끼줄에 매달려 덜렁거리고 있었습니다. 우리는 당분간 알파하우스에 묵었고, 1940년 10월 26일에야 집으로 돌아왔습니다.

[*CHB*, 497쪽]

3. 폭풍을 맞을 준비

대구기지 보고, 1940-1941년(발췌)

1. 조선의 선교

건축 협회에서 배포하는 책자에는 같은 땅에 지을 수 있는 다양한 집들이 실려 있습니다. 어떤 것은 외관이 단순하고, 어떤 것은 안팎으로 사치스러운 세련됨이 있고, 또 어떤 것은 살며시 변화를 주어 전체적인 집의 분위기가 새로운 종류를 만들어 내기도 합니다. 올해는 그전과 마찬가지로 시작되었지만 새로운 경험들로 말미암아 그전과는 다른 한 해가 되었습니다. 우리는 주님께서 한국에 집을 건축하고 계신 것을 압니다. 손으로 지어 올리는 집이 아닌, 주님께서 말씀하셨듯이 천국에서의 영원한 집입니다. "너희도 산 돌 같이 신령한 집으로 세워지고 예수 그리스도로 말미암아 하나님이 기쁘게 받으실 신령한 제사를 드릴 거룩한 제사장이 될지니라 그는 소중한 자이며 그를 믿는 자는 부끄러움을 당하지 아니하리라."[33] 올해 일어난 일들은 우리와 우리 한국

---
33) 역주-베드로전서 2:5-6.

인 동료 교인들을 주님께 더욱 가까이 이끌어 주었습니다.

작년 보고서의 주제는 "부흥"이었습니다. 우리 선교사들이 깨끗이 씻김을 받고 한결 신선한 경험을 한 후, 우리는 마음속에서 피어오르는 주님의 은혜에 대해 기뻐하며 여러 한국인 단체의 특별 집회에서 나온 결과들을 지켜보았습니다. 그 집회에서 사람들은 상당히 높은 수준에 이르게 되지만, 기독교인의 생활에 대한 새로운 이상이 충족되지 못할 때는 실망을 했습니다. 우리는 바로 그때 초기 제자들의 오순절 교회 시절을 떠올리며 이렇게 질문할 수밖에 없었습니다. "주님께서는 우리를 무엇에 쓰시기 위해 준비시키시는 것일까?" 이 질문에 대한 해답은 우리가 오직 주님의 영적인 집에 걸맞은 사람이 되어 가는 과정에서만 찾을 수 있을 것입니다. 다른 지역의 성경학교들은 문을 닫게 되었지만, 하나님께서는 우리에게 부흥회가 끝난 다음 1년 동안 학교를 계속 운영하도록 허락하셨습니다. 우리를 찾아오는 모든 사람에게 새로운 메시지를 전할 수 있도록 허락하신 데 대한 감사를 말로 다 표현할 수가 없습니다.

작년의 보고서를 쓸 때에 여자 성경학교 학생들은 큰 축복을 받았었습니다. 남은 일은 오로지 그들이 받은 성령의 힘을 다른 모든 기관에 전해 주는 일뿐이었습니다. 주님께서는 9월과 10월에 똑같은 기회를 허락하셨습니다. 여덟 번째 학기는 모든 면에서 가장 훌륭했습니다. 참여자의 수나 그들의 삶에서 얻은 영적인 것 그리고 결과물에 있어서도 그랬습니다. 그 학기에 고된 시험이 없었던 것은 아닙니다. 우리가 학기를 계속 진행할 수 있었던 것은 오로지 일본 당국이 베푼 특혜 덕택이었습니다. 하지만 성령이 역사하고 계신다는 명백한 증거가 우리가 겪은 어려움을 보상하고도 남았습니다. 우리의 분명한 목적은 축복을 기대할 만한 상황을 다시 만들어 내는 것입니다. 지난겨울과 봄에 남자 성경학교와 여자 성경학교, 여자 보통반, 병원 그리고 지방에 있는 몇 개의 교회가 받았던 그런 축복 말입니다.

특별 집회를 시작한 지 5일 만에 주님의 말씀의 가르침을 통해 범죄와 회개 그리고 예수님과 함께하는 삶의 즐거움이 강조되었습니다. 일일 통합 기도회가 모두를 단단히 묶어 주었고, 어린 마음들은 깊게 움직였습니다. 이 집회 외의 시간은 모두 교사들과 개인면담을 하는 데 활용되어야 했습니다. 마음속에 담아 둔 짐과 죄악들을 털어놓은 뒤에는 보통 마음속에 평화가 자리잡았습니다. 편지함은 참회의 편지와 더불어 친구들과 부모님께 주님의 곁으로 돌아오라고 보내는 눈물 젖은 편지들로 더욱 무거웠습니다. 바로 곁에 주님을 모시고 온 세상과 함께하는 것이 얼마나 기쁜 일인지! 버그만은 이렇게 말했습니다. "셋째 날 아침, 학생들에게 성령이 역사하시는 모습을 목격하고 싶었지만, 나는 마치 벽에 대고 이야기하는 것 같은 느낌을 받았습니다."

오후에 교직원 기도회를 기다리면서 예레미야서를 펼쳐 아침에 읽은 구절을 다시 읽었습니다. "여호와께서 이와 같이 말씀하시니라 네 울음 소리와 네 눈물을 멈추어라 네 일에 삯을 받을 것인즉 그들이 그의 대적의 땅에서 돌아오리라 여호와의 말씀이니라 너의 장래에 소망이 있을 것이라 너의 자녀가 자기들의 지경으로 돌아오리라 여호와의 말씀이니라." 학생 집회가 마무리될 때 죄악으로 인해 마음이 심란한 자는 남아도 좋다고 말했더니 자그마치 30명이 남았습니다. 교직원 몇 명이 여학생들에게 개인 면담을 해 줄 수 있었습니다. 그녀들은 마음이 부서진 채로 들어왔다가 영혼의 치유자로부터 고침을 받고 기쁨에 넘쳐 돌아갔습니다.

마지막 일요일 저녁 모임에서 한 명씩 순서대로 혹은 몇 명이 동시에 일어나 주님께서 자신에게 어떻게 역사하셨는지를 말하기 시작하자 설명하기 힘든 전율이 일어났습니다. 장로의 딸인 한 아리따운 소녀는 깊은 죄책감을 느껴 진실로 다른 인생을 살고 싶어 하였습니다. 그녀는 성경학교에 입학하기 위해 2년 전에 자신의 나이를 거짓으로 말했다고 고백하면서 완전히 부서졌습니다. 그녀는 아버지에게 많은 사랑을 받았음에도 장녀로서의 책임을 벗고 싶어 했고, 자기가 원하는 교육을 받지 못한다는 사실을 증오했으며, 그리고 그 좋은 가정에서 누릴 수 있는 여러 가지 특권을 제대로 누리지 못했다고 했습니다. 이 깨달음과 정화의 과정을 보면서 몇몇 학생은 주님의 말씀을 가르침 받는 대로 이해할 수 있는 능력이 있음을 알 수 있었습니다. 때로는 예수님께서 겪으신 고통을 말할 때에 눈물을 보이기도 했습니다. 기숙사의 사감은 그들이 새로운 마음가짐으로 하나 되어 순종하는 모습을 보게 되었다고 했습니다. 기쁘고도 슬픈 졸업식을 하던 날까지도 예배당에서 소녀들을 더욱 강하게 키워 내기 위해 말씀과 면담을 계속해서 진행했습니다. 그들은 하얀 두루마기를 입은 채 촛불을 들고 있는 모습이었고, 찬양을 부르는 젊은 목소리들이었으며, 주님의 진리의 빛과 따스함을 통해 정화된 젊은 인생들이었습니다.

2. 성경학교를 닫으며

　작년 1월, 우리는 성경학교가 정식 허가를 받지 않고는 계속될 수 없다는 소식을 접했습니다. 공무원들과 협상한 끝에 양심에 어긋날 만한 조건들은 부가되지 않을 것이라는 전제 하에 허가를 신청했습니다. 일본이 선교사들을 교회의 운영과 책임 있는 위치에서 손을 떼도록 하려는 의도를 보이기 전까지는 모든 것이 잘 풀려 나가는 듯했습니다. 11월에 신청서가 공식적으로 기각되었습니다. 12월에 열린 노회에서 우리는 성경학교 이사회에서 손을 뗐고, 학교는 자체 이사회를 구성하여 계속해 나가게 되었습니다. 그것은 선교회의 정책과도 어긋날 뿐만 아니라 그들이 운영하겠다는 조건 또한 바람직하지 않았기 때문에 우리는 시설이나 장비들은 넘기지 않았습니다.

3. 전도활동

지난 봄철에는 선교회 전체적으로 전도활동이 매우 저조했다는 것을 알게 되었습니다. 지역 책임자 회의에 가 보았더니 우리 대구기지의 관할 지역에는 아직 남녀 사역자들이 남아돌아서 주일 예배를 감당하기에 별 문제가 없어 보였습니다. 지난 한 세대 동안 우리가 얻은 이 경험보다 더 풍요로운 것들은 없었습니다. 사역의 확장, 기지의 성장, 전 지역에 걸쳐 설립된 선교 기구와 교회들이 그것입니다. 우리는 올해 우리가 아끼던 많은 것이 시들고, 줄어들고, 죽어 가는 것을 목격했습니다. 욥 또한 그의 삶과 하던 일이 통째로 날아가는 것을 목도했습니다. 우리는 하나님의 때가 이르러 파멸의 마지막 순간에는 새롭고 더 나은 생명이 솟아나기를 희망합니다. 지혜로우신 주님께서 이미 우리의 미래를 계획해 놓으셨습니다. 우리는 그것을 믿고 하루하루를 살아갑니다.

지난해의 사역은 우리 손을 떠나 버렸지만 여전히 자질구레한 일들이 많습니다. 시장으로 나가 말씀을 전하고 성경을 팔며 수고했던 기지 소속의 회원들은 아직 이곳은 가능성이 풍부한 지역이라고 했습니다. 챔니스는 아침 일찍 한국인들과 함께 성경 공부와 묵상과 기도를 해 왔습니다. 그들 가운데 신앙이 성장하여 자신이 받은 은혜를 다른 사람들과 함께 나누고자 하는 사람들이 생겨났음을 알게 되었습니다. 그중 두 명의 젊은이가 작은 시골 교회를 찾아가 이를 실천에 옮겼습니다. 한 명은 말씀을 전하고, 다른 한 명은 주일학교를 담당했는데, 연말까지 계속했습니다. 여기 우리 회원들 가운데 한 명의 개인적인 신앙 고백을 기록합니다.

주님께서는 제게 배고픔과 무거운 짐과 지친 마음과 연약한 무릎을 주시어 기도와 성령의 말씀을 열어 볼 수 있도록 강인함과 확신을 주셨습니다. 나는 사막에 물이 터져 나와 장미꽃이 활짝 피는 것을 보았습니다. 희미하게 보이던 것을 분명하게 보게 되었습니다. 벙어리의 혀가 노래하고 기뻐 뛰는 것을 보았습니다. 지금이야말로 우리가 믿는 자나 믿지 않는 자들 앞에서 이전에 받았던 가르침대로 걸어야 할 때입니다. 하나님께서는 우리를 당신께로 더욱 가까이 이끌어 주셨고, 주님의 말씀을 더욱 깊이 믿을 수 있도록 가르쳐 주셨습니다. 성경은 내가 지금까지 가능하다고 생각했던 그 이상으로 말하고 있습니다.

4. 학교들

계성학교와 신명학교는 노회의 이사회에서 계속 관리하고 있습니다. 신명학교는 한국인 교장이 맡게 되었고, 계성학교는 조만간 새로 선출된 교장에게 넘겨질 예정입니다. 일본 정부는 이 두 학교에서 가르치는 성경 과목은 교육 과정의 하나로서 종교활동으로 계속 인정해 주겠다고 약속했습니다. 새로운 규정은 성경을 일본어로 가르쳐야 한다는 것이기 때문에 이전의 주요 인사들이 교사로 활동할 수 없게 되었지만 주일학교와 개인적으로 어떻게 해볼 기회는 아직 열려 있는 셈입니다.

여학교의 새로운 성경 선생은 학생들을 주님 곁으로 잘 인도해 줄 수 있는 인물인 것 같아 다행스럽게 생각됩니다. 폴라드 선생이 그녀와 함께 주일학교를 비롯한 학생들의 다른 종교활동을 운영해 나가고 있습니다. 지방에서 온 여성은 최근에 첫 학기를 다니고 있던 한 여학생이 주님을 만나 훌륭한 기독교인이 된 사실에 대해 이렇게 언급했습니다. "당신의 학교가 이런 여학생 단 한 명만을 주님 곁으로 인도했더라도, 그것만으로도 충분한 가치가 있습니다." 우리는 이런 여학생들이 적지 않다는 사실에 감사드립니다. 그 증거는 주일 아침식사가 끝난 후 소규모로 진행되는 기도회에서 볼 수 있습니다. 주님의 도우심의 은혜에 대한 신앙고백이나 모범적 기독 학생들의 신앙생활에서 볼 수 있는 성숙함 그리고 주님께 헌신하기로 하고 섬기려는 의욕으로 가득 찬 졸업생들이 그 증거입니다.

5. 의료사역

　동산병원과 나병원은 지금 비록 선교회와 노회의 연합 대표들로 구성된 이사회의 감독 하에 있지만 계속해서 그 기능을 다하고 있습니다. 플레처 박사가 원장으로 일하고 있고, 챔니스가 나병원의 부원장을 맡고 있습니다. 행정 업무는 보통 이상으로 힘이 듭니다. 외래환자 진료실이 화재로 소실되면서 좁아진 업무 환경이 불만과 불편의 원인이 되고 있습니다. 여러 선교사들이 떠나면서 기관들이 문을 닫거나 다른 이의 손에 넘겨졌으니 그것이 불신과 불안의 원인이 되는 듯했습니다. 요즘처럼 물자가 부족하고 물가가 비쌀 때 외래환자실을 다시 짓느냐 마느냐 하는 것은 재고해야 할 문제입니다.
　직원들, 환자들 그리고 그 친척들이 함께하는 회의가 하루의 일과가 되어 버려서 그 어느 때보다 많은 요령, 현명함과 아량이 필요합니다. 어쩌면 우리가 가장 부족함을 느끼는 때는 환자들과 대면했을 때인데, 우리가 사회 모든 계층의 사람들을 만날 수 있는 것은 굉장한 특혜입니다. 우리는 부자와 가난한 자, 높은 사람과 낮은 사람을 만나지만, 또 어떤 때는 조금 아픈 사람이 있는가 하면 죽어 가는 사람도 있습니다.

6. 간호부서

　9월에 샤록스(Ella Sharrocks) 양을 간호감독으로 맞이할 수 있었던 것은 우리에게 행운이었습니다. 그녀는 안동과 세브란스병원에서 일한 경험도 있고, 선교사 2세로서 한국을 잘 알고 있다는 장점도 가지고 있었습니다. 그녀는 직원 중에 친한 사람도 여럿 있어서 쉽게 업무에 적응할 수 있었으며, 간호부서를 설립하는 데에도 큰 관심을 가지고 있었습니다.

7. 나병원

나환자들에게는 농사를 짓고 관리하는 일, 동물을 키우는 일 그리고 이 거대한 기관을 유지하는 데 필요한 일을 훈련시키고 있습니다. 동시에 건강한 몸으로 퇴원할 때 사회 구성원의 한 사람이 될 수 있도록 재활 치료를 하고 있습니다. 기독교 교육 프로그램이 가장 어려운 분야인데, 정기적으로 예배를 드리고, 성경 공부를 하고, 개인적인 복음 전도활동도 해야 합니다. 올해 입원한 나환자 65명 중 대다수는 기독교인이 아니었으므로 매주 평균 한 명 이상의 믿지 않는 자가 이 병원의 문턱을 지난 셈입니다. 다행히 이 환자들 중 대다수는 몇 달 혹은 몇 년씩 머무르기 때문에 병원의 기독교 환경에 영향을 받게 됩니다.

새로운 나환자가 이곳에 들어온다는 것은 다른 사람이 치료를 받고 회복되어 퇴원했다는 뜻입니다. 그것이 아니라면 빈자리가 없어서 입원하지 못했을 테니까요. 일주일에 한 사람씩 퇴원할 때마다 우리는 자신에게 묻습니다. 육신의 병이 치료된 만큼 과연 우리가 그들에게 나아가 예수님의 사사가 될 수 있을 만큼 동기부여를 해 주었는가? 그것이 또 다른 어려움이었습니다.

노숙자 중에서 나환자가 되어 들어오는 사람들에게는 위로와 격려의 말들이 많이 필요하지 않습니다. 하지만 보통 집에서 정상적인 생활을 하다가 갑자기 이 끔찍한 병에 걸려 들어온 사람은 얼마나 걱정하고 좌절할지 쉽게 상상할 수 있습니다. 이런 사람들이 이곳에서 적응하도록 돕고 훗날 자기 집과 같이 편하게 지내는 것을 보는 것은 매우 큰 기쁨입니다.

발랄한 미감아들 39명이 높은 벽으로 격리되어 있는 예쁜 기숙사에서 지내고 있습니다. 이 녀석들은 정말 총명한 아이들입니다. 16세 된 큰언니 복순이부터 네 살짜리 어린아이에 이르기까지 누구 못지않게 성경 구절도 잘 외우고 노래도 활기차게 잘합니다. 이 아이들에게 일용품을 챙겨 주고, 교사들을 보내 주고, 매년 수차례씩 옷 만드는 일을 지도해 주고, 성탄절에는 미국의 친구들이 보내온 깜짝 선물을 나눠 주고, 그리고 주일학교를 운영하는 업무는 전체적으로 플레처 부인과 헨더슨 부인의 몫이었습니다.

8. 직원들

9월 초에 우리는 휴가에서 돌아온 브루엔 가족을 기쁨으로 맞았습니다. 사랑하는 동지들을 반기는 일은 언제나 행복한 일입니다. 하지만 우리는 그때까지만 해도 그들이 이곳에 함께 있다는 사실에 대해 감사해야 할 특별한 이유를 알지 못했습니다.

10월에 우리는 모든 미국인은 동양에서 철수하라는 미 국무부의 권유를 전해 준 영사관의 편지에 매우 당황했습니다. 그 후로 이어진 날들은 평생 잊지 못할 것입니다. 계속되는 실행위원회, 영사와의 면담, 미국과 주고받은 전화와 회신, 전보 그리고 기지 내에서 오간 편지와 협의 의견들. 평양 외국인 학교가 문을 닫고 난 후 우리 가운데서 7명이 떠나지 않을 수 없었습니다. 아담스 부인과 선교사의 자녀 6명이 11월 16일 S.S. 마리포사호를 타고 제물포항으로 떠났습니다. 챔니스 부부는 건강상의 이유로 여름을 미국에서 보냈습니다. 부인은 그곳에 머물렀고, 남편은 1월에 혼자 돌아왔습니다.

라이언 부부는 어학 공부를 위해 도쿄로 떠난 상태였습니다. 평양 학교가 문을 닫아 세 딸도 도쿄에 있는 학교에 입학한 덕택에 그들 가족은 합류하게 되었습니다. 12월에 라이언 부인과 딸들은 미국으로 갔습니다. 라이언은 3월에 떠났습니다. 그 후 그들은 한동안 브라질 선교회로 발령을 받았습니다. 그들이 살았던 빈 집을 지날 때마다 우리 마음이 무겁습니다. 우리뿐만이 아닙니다. 라이언이 지칠 줄 모르고 일해왔던 교회에서도 애석해한다는 소식이 들려옵니다.

선교회 실행위원회의 의장을 맡고 있는 블레어는 선교의 사무적인 일에 많은 시간을 투자했습니다. 지난 연회 이후로 여덟 번의 실행위원회가 열렸습니다. 가장 큰 걱정거리는 선교사들의 철수, 학교 폐교, 병원 매각 혹은 폐쇄, 부지 매각, 성경학교 폐쇄, 선교사 일원의 체포와 감금 그리고 전보를 주고받는 일들과 관련된 것들이었습니다.

또 다른 걱정거리는 집에서 가르치던 음악 수업, 주일학교 업무, 개인 상담, 블레어 부인이 가르치던 일본인 청년들을 위한 영어 성경 공부반 그리고 H. H. 헨더슨 부인과 브루엔 부인이 시간을 투자해 주어 아직 우리와 함께 머물고 있는 귀한 네 명의 아이들을 가르치는 일 등입니다.

해롤드 헨더슨 부부가 오랫동안 미루어 두었던 휴가를 떠났습니다. 그들의 가장 어린 세 명의 아이들과 L. P. 헨더슨 부인의 아들 로렌스

(Lawrence)마저 데려갔기 때문에 이제 우리에게는 차세대를 대표할 사람이 오로지 우리 아들 해리(Harry Bruen Jr.)만 남았습니다. 이렇게 되니 지난날 우리가 얼마나 큰 축복을 누리고 있었는지 깨닫게 되었습니다.

문이 닫혀 있는 건물들은 더 이상 희망을 보여 주지 않습니다. 단지 과거에 바쁘게 지냈던 날들을 상징하는 벽돌과 돌멩이에 지나지 않습니다. 한국에 남겨진 주님의 성전을 이루고 있는 살아 있는 돌들, 그중 여럿은 주님께서 이 땅에서 이루고자 하신 일에 적합하게 만들어져 쓰일 준비가 되어 있습니다. 또 어떤 것은 애매한 위치에 놓여 가끔 주님께 큰 짐이 되기도 했지만, 모퉁이의 머릿돌로 귀하게 선택되어 건물이 완성될 기쁜 날을 기다리고 있기도 합니다. "건축자가 버린 돌이 집 모퉁이의 머릿돌이 되었나니 이는 여호와께서 행하신 것이요 우리 눈에 기이한 바로다."[34]

참고사항. 1912년에 세웠던 목표가 각 지방에 적어도 교회 하나씩 설립하자는 것이었는데 그것은 우리가 떠나야 했던 1941년 이전에 이미 달성되었습니다.

[*CHB*, 501-506쪽]

---

34) 역주-시편 118:22-23.

4. 여성들을 위한 세계 기도의 날

1941년 2월 28일

실제 프로그램은 버츠(Butts) 양과 한국인 여성 두 명이 만들어 발송되고 사용되었는데, 영어로 번역하면 다음과 같다.[35]

주제 : "뜻이 하늘에서 이룬 것 같이 땅에서도 이루어지이다"

찬양 : "주 예수 이름 높이어"

시작 성경 구절 :
"지존자여 십현금과 비파와 수금으로 여호와께 감사하며 주의 이름을 찬양하고 아침마다 주의 인자하심을 알리며 밤마다 주의 성실하심을 베풂이 좋으니이다"(시 92:1-3).
"참으로 크도다 그의 이적이여, 참으로 능하도다 그의 놀라운 일이

---

35) 역주-한국어로 된 프로그램을 영어로 번역해 여기에 실은 것을 역자가 다시 한국어로 번역한 것이다.

여, 그의 나라는 영원한 나라요 그의 통치는 대대에 이르리로다"(단 4:3).

"땅의 모든 끝이 여호와를 기억하고 돌아오며 모든 나라의 모든 족속이 주의 앞에 예배하리니 나라는 여호와의 것이요 여호와는 모든 나라의 주재심이로다"(시 22:27-28).

"세상 나라가 우리 주와 그의 그리스도의 나라가 되어 그가 세세토록 왕 노릇 하시리로다"(계 11:15).

기도의 부름 :
주님의 뜻이 우리의 각 개인과 이웃, 모든 나라와 온 세계에서 이루어지기를 기도합시다.

1) 주님의 뜻이 우리 각 개인에게서 이루어질 수 있도록 기도합시다.

"그런즉 너희는 먼저 그의 나라와 그의 의를 구하라"(마 6:33).

신앙고백 :
  a. 주님의 뜻이 하늘에서 이루어진 것 같이 땅에서도 이루어지기를 기도하지만, 우리 삶의 목적이 세상을 향해 있어서 언제나 우리 뜻대로 이루어지는 것은 아닙니다.
  b. 주님께서는 평화를 원하시지만, 질투와 싸움과 탐욕이 우리를 사로잡을 때가 있습니다.
  c. 주님의 말씀을 충분히 공부하지 못해 그동안 우리의 삶은 쓸모 없었습니다.

중보기도 :
  a. 우리가 주님께서 세상에 오신 목적을 잊지 않기를-그가 고통 받으시고 죽으신 이 세상에 평화를 내리시기를.
  b. 우리에게 오만함과 악의와 용서하지 못하는 마음을 버릴 수 있는 능력 주시기를.
  c. 예수님의 정신과 생각을 가지고 성령 충만한 삶을 살 수 있기를.

찬양 : "내 주의 지신 십자가"

2) 주님의 뜻이 이웃과 모든 나라에서 이루어지기를 기도합시다.

신앙고백 :
  a. 주님과 마몬(돈) 둘 다를 섬기기를 바라서 다른 이에게 피해를 주었고, 그들의 삶을 방해했습니다.
  b. 가정에서 아이들을 훈련시키는 일과 가정예배를 드리는 일을 소홀히 하였습니다.
  c. 불의를 보고도 바로잡을 생각을 하지 않았습니다.

중보기도 :
  a. 자기 자신의 이익을 추구하기 전에 남의 이익을 고려할 수 있기를.
  b. 사랑 안에서 자신과 주위 사람들에게 축복을 가져다줄 수 있기를.
  c. 자신만을 위한 삶이 아닌 다른 사람들과 조화를 이루며 협동하

며 살 수 있기를.

찬양 : "주 계신 성전"

3) 온 세상에서 주님의 뜻이 이루어질 수 있기를 기도합시다.

신앙고백 :
  a. 국제적인 분쟁들은 주님을 사랑하지 않고 경외하지 않기 때문이 아니라 주님을 파괴시키고 다른 이들과 서로 조화롭게 살지 못하기 때문입니다.
  b. 조국을 위하는 마음 때문에 다른 나라들은 상처 받고 도움을 받지 못했습니다.
  c. 땅 끝까지 복음을 전파하라는 예수님의 명령을 따르지 못했습니다.

중보기도 :
  a. 주님의 빛이 빠르게 온 세상에 비춰질 수 있기를.
  b. 주님께 복종하지 않아 고통 받고 있는 이들을 위해.
  c. 세상의 고민들이 곧 사라지고 진정한 평화가 세상에 찾아오기를.
  d. 진정으로 강한 믿음의 삶을 이끌고 주님의 말씀을 선포하여 주님의 뜻이 온 땅에 이루어지기를.

찬양 : "교회의 참된 터는"

헌금 : (목적헌금은 개인의 선택에 맡깁니다.)

특별 음악 : (솔로 혹은 합창)

마무리 성경 구절 :
"적은 무리여 무서워 말라 너희 아버지께서 그 나라를 너희에게 주시기를 기뻐하시느니라"(눅 12:32).
"또 내가 새 하늘과 새 땅을 보니 처음 하늘과 처음 땅이 없어졌고 바다도 다시 있지 않더라 또 내가 보매 거룩한 성 새 예루살렘이 하나님께로부터 하늘에서 내려오니 그 준비한 것이 신부가 남편을 위하여 단장한 것 같더라 내가 들으니 보좌에서 큰 음성이 나서 이르되 보라 하나님의 장막이 사람들과 함께 있으매 하나님이 그들과 함께 계시리니 그들은 하나님의 백성이 되고 하나님은 친히 그들과 함께 계셔서 모든 눈물을 그 눈에서 닦아 주시니 다시는 사망이 없고 애통하는 것이나 곡하는 것이나 아픈 것이 다시 있지 아니하리니 처음 것들이 다 지나갔음이러라"(계 21:1-4).

찬양 : "주 달려 죽으신 십자가"

축도

[*CHB*, 508-510쪽]

5. 세계 기도의 날 역사

1887년

미국 장로교 가정선교회 여성위원회 의장인 제임스(Darwin R. James) 부인이 장로교 여성들에게 '개인적인, 그리고 국가적인 죄악을 고백하고 회개하며, 그에 합당한 헌금을 드리는' 전국적인 기도의 날을 제안했습니다. 머지않아 다른 교파들도 기도의 날에 동참하기 시작했고, 바쳐진 헌금은 우리나라의 소수 집단들을 돕는 데 사용되었습니다.

1890년

두려움을 모르는 침례교도인 몽고메리(Helen Barrett Montgomery) 부인과 피바디(Henry Peabody) 부인이 동양을 방문했습니다. 그들은 여성 교육과 기독교 문서 교육이 절실하다고 여겨 고향으로 돌아와 외국 선교를 위한 통합 기도의 날을 제정했습니다. 1900년대 초에 그들은 동양의 여성들을 위한 여자 대학을 설립하고 강화하기 위해 3백만 달러의 기부금을 모았고, 세계 기도의 날의 헌금을 통해 이 일은 지속적으로 지원을 받았습니다. 그들은 '여성들과 아이들을 위한 기독교 문서회'의 설립 필요성을 제기하였는데 이 조직은 아직도 상당 부분 세계 기도의 날 기금 지원으로 운영되고 있습니다. 이 방문을 통해 초교파 선교 교재가 만들어졌고, 이를 계기로 선교회 교육위원회와 친선 출판부가 설립되었습니다.

1919년

하나는 조국을 위해, 다른 하나는 해외선교를 위해 각각 따로 있던 전국적인 기도의 날이 모든 선교를 위한 기도의 날 하루로 통합되었습니다. 초교파적으로 조국과 해외선교회의 여러 대표들로 구성된 위원회가 이날을 기획하고 홍보했습니다.

1922년

캐나다가 미국에 동참했으며, 렌트(Lent)에서 열린 '선교를 위한 세계 기도의 날' 첫 번째 금요일을 참관했습니다.

1941년

교회 여성을 위한 연합위원회(United Council of Church Women)가 설립되면서 세계 기도의 날은 이 위원회의 책임이 되었습니다. 이 위원회는 그들과 함께 일하던 미국 주님의 교회 전국위원회(National Council of the Churches of Christ in the USA) 소속 가정선교부(Division of Home Missions)와 해외선교부(Division of Foreign Missions) 대표들과 함께 구성되었습니다.

[CHB, 507쪽]

6. 1941년

클라라 헤드버그 브루엔

아담스 부인이 미국으로 돌아간 이후 아담스는 매일 저녁식사를 우리 집에서 함께 했습니다. 저는 두 아이 캐슬린 헨더슨(Kathleen Henderson)과 해리 주니어에게 캘버트 유치원 교육 과정(Calvert Kindergarten course)을 가르치고 있습니다.

1월 초에 챔니스가 미국에서 돌아왔습니다. 또한 1월에는 경상북도의 첫 장로교 교인인 김기원(김재수)이 사망했는데, 그는 아담스를 따라 대구에 왔던 사람입니다.

2월 19일에 아들 해리 주니어의 다섯 번째 생일을 축하했습니다. 이 날은 폴라드 교장의 생일이기도 했습니다.

2월 28일 세계 여성 기도의 날 행사가 대구에서 진행되었는데, 행사 프로그램은 세계 기도의 날 행사위원회에서 보내왔고, 폴라드 교장이 버츠(Butts) 양에게 번역을 위해 보냈습니다. 행사는 대구의 남산교회에서 진행되었습니다.

3월 19일부터 31일까지. 블레어는 로우(Lowe) 박사와 드캠프(DeCamp)를 만나기 위해 그들이 투옥되어 있는 대전으로 떠났습니다.

5월 1일 이후 기지는 매일 오후 4시에 기도회를 가졌습니다. 또한 특별한 일일 피정(retreat)을 가졌습니다. 게르다 버그만(Gerda Bergman)이 기도회에서 다음 구절을 낭독했습니다.

"마치 독수리가 자기의 보금자리를 어지럽게 하며 자기의 새끼 위에 너풀거리며 그의 날개를 펴서 새끼를 받으며 그의 날개 위에 그것을 업는 것 같이 여호와께서 홀로 그를 인도하셨고…"(신 32:11-12).

5월에는 헨더슨 가족이 휴가를 떠났습니다.

7월 6일. 1주일 동안 홍수가 있었습니다.

7월 17일. 우리는 소래 해변을 향해 출발해서 19일에 도착했습니다. 언더우드 가족이 그곳에 와 있었고, 만주에서 온 덴마크 선교사들이 몇 명 있었습니다. 해변에서 우리는 죄수 취급을 당했습니다. 경찰의 허가나 호위가 없이는 자동차든 배든 해변을 떠날 수가 없었습니다. 우리는 심문을 받았으며, 해변을 떠나는 사람들은 아주 철저히 수색을 당했습니다. 만년필의 뚜껑에 종이가 있는지 확인하였고, 바지의 아랫단도 수색했으며, 안경집 같은 모든 사소한 것들까지도 철저히 수색했습니다. 카메라는 밀봉했고, 책 몇 권과 사진을 압수당했습니다. 마을에는 일본인 경비가 보초를 서면서 매일 우리의 동정을 확인했습니다.

7월 25일에 미국은 국내에 있는 일본의 모든 자산을 동결시킨다고 발표했고, 다음날인 7월 26일에 서명이 이루어졌습니다. 일본인들은 즉시 보복을 했습니다. 그날 부로 (한국을 포함한) 일본 제국에 거주하는 미국인들은 일본의 어느 은행에서도 엔화를 인출할 수 없었고, 달러나 외국 수표를 환전할 수도 없게 되었습니다.

7월 28일, 일본의 관보에 실린 법령은 재산의 취득과 처분을 금지시켰습니다.

일본으로 오는 공급품은 1940년 1월 26일 미국과 일본 사이의 무역 협정이 만기되면서 서서히 줄어들었습니다. 이 협정은 1911년에 처음 이루어졌던 것입니다. 1940년 7월 2일 국회는 면허 없이는 특정 물품을 수출할 수 없도록 하는 수출 조정안을 통과시켰습니다. 이날 이후로 1941년까지 여러 개의 대통령 선언이 계속 공포되었고, 면허를 필요로 하는 물품이 점점 더 늘어났습니다. 또한 특정 전략적인 물품들은 일본으로 수출하는 것 자체를 막았습니다. 7월 31일에는 비행기 연료의 수출을 서구의 나라들에만 허락하겠다고 공포했습니다. 9월 26일에는 10월 16일부터 모든 종류의 강철과 고철은 서구와 영국에만 수출을 허락할 것이라고 공포했습니다. 12월 10일에는 12월 30일부터 모든 철광석, 선철, 합금철, 강철과 고철 생산자들은 서구와 영국을 제외한 모든 나라와의 거래를 금지한다고 공포했습니다. 다른 나라로의 수출은 오직 전쟁 이전에 거래하던 양만큼만 허락되었습니다. 1941년 7월 26일의 동결 명령은 미국과 일본 사이의 모든 무역 거래를 중지시켰습니다.

8월 24일. 태풍.

대략 8월 26일쯤 쿡이 서울에서 모임을 가졌던 실행위원회의 결과를 전해 주었습니다. 그 내용은 현재 상황을 고려할 때 우리를 미국으로 돌아가도록 하는 것이 좋겠다는 재촉이었습니다. 우리는 보초병에게 철도까지 이동할 수 있는 이동 수단을 부탁하고, 8월 27일에 소래 해변을 떠날 수 있도록 짐을 꾸리기 시작했습니다. 쿡 부인, 해리, 해리 주니어와 나는 기차를 타고 억지로 좁은 화장실의 바닥에 앉아 이동해야 했는데 문 밖에는 보초병이 서 있었습니다. 대구에 도착하여 폴라드 교장과 버그만 양 그리고 헨더슨 부인이 세계 여성 기도의 날에 참여하기 위해 이미 상하이로 떠났다는 사실을 알게 되었습니다.

  1940년에 대구로 전임되었던 간호사 샤록스(Ella Sharrocks, R. N.) 양과 우리는 1941년 9월 14일에 제물포로 떠나며 플레처 박사 내외와 아담스와도 이별을 했습니다.

[*CHB*, 515쪽]

7. 헨더슨의 귀국

헨더슨, 미국에서, 1941년 6월 3일

친애하는 후퍼 박사님께

대구를 떠나기 전에 당신께 편지를 드리고 싶었지만 우리가 떠나는 날까지 학교 업무가 계속되어 귀국하면서 편지를 쓸 수밖에 없게 되었습니다.

작년 가을에 대구에 도착하자마자 저는 학교 이사회를 소집하여 제 '마지막' 사임서를 제출했습니다. 얼마 후 저는 비공식적으로 지역 학무국장을 찾아가 제가 교장직에서 사임한다는 사실을 알렸습니다. 대화를 나누면서 제가 책임을 지고 있는 동안은 총독부가 우리 학교를 기독교 학교로서 기독교 중심의 교육 방침을 가지고 계속 운영할 수 있도록 할 의사가 있다는 사실을 분명히 했습니다. 하지만 제가 사임한 이후에는 '종교와는 별개의 사람'을 교장으로 임명하게 될 것이라고 했습니다.

기독교 학교에는 기독교인 교장과 교사들이 필요합니다. 그래서 시작된 갈등이 3월 말까지 계속되었습니다. 저는 이사회와 직접적으로 일했습니다. 우리는 첫 번째 조치로 총독부에 한국인 목사를 교장으로 추천했습니다. 이 사람은 교육에 관련된 경험은 없지만 총독부 내에 인맥이 있었습니다. 우리의 목적은 학교 운영을 기독교 정신으로 끌고 가도록 하는 것이었습니다. 동시에 목사의 아들인 한 젊은 기독교인을 신명여학교의 교장으로 추천했습니다. 2월 28일에 신명학교의 교장은 승인되었지만, 계성학교의 교장으로 추천한 목사는 자격이 부족하다는 이유로 거절당했습니다. 총독부는 우리의 추천을 거부하면서 과거에 공립학교에서 오랫동안 교장으로 재직했던 한 일본인을 교장으로 추천했습니다. 물론 이 사람은 기독교인이 아니었습니다. 그들은 이 일본인의 급여를 정했고, 교육청이 그의 취임을 승인할 것이라는 것이 확실해졌습니다.

이 일로 말미암아 우리는 낭패를 당하게 되었습니다. 그 추천은 명령이나 마찬가지여서 그것을 받아들이지 않는 것은 곧 불복종하는 것이기 때문입니다. 우리는 차분하게 반대의사를 전했지만 학무국장은 엄청나게 분노했습니다. 제가 다른 일로 총독부 사무실에 들렀다가 학교 담당 감찰부장을 만났는데, 그가 잠시 교육부 사무실로 와 달라고 요청했습니다. 사무실로 갔더니 교육부 사람들 모두가 저를 면접하기 위해 기다리고 있었습니다. 그들은 자신들이 내세우는 교장을 소개시켜 주었습니다. 저는 매우 공손하게 학교의 설립 정관과 노회가 학교 재산의 소유주라는 사실이 담긴 정관을 환기시켰습니다. 간단히 말하자면, 그들이 계속해서 기독교인이 아닌 사람의 손에 학교를 맡기고자 한다면, 그것은 학교의 뿌리를 자르는 것과 다름없으며 계성학교가 문을 닫는 것이라고 주장했습니다. 학무국장은 매우 화를 내며 다소 심한 말을 내뱉은 후에 무거운 발걸음으로 사무실에서 나가 버렸습니다.

이 일이 있고 난 후 특별 협상 기간이 시작되었습니다. 제가 뒤로 물러나면서 우리 측 이사 몇 명이 정기적으로 주요 관리들에게 부탁을 하고, 다른 이들에게는 저녁식사에서 유흥을 제공하여 학무국장에게 압력을 가했습니다. 마침내 학무국장은 우리 이사회의 대표를 불러들여 총독부는 추천을 철회할 것이니 이사회가 적임자를 선택하여 즉각 추천하라고 했습니다. 이번에 우리는 좋은 사람을 마련해 두었습니다. 기독교 가정에서 잘 교육을 받은 교육자이자 강한 남자를. 그의 신청서는 3월 28일에 제출되었고, 허가서는 5월 10일에 나왔습니다. 새로운 교장의 이름은 가네코입니다. 그의 한국 이름은 김 씨입니다.[36] 신명학교의 교장은 오야마이지만, 한국 이름은 이 씨입니다.[37]

우리는 16일에 대구를 출발하여 휴가를 떠나기로 예정되어 있었으나 증기선이 지연되어 21일에 떠났습니다. 그래서 우리는 일주일 동안 가네코 씨에게 학교 업무를 인계하고 그의 배경에 대해서도 들을 수 있었습니다. 그는 지금까지의 교과 과정을 이어받아 참된 기독교 학교를 만들어 내겠다는 결심을 재삼 반복했고, 우리는 그가 이 일을 해내리라 믿습니다.

---

36) 역주-그의 본명은 김석영(金奭榮)이다. 그는 한국 선교회와 미국 선교회의 신망이 두텁던 송창근 목사의 추천으로 1941년 5월 3일, 37세의 나이로 교장직에 취임했다. 함경북도 출생으로 1934년 3월 경응의숙(慶應義塾) 교육학과를 졸업했으며, 당시에는 진주사범학교에 재직 중이었다. 그러나 그는 결국 친일로 변절하여 아침 조회 때마다 학생들로 하여금 궁성요배를 하게 했다. 해방이 되는 날 도망치듯 대구를 떠났다. 『계성백년사』, 143.

37) 역주-그의 본명은 이규원으로 1940년 2월 28일에 취임했다. 그러나 한국전쟁이 끝난 이후 혼란스런 틈을 타 학교의 소유권을 주장해 결국 학교가 신명과 남산으로 나누어지는 분규를 겪었다. 『신명백년사』, 208-219.

저는 대구를 떠나면서 학교의 '설립자'로서 사임장을 제출했지만, 이에 대한 총독부의 승인은 떠나는 날까지 나오지 않았습니다.

이사회에서는 저를 명예교장으로 추대하기로 결정하여 모든 이사회 회의에 참여할 수 있는 특권을 누릴 수 있게 되었습니다. 그들은 제 책상을 종교 교실에 두었고, 빠른 시일 내로 돌아와 이 분야의 교육 과정을 맡아 달라고 강권했습니다. 휴가가 끝나면 돌아가고 싶은 마음이 강하게 듭니다.

병원들은 그 어느 때보다 활발히 운영되고 있고, 노방전도를 하는 것도 가능합니다. 선교사들은 대구에서 가까운 여러 교회로부터 설교를 해 달라는 요청을 자주 받지만, 우리 교회에는 이제 더 이상 진정한 권위를 가진 선교사가 없습니다. 지금은 변화의 시기이며 새로운 날, 즉 진정한 복음의 날이 다가오고 있습니다. 교회는 준비를 하고 있으며, 우리 또한 준비된 상태로 기다리고 있습니다.

안부를 전하며

(사인) 해롤드 H. 헨더슨

추신. 가네코 씨의 취임을 허가받으면서 우리는 종교교육이 지금처럼 계속될 수 있다는 약속도 받았습니다. 문제는 성경 공부와 예배가 일본어로 진행되어야 한다는 것입니다.

[CHB, 514쪽]

8. 마지막 설교

헨리 먼로 브루엔, 1941년 9월 14일 일요일

이임예배의 개요[38]

"그들이 주의 크신 은혜를 기념하여 말하며 주의 의를 노래하리이다"(시 145:7).

찬송가 :
45장 "만유의 대왕"
177장 "겸손히 주를 섬길 때"
172장 "우리 조상들의 믿음"

성구 : 성시집 No. 11(시 145편)

---

38) 역주-이는 예배를 위한 메모로 보인다. 따라서 설교 내용은 키워드를 통해 짐작할 수밖에 없다.

성경 구절 : 시편 103편, 27편, 로마서 8장 31-39절

머리말 :

1. 이와 같은 때에
   (1) 현재의 어려움에 대해 너무 걱정하지 말라.
   (2) 우리가 사랑하는 한국인 교회가 당면한 어려움에 대해 생각하지 말라.
   (3) 그보다 주님의 선하심을 기억하라.

2. 42년 후
   (1) 신명기 8장 2절. 주님께서 계속 이끌어 주셨음을 기억하라.
   (2) 신명기 32장 7절. 옛날을 기억하라(아마 지난 일요일).
   (3) 열왕기상 16장 12절. 생각도 못 한 기적을 베푸신 것을 기억하라.

기억 :

1. 이사야 : 선이나 악에 노출된 감광 필름
   (1) 위안과 영감을 이끌어 낼 수 있는 창고
   (2) 고통-벗어날 수 없는. 욕심-살인자. 귀신들이 깨어 있는 시간

2. 그 장소와 사용
   (1) 성장의 수단

(2) 지식과 경험의 창고
(3) 미래를 추측해 볼 수 있는 근거. 시편 63편 7절: "주는 나의 도움이 되셨음이라 내가 주의 날개 그늘에서 즐겁게 부르리이다."
(4) 경고
(5) 위안

3. '주의 크신 은혜'에 대해 감사하고 표현해야 할 분명한 이유
(1) 상냥한 성품을 가진 사람들
(2) 복음을 향해 열려 있는 문
(3) 훌륭한 친목-선교회 내에서
(4) 한국 교회를 짓는 데 기여한 것
  a. 1899년에 왔을 때 이곳에 교회는 없었다.
  b. 2명에게 세례를 주었다.
(5) 훌륭한 한국인 친구를 여러 명 사귀었다.
  a. 4-5세대-미국보다 많다.
(6) 성경 공부 그리고 성경학교와 사경회에서 가르쳤던 일
(7) 한 장소에서 42년간 있었다.

[*CHB*, 517-518쪽]

9. 상하이로 잠시 피난

중국, 상하이, 1941년 10월 7일

친애하는 후퍼 박사님께

우리 선교사 자녀들에 대한 이사회의 거듭된 염려를 감사드립니다. 같은 맥락에서 저의 아들 해리를 생각해서라도 철수를 고려해 보라는 실행위원장 블레어의 집요한 재촉에 대해서도 감사합니다. 지금 막 휴가에서 복귀한 우리는 충분한 식량을 가지고 왔으며, 평양 외국인 학교의 폐교와 상관없이 기도하고 고민하고 하나님의 응답을 간구한 끝에 이곳에 남아야겠다고 생각했습니다.

그러나 마지막 실행위원회에서 우리와는 아무런 의논도 없이 우리 문제에 대해 특단의 조치를 취했기 때문에 우리는 순응하고 한국에서 철수할 수밖에 없게 되었습니다. 하지만 지금으로서는 그 어떤 행동도 성급히 취하기에는 주저됩니다. 특히 지금 선교회의 인원이 너무나 줄어들어 기지의 업무를 극소수가 감당해야 하기 때문에 당분간은 우리가 상하이에 머무르는 것이 좋을 것 같습니다.

이곳에서 한국인들과 함께 일할 기회나 다른 방법이 있다면 저는 기쁜 마음으로 그 기회를 활용할 것이지만, 아내와 아들을 이곳에 머물게 하고 저는 일찍 대구로 돌아가고 싶습니다. 우리는 아들 해리를 이곳의 영어 학교에 등록시켰는데, 학생들은 영국인과 유럽인 그리고 몇몇 미국인 등으로 약 250명입니다. 우리에게 딱 맞는 학교인 것 같고, 거리도 별로 멀지 않습니다. 우리는 이곳의 선교사 주택에 머물고 있는데 제 생각에 앞으로 몇 달은 여기에 머물 수 있을 것 같습니다. 상하이로 파견된 한국인 선교사들은 우리의 계획을 지지하고, 우리가 당장 미국으로 돌아가야 할 이유는 없다는 생각에 동의했습니다. 훗날 미국으로 돌아가는 것이 현명한 선택이라고 판단될 때가 오면, 그때는 그렇게 하겠습니다. 그러므로 지금은 우리의 여행 계좌를 동결시키고 연봉을 이곳의 회계 담당자에게서 받고 싶습니다. 또한 제가 조만간 대구로 갈 수 있게 된다면 또 다른 조치를 취할 수 있을 것입니다.

우리는 이 일과 관련하여 성실하게 주님의 인도하심을 구하고 있고, 오직 주님의 뜻에 따르기를 갈망할 뿐입니다.

진심만을 담아 보냅니다.
(사인) 헨리 M. 브루엔
[*CHB*, 518-519쪽]

10. 마지막 담판

블레어(Blair), 상하이, 1941년 10월 8일

친애하는 후퍼 박사에게

　마침내 기도의 날 관련 사안이 현재 일제 하의 한국에서 합리적으로 마무리되고 있었습니다. 한국 연합 선교위원회에서 물러나는 마지막 의장으로서 나는 평양 감리교 선교회의 버츠(Butts) 양과 쇼(Shaw) 부인에게 위원의 자격으로 2월 28일에 열릴 세계 여성 기도의 날을 위해 자료를 준비해 달라고 부탁했습니다. 폴라드 교장이 상하이에서 받은 영어로 된 행사의 계획표 복사본을 버츠 양에게 보내 주었습니다. 버츠 양은 규정에 위반된다고 생각되는 내용을 찾아 상당 부분을 지워버렸습니다. 또한 그녀는 특별히 주의를 기울여 복사본을 경찰 규정에 맞게 만들어 보내 달라고 인쇄소에 부탁했습니다. 경찰의 제재에 대응하기 위한 충분한 시간을 확보한 것입니다. 서울과 안동과 재령에서 교회 여성들에게 넘기기에 앞서 행사 일정의 복사본을 미리 경찰관에게 보여 주었습니다. 하지만 세계 기도의 날이 진행되던 날 이 모임을 막기 위한 엄청난 소동이 일어났습니다.

1941년 3월 2일에 앨리스 버츠 양이 28일간 감옥에 감금되었습니다. 남성 두 명과 여성 15명이 경찰에 끌려가 오랫동안 위협적인 심문을 받았습니다. 동시에 여러 선교사들 가정을 압수 수색했습니다. 전체적으로 남성 6명과 여성 21명이 경찰의 심문을 받은 것으로 드러났습니다. 또한 5월에는 관련자 대다수가 지방 법원으로 끌려가 재심문을 받았습니다. 들은 이야기로 추측해 보면, 제가 3월 19일부터 31일까지 대전 감옥에 감금되었을 때 겪었던 경험과 비슷한 것 같습니다.

　실제 심문은 이루어지지 않았습니다. 단순히 위협하고 호령하며 거짓말쟁이라고 부르는가 하면, 감옥에 가야 할 것이라고 했습니다. 결국 심문관은 화를 내며 일어나 벽에 의자를 집어 던지고 방을 뛰쳐나가 버렸습니다. 나중에 서기가 그를 따라 나갔다가 30분이 지난 후에 돌아오더니 나의 언어 사용이 미숙했음을 인정한다면, 나의 고집불통을 용서하겠다고 했습니다. 그리고 집으로 돌아가라고 했습니다. 사실 정부 내에서도 이 사건의 조사에 대한 반대가 있었다는 명백한 증거가 있습니다. 그러나 경찰과 아마도 군대가 너무나 권력을 많이 잡고 있어서 민간 정부는 자기네 외교부와 우리 국무부를 통해 이런 식으로 일을 무리하게 처리해 나가지 않을 수 없었던 것 같습니다.

　경찰 심문관들은 대체로 이렇게 주장했습니다: (1) 이 행사의 일정에 관한 복사본을 우편으로 발송할 수 있는 완전한, 그리고 합법적인 허가를 받지 않았다.(그렇다면 복사했다는 사실을 경찰에 알리지 않은 것이 가장 큰 위법인데, 정작 복사를 한 사람은 왜 체포하자마자 곧바로 풀어 주었을까요? 뇌물을 받았다는 소문이 돌았지만 그에게 정말 죄가 있었다면 그건 말도 안 되는 것 같습니다.) (2) 정부에서는 전쟁터에 나가 있는 군인들을 지원하라고 강조하고 있는데 기도의 날 행사는 평화를 촉진했다. (3) 주님의 왕국이 건립되기를 바라는 기도는 일본 제국 정부의 영광에 반대되는 내용이었다. (4) "그런즉 너희는 먼저 그의 나라와 그의 의를 구하라"라는 기도가 한국의 독립을 부추겼다. (5) "자기 나라의 이익을 먼저 생각하느라 다른 나라들은 상처 받고 도움을 받지 못했다"라는 신앙고백은 전쟁 중에 있는 일본을 비하한 것이다. (6) 기도의 날 행사에 국제주의가 포함되었다. (7) 프로그램이 상하이에 있는 반동적인 여성들에게서 온 것이다. 그리고 마지막으로, (8) 2월 28일은 1919년 3월 1일의 독립운동을 기념하는 날의 전날이었다.(이런 추측들은 지금까지 제가 본 것 중 일본 정권을 비하할 수 있는 가장 명백한 근거가 됩니다. 위에 언급된 모든 것이 일본 법에 반한다면 해가 돋는 땅 일본에서 기독교 선교회가 할 수 있는 일은 많지 않습니다.)

여러 가지 일들이 일어나고 있었습니다. 7월 4일 영사관에서 저는 마시(Marsh)에게 이런 말을 들었습니다. 또한 그의 말은 영사관의 또 다른 사람에게서도 확인된 내용입니다. 조선의 총독이 기도의 날에 대한 보복으로 우리 선교회에 합당한 대가를 요구하기로 결심했다는 것입니다. 그는 우리가 재판을 받든지 조선을 떠나야 할 것이라고 말했습니다. 기도의 날 행사를 지휘했던 우리 몇 명의 참여자들보다 더 많은 사람이 관련될 것이라는 인상은 보이지 않았습니다. 이는 7월 4일 이전에 이미 마시가 사태를 어느 정도 알고 있었다는 말이 아니겠습니까?

그리고 당신의 첫 전보가 도착했습니다. 제 모든 서류를 조선에 두고 와야 했기에 인용을 할 수가 없습니다. 당신은 영사와 워싱턴의 일본 대사의 회담이 있었다고 발표했습니다. 과도한 요구를 해 왔다고 언급했더군요. 또한 이 사건은 그 지역의 실행위원회에 맡겨야 할 일이라고 말했다는 사실도 언급했습니다. 그리고 우리에게 특별히 건강을 조심하고, 다른 일에 대해서도 신중하라는 말도 남겼습니다. 나는 이 전보를 대구의 경찰에 제시하고 실행위원회를 열기 위해 서울에 갈 수 있도록 해 달라고 요청했습니다. 제 요청은 거절당했습니다. 8월 중에 외국인들은 거의 철도를 이용할 수 없었습니다. 소문에 의하면 러시아가 서쪽 전선에 다다르는 즉시 시베리아를 공격할 수 있도록 병력을 만주로 이동시키고 있다고 했습니다. 실제로 우리는 집에서 8월 내내 가택 연금을 당하고 있었던 것입니다. 우리 집에서 일하는 하인들마저도 경찰의 정보원 노릇을 하며 집 안에서 일어나는 일을 전부 보고해야 했습니다. 방문자들도 허락되지 않았습니다. 그래서 우리는 철도가 어떻게 되었는지 알 수가 없었습니다.

이 사건은 이제 실행위원회가 정부의 요구에 반응을 할 것인가 하지 않을 것인가의 문제로 바뀌었습니다. 우리에게 이 질문은 다음과 같았습니다. "당신네 선교부의 실행위원회는 선교회 소속 11명의 회원들을 조용히 물러나게 하시오. 그리하여 두 나라 사이에 심한 갈등이 빚어지고 있는 지금 화해할 수 있도록 하시오. 그렇지 않고 이 나라의 관리들, 특히 군대와 경찰을 무시하고 11명이 재판에 서게 한다면 경찰이 가지고 있는 의혹, 즉 전쟁 중에 선동한 죄를 제기하지 않을 수 없을 것이고, 현재의 나쁜 상황도 법정이 내리는 결정에 영향을 끼치지 않을 수 없을 거요."

이틀간의 회의 끝에 결국 그들은 포기했고, 경찰은 모든 위원들을 서울로 에스코트했습니다. 회의는 8월 18일부터 20일까지 진행되었습니다. 처음에 우리는 전반적인 상황을 위원회에 설명했고, 위원회는 정부를 상대하게 될 위원회의 대표자로 나와 밀러(Miller) 박사와 라이너(Reiner) 박사를 뽑았습니다. 우리는 진술서 한 장을 준비했는데 거기에는 위원회가 철수를 권유하도록 고려하겠다는 조건을 담았습니다. 우리가 이것을 제출했더니, 그들은 몇 가지 이의를 제기하고서는 수정안을 마련하라고 하며 위원회로 다시 돌려보냈습니다. 그들 또한 우리의 제안을 가져가 하룻밤 동안 심사숙고했습니다. 둘째 날 아침, 우리가 다시 외교부로 들어갔을 때 우리는 완전히 새로운 제안을 받았습니다. 거기에는 '잘못된 행위'라고 자백하는 내용에 서명하는 것도 포함되어 있었습니다.

공정한 재판이 이루어져 유죄로 판결되기 전에 이런 자백을 하는 것에 대해 우리는 누구도 동의하기 어렵다고 이의를 제기했습니다. 나는 이 상황에서 유일하게 취할 수 있는 입장을 설명했습니다. 이런 서류에 서명도 하지 않을 것이며, 실행위원들에게도 승인을 요청할 수 없고, 관련된 그 누구에게도 사인하라고 권유할 수 없을 뿐만 아니라 재판이 진행되어야 할 것이라고 했습니다. 밀러 박사와 라이너도 비슷한 태도를 보였고, 전반적인 토의가 이어졌습니다. 한 시간 동안 매우 까다로운 토론이 계속되고 난 후, 그들은 지시를 받고 돌아왔습니다. 사소한 것들을 양보하는 대신, 말할 것도 없이 우리가 그들 관련자들을 떠나도록 설득하는 데 동의하라는 내용이었습니다.

그들은 우리 실행위원회와 직접적인 갈등을 빚고 싶지도 않았고, 열한 차례의 매우 부끄럽고도 세계의 주목을 받는 재판을 치르고 싶지도 않았던 것입니다. 그들은 좋은 그물망을 쳐서 가장 효율적으로 고기를 잡고자 했던 것이고, 우리는 결국 그 그물에 걸려든 것입니다. 그래서 하나하나 요구사항을 바꾸어 나가서 결국 '기소'라는 단어를 '혐의'라는 단어로 바꾸었고, '잘못된 행위'라는 표현 또한 '의혹'으로 바꾸었습니다. 그리고 나라를 떠나는 사람들의 사유는 '특별 휴가'로 합의했습니다.

실행위원회와 정부가 최종 합의한 진술문은 다음과 같습니다.

_____의 진술서

저는 세계 여성 기도의 날과 관련하여 '조선의 유해 출판물 임시관리법'을 어겼다는 의혹을 받게 된 것을 유감스럽게 생각하며, 특별한 배려로 제게 너그러운 대우와 미래에 취하게 될 행동에 대해 경고를 준 데 대해 깊이 감사드립니다.
저는 지금 부로 이런 의혹을 피하기 위해 더욱 조심할 것을 약속하며, 특별 휴가로 모국으로 돌아갈 것을 약속합니다.

사인 _____ 날짜 _____

조선의 검사 귀중, 경성, 조선

정부의 요구와 군부의 힘을 빌린 경찰의 위협으로 말미암아 우리는 재판 절차도 없이 이렇게 국외 추방을 당하게 되었습니다. 나는 끝까지 버틸 것이라고 말했었습니다. 하지만 결국 순응하는 것이 훨씬 현명한 선택임이 분명해졌습니다. 기독교인으로서의 양심을 버려야 할 고백이 요구된 것이 아니었으므로 쉬운 일이었습니다.
떠나는 것은 언제 하더라도 힘들었을 것입니다. 하지만 주위에서 계속되는 전쟁에 대한 위협이나 우리가 처한 강제 수용소와 같은 이 치욕적인 상황이나 모든 것을 '얼어붙게' 만드는 전쟁의 보복으로 인해 우리가 직면하게 된 피해 그리고 지난 수십 년간 사랑으로, 믿음으로 봉사해 준 한국인들에게조차 첩자로 내몰리면서도, 경찰이 서둘러 우리를 자신들의 영역에서 쫓아내려고 했지만 우리는 웃어넘기고자 했습니다. 우리가 참으로 유감으로 생각하는 사실은 한국인 기독교인 친구들이 남아서 전쟁을 통해 부활하는 이교도의 폭력 앞에서 고개를 숙여야 한다는 사실입니다.

[*CHB*, 510-513쪽]

11. 뒤치다꺼리

에드워드 아담스, 조선, 대구에서, 1941년 10월 14일

친애하는 브루엔 가족에게[39]

한참을 생각했습니다. 너무 바빠 편지를 쓸 틈이 없는 데다 제 편지가 도착하기 전에 당신께서는 이미 출항했을 것이라고 생각되어 쓰지 못하고 있었습니다. 하지만 최근에 듣기로 아직 출항하지 않으셨다고 하니 제 마음이 다시 움직이기 시작했습니다. 어찌되었든 당신은 저에게로부터 편지를 받아내는 데 성공했습니다. 제게 지금 편지의 서론을 작성할 시간이 5분밖에 없습니다. 선교단지로 가서 당신 집과 베타하우스와 헛간 지붕을 검사해 주기로 한 지붕 수리공과의 약속을 지키고, 은행 업무를 끝낸 후에 이 편지를 계속 쓸 작정입니다. 그러니 지금은 시간이 없네요. 그럼 잠시만!

돌아왔습니다! 지붕 수리공이 비용을 어림잡아 제출할 것이고, 기지

---

[39] 역주-대구에 남아 있는 제임스 아담스 박사의 아들 에드워드 아담스가 상하이로 떠난 브루엔 가족에게 보낸 편지이다.

의 승인이 떨어지면 계약이 성립될 것입니다. 어디서 들어본 이야기인가요? 서울에 있을 때 여러분으로부터 엽서 세 장과 쪽지 하나가 도착했고, 그 이후로 상하이에서 부 선생이 보낸 편지 그리고 마 선생이 보낸 엽서 한 장이 도착했습니다.[40] 맞나요? 오늘 오전에 이 편지를 쓰기 위한 노동을 준비하느라 소매를 걷어붙이고 있을 때 브루엔의 편지가 배달되었습니다. 아직은 당신의 집을 완전히 처리하지 못했습니다. 침실 가구를 창고로 옮기고, 거실 의자 몇 개는 다른 데로 치웠습니다. 그런데 일을 끝내기 전에 누가(말할 것도 없이 일본인들이다.) 이곳에 침입해 모든 것을 뒤집어 놓았습니다. 우리가 알기로는 아무것도 도난당하지 않았습니다. 운이 좋게도 다락방은 뚫리지 않았습니다. 모든 것을 엉망으로 만들고 이것저것 끄집어내어 흩어 놓았습니다. 액자들은 벽에서 떨어져 나와 깨져 있었고, 전기 고정대도 벽에서 뜯겼습니다. 자동차도 억지로 열었던 흔적이 있었고, 앞좌석은 갈기갈기 찢겨 있었으며, 전조등은 박살이 났습니다. 다락에 있던 감자들은 균일하게 3등분되어 있었습니다. 이후에 플레처네 식구들과 저는 내년 봄에 사용할 씨감자를 추려내느라 큰 고생을 해야 했습니다.

어제까지만 해도 아주 따뜻했습니다만 지금은 갑작스럽게 매서운 추위가 닥쳤습니다. 지금 제 옆에는 기름 난방 장치가 있어서 이 방은 매우 따뜻합니다. 당신이 떠나고 난 이후의 시간이 너무 빨리 흘러갔습니다. 시간은 흐르지만 일처리는 진전이 없어 해결이 되지 않습니다. 허가를 받아 내야 하는 일들도 많고 풀어야 할 관료적 절차도 많은 데다가 호출도 많습니다. 저는 아주 예쁜 고리장 하나를 잃어버렸습니다.

---

40) 역주-부 선생은 브루엔의 한국명인 부해리를 가리키고, 마 선생은 마포삼열이라는 한국명을 가졌던 사무엘 마펫으로 짐작된다.

안동에 여행을 한 번 간 적이 있습니다. 옆집에 사는 친구에게 이틀 전에 미리 이야기를 해 두었는데, 이 친구는 분명 기억력이 안 좋은 듯합니다. 그래서 저는 제대로 알지도 못한 채 떠났습니다. 매우 바삐 지낸 3박2일 일정이었지만, 거기서 꽤 즐거운 시간을 보냈습니다. 저는 크로더스(Crothers)의 침실에서 조지의 전기난로(아직 전기는 끊기지 않았습니다.)를 이용해 직접 음식을 요리했습니다. 하지만 제가 돌아오니 그들은 두 번이나 찾아와 매우 야단을 쳤으며, 또 한 번은 시내로 불러가 세 번째 잔소리를 들어야 했습니다. 남장로교 선교회 소속의 루트(Root) 양이 '주사'를 맞히기 위해 고아 한 명을 데리고 왔고, 청주에서는 밀러 부인과 미니(Minne C. Davie)가 왔습니다. 서로가 만날 것이라는 사실을 모른 채 같은 기차로 왔습니다. 둘 다 하루 일찍 오려고 계획했는데 연착이 되었다고 했습니다. 루트 양은 여기서 3~4일 머물렀고, 다른 사람들은 며칠 더 머물렀습니다. 그때의 만남이 우리가 매우 친해질 수 있는 계기가 되었음은 말할 필요도 없습니다.

해리 주니어야, 너의 새끼 카나리아는 이제 좀 통통해졌단다. 하지만 무척 외로워 보이는구나. 카나리아에게 속삭이며 위로를 해 보려고 하지만 별로 효과가 없어 보이네. 너의 강아지 티피가 네가 떠난 후 플레처네 집 주변을 며칠이나 돌아다니기에 나는 그들이 키울 것이라 생각했지만 비서가 찾으러 왔었나 보더라. 나의 개 스키직스는 잘 지내고 있단다. 그러니까 노이이 잘 지낼 수 있는 만큼 말이야. 렉스는 하루가 다르게 자라고 있으니 머지않아 훌륭한 녀석이 될 것 같구나.

선교단지는 마치 유령들이 거주하는 것 같습니다. 그곳을 갈 때마다 빈 집들에 적응을 할 수가 없습니다. 금방이라도 사람들이 나와 걸어 다닐 것이라고 착각을 합니다.

해리가 다닐 학교를 찾게 되어 다행입니다. 상황이 허락하여 상하이보다 더 멀리 가지 않아도 된다면, 그것은 좋은 선택일 듯합니다. 제가 보기에는 상황이 악화되거나 좋아질 확률은 5 대 5인 것 같습니다.

계성학교가 35회 개교기념일을 축하하고 있습니다. 우리, 그러니까 플레처 가족과 저는 토요일 저녁 시공관에서 열린 음악회에 갔었고, 내일도 또 무언가가 있을 것입니다.

사람들은 여전히 우리에게 친절하고, 우리를 만날 때면 눈물 한두 방울로 그들이 우리가 처한 상황에 대해 어떻게 생각하는지를 알려 줍니다.

친구들 모두에게 제 마음을 전해 주십시오. 제 능력과 용기가 바닥나지 않는 한 그들 각각에게 편지를 보낼 것입니다. 새로운 법안들로 인해 20일부터는 서신 왕래가 부쩍 힘들어질 것 같습니다. 어제는 모세가 40박 40일을 혼자 있었지만 주님께서 함께하셨으므로 혼자가 아니었다는 글을 읽었습니다. 바라건대 이 40일의 시간이 제가 견뎌 내야 할 시간에 대한 예언이라면 괜찮습니다만, 그동안 모세가 금식했다는 사실조차 저에게 해당하는 예언은 아니기를 바랍니다. 그러나 모세는 그 기간 동안 좋은 시간을 보낸 듯하였고, 모든 일이 끝난 후 그의 얼굴은 광채로 빛이 났습니다.

애정을 담아
(서명) 에드워드 아담스
[CHB, 519-521쪽]

제5장 집으로

1. 피난선을 타고

클라라 헤드버그

　　1941년 9월 19일은 우리가 사랑하는 한국인 친구들과 작별인사 한 마디 나누지 못하고 떠나야 했던 슬픈 날이었습니다.
　　저녁을 먹은 다음에 우리 집 요리사가 내게 말했습니다. "부(傅) 목사님! 사모님과 함께 서재가 있는 문 밖으로 나가시다가 잠시 멈춰 서서 왼쪽 길을 보십시오. 거기에 누가 목사님을 만나기 위해 기다리고 있을 것입니다. 멈추거나 이야기할 생각을 마시고 곧장 오른쪽으로 돌아서 부엌문으로 다시 들어오십시오. 그들은 목사님에게 말을 걸 생각을 하지 못할 것입니다. 그러나 그들은 목사님의 많은 한국인 친구들이 목사님을 위해서 기도하고 있으며, 또 목사님이 곧 돌아오시기를 기다리고 있다는 사실을 알리고 싶어 할 것입니다." 왼쪽 길에 서 있던 사람들은 경북에서 제일 처음 예수를 믿은 김기원 목사 부부였습니다. 한국 사람들은 일본 경찰로부터 우리와 접촉하지 말라는 지시를 받고 있었던 것입니다.
　　다음날인 9월 20일 아침에 에드워드 아담스는 우리를 기차역까지 태워다 주었습니다. 플레처 박사 내외는 자기들 차로 간호사인 샤록스

(Ella Sharrocks, R. N.) 양을 태워다 주었습니다. 대구역으로 가는 큰길가에는 많은 교인들이 몰려나와 있었습니다. 남자와 여자와 아이들이 가게 안을 들여다보는 척하면서 우리가 지나가는 것을 흘깃흘깃 돌아보았습니다. 이것은 그들이 당시에 할 수 있었던 유일한 작별인사법이었습니다.

그날 저녁 우리는 서울에 도착했습니다. 다음날인 9월 21일 아침에는 제물포로 향했습니다. 제물포에서 짐을 검사받고 중국 상하이로 떠났습니다. 그곳 직원의 안내로 선교관에 임시 숙소를 정했습니다. 그곳은 영국인 부인이 임시 숙소가 필요한 기독교 사역자들을 위해 운영하고 있었습니다. 한국에서 도착한 장로교 선교사들은 26명이었습니다.

우리는 즉시 미국으로 떠날 수 있기를 기대했지만 더 이상 미국 배가 상하이에 오지 않는다는 것을 알게 되었습니다.

우리는 운 좋게도 외국인 아이들을 위한 영어 학교에 해리 주니어를 입학시킬 수 있었습니다. 블레어와 브루엔은 초청을 받아 몇몇 단체에서 설교를 할 수 있게 되었고, 한국에 방송을 할 수 있는 기회도 얻게 되었습니다. 아주 극소수의 한국인들만이 라디오를 들을 수 있을 뿐이었습니다. 1941년 10월 12일 방송을 블레어와 브루엔이 담당하게 되었습니다. 이때 브루엔 목사는 다음과 같이 기도했습니다.

아버지 하나님! 이 땅의 모든 나라와 백성들에게 자비를 베풀어 주옵소서! 많은 이들이 위험과 죽음과 파괴를 당하고 있습니다. 악을 도모하는 모든 세력들을 막아 주시고, 모든 선한 노력에 힘을 더하여 주옵소서. 모든 사람들이 예수 그리스도를 통해서만 생명과 평화가 온다는 사실을 깨닫게 하여 주옵소서! 우리는 이 멋진 도시, 고통 받는 많은 이들 그리고 궁핍한 인류를 위하여 기도드립니다. 오늘 당신이 선포하신 진리를 축복하소서. 사람의 어리석음과 잔학성은 명백한 사실이므로 이 모든 것이 하나님 아버지께 회개하고 복종함으로 그의 진정한 자녀가 되게 하소서. 비할 데 없는 예수 그리스도의 이름으로 기도합니다. 아멘.

우리는 회원들이 인도하는 기도회를 가졌습니다. 킨슬러(Marine Kinsler) 양은 야고보서 1장 2-4절, 5장 7-11절과 함께 인내심의 필요성에 대해 이야기했습니다. 크로더스(John Y. Crothers)는 구원의 계획에 대하여 증거하였고, 헨더슨(Helen Henderson)은 그리스도의 삶을 예로 들면서 "나는 어떤 일이 닥쳐도 믿을 것이다. 나는 모든 것을 이겨 내고 그를 믿을 것이다"라는 말씀을 인용했습니다. 세계 여성 기도일에 한국 여성과 함께 프로그램을 번역하다 적발돼 감옥에 수감되기도 했던 앨리스(Alice) 양은 환난에 처했을 때 함께하시는 하나님을 만났던 사실에 대해 말했습니다.

그리고 우리는 마닐라로 떠나 거기서 미국으로 가는 증기선을 타는 것이 좋겠다는 충고를 받았습니다. 결국 1941년 10월 30일에 D'Artagnon이라 불리는 프랑스 배를 타고 상하이를 떠나 3일 후에 마닐라에 도착했습니다.

폴라드 교장과 버그만 양과 우리 모두는 콩그레스 호텔에 묵었습니다. 항해 날짜는 정해져 있지 않았고 몇 주 걸릴 것이라 생각했습니다. 준비가 되면 출항 날짜를 통보할 것이라고 했습니다. 필리핀 선교부는 40명이나 되는 선교사들이 도착했다는 것을 알게 되었습니다. 일하는 데 영어가 필요하기 때문에 우리에게 남아서 일을 도와주기를 요청하기 시작했습니다. 자격 조건과 함께 일과 장소 등의 리스트가 나왔습니다. 하나둘씩 남기로 결정하면서 승객 탑승자 명단에서 우리는 자연스레 빠지게 되었습니다. 우리는 얼마 동안 여기에 머물기로 결정했는데, 그 이유는 남편이 가능한 한 한국과 가장 가까운 곳에 있기를 원했고, 또 그의 예전 학교 동창이 사는 필리핀의 휴양지 바기오(Baguio)에도 가고 싶어 했기 때문입니다.

우리는 작은 그룹을 만들어 기도했고, 결정이 필요할 때는 서로 의논했습니다. 내가 결혼하기 전에 폴라드 교장과 버그만 양과 함께했던 적이 있었으므로 우리 세 명은 보통 점심을 마치고 모여서 기도했습니다.

어느 날 버그만 양이 말했습니다. "오늘 아침에 조용히 앉아서 기도하는데 하나님께서 나에게 말씀하시기를, '나는 네가 이곳에 있기를 원한다. 이곳에 조만간 폭탄이 떨어질 것이다' 라고 하셨어요. 드디어 내가 기다려왔던 대답을 얻었어요."

폴라드 교장이 말했습니다. "당신이 명확한 대답을 받게 되어 정말 기뻐요. 하지만 나는 아직 결정을 고민하고 있어요."

의사는 나에게 병원에 가서 진단을 받아 보라고 했습니다. 왜냐하면 상하이에 있을 때 겪었던 고통이 재발했기 때문입니다. 그는 아마 맹장염일 수도 있다고 했습니다. 해리 주니어가 아빠를 대신해서 잘 보살펴 줄 것이고 폴라드 교장과 버그만 양도 있을 것이니 걱정은 없었습니다. 나는 병원에 가서 진단을 받았는데 검사 결과 다행히 맹장염은 아니었습니다.

해리와 해리 주니어는 바기오로 가고, 나는 몸이 좀 괜찮아질 때까지 여기에 있기로 결정했습니다. 오후에 그들이 바기오로 떠나기 전, 해리가 나를 보러 왔습니다. 우리는 기도를 마치고 호텔로 돌아왔습니다. 그날 밤 저녁식사를 마치고 조용히 의자 등받이에 기대고 앉아 몸이 좀 나아진 것에 대해 감사하고 있는데 갑자기 오른쪽 귀에 목소리가 들렸습니다. "너는 반드시 떠나라." 나는 놀라거나 겁먹지 않았습니다. 그 목소리는 명확하고 분명했습니다. 나는 묻거나 망설이지도 않고 바로 침대에서 일어나 간호사에게 전화기가 어디에 있느냐고 물었습니다.

나는 해리에게 전화를 걸어 우리가 미국으로 돌아가야 한다고 말했고, 스미스에게 연락해서 우리가 갈 수 있는 길에 대해 물어보라고 했습니다. 해리는 나에게 어떤 질문도 하지 않고 그냥 그렇게 하겠다고 했습니다. 그리고 나는 폴라드 교장을 병원으로 좀 보내 달라고 부탁을 하고 그녀와 버그만 양에게 내가 겪었던 그 경험을 이야기해 주었습니다.

해리와 해리 주니어는 바기오로 떠났고, 나는 배가 도착하면 바로 그들에게 전보를 보낼 작정이었습니다. 배가 곧 도착해서 출발할 것이라는 통보를 받고 당장 해리에게 다시 연락을 취했더니 그들은 우리가 떠나기 바로 전날 밤에 도착했습니다.

1941년 11월 27일, President Coolidge호는 헨리 넬슨 선장을 필두로 357명의 승객을 태우고 마닐라를 떠나 서쪽으로 향했습니다. 그 배는 President Line호를 개조한 U.S.A.T. Scott호와 함께 항해를 했는데, 중국에서 미군부대를 태워 미 해군 전함 U.S.S. Louisville호의 호위를 받고 있었습니다. 우리의 원래 멤버들 가운데 함께 배를 탄 사람은 킨슬러(Marian Kinsler) 양, 버츠(Alice Butts) 양, 델마터(Jean Delmarter) 양, 샤록스(Ella Sharrocks), 커빙턴(Hallie Covington), 헨더슨(Lloyd P. Helen Henderson) 부인 그리고 해리와 해리 주니어와 나였습니다. 우리는 남기로 결정한 친구들에게 작별의 인사를 고했습니다. 블레어는 승무원들이 모이는 교회에 초청되어 말씀을 전해야 했기 때문에 그 목회를 위해 좀 더 남아 있기로 했습니다. 하지만 불행히도 전쟁이 선포되었고 블레어 부부는 나중에 산토 토마스(Santo Tomas) 정치범 수용소에 억류되었다가 1945년 2월 20일 그곳에서 사망하고 말았습니다.

불명예스러운 날인 12월 7일, 우리는 산타크루즈(Santa Cruz) 섬과 엘리스(Ellice) 섬 근처에 도착했을 때 세계를 떠들썩하게 하는 뉴스를 들었습니다. 마닐라와 진주만이 일본에게 폭격을 당했다는 것입니다. President Coolidge호의 시간으로 마닐라가 폭격을 당한 시각은 정확히 오후 4시 45분이었습니다. 그 폭격 부대는 8도 22′ 남에서 171도 18′ 동에 있었습니다.

밤에는 정전이 되었고, 우리는 구명조끼를 제공받아 밤낮으로 입고 있어야 했습니다. 항해 방향이 계속 바뀌었고 우리는 지그재그로 장소를 바꾸며 옮겨 갔습니다. 휘황찬란했던 하얀 선박은 희미한 회색으로 다시 페인트칠이 되었습니다. 우리는 일본인이 방송하는 라디오를 들을 수는 있었지만 보안상 우리는 방송할 수가 없었습니다. 어느 날 일본인이 President Coolidge가 침몰되었다는 방송을 했지만, 선장은 이를 부인할 수가 없었습니다.

우리는 친구들과 우리와 관계된 모든 사람들이 어려움에 처해 있다는 것을 알고 있었지만 승객들은 침착했고 일상적인 선상 활동을 계속 이어 갔습니다. 예배는 매주 일요일에 행해졌고 많은 사람들이 매일 기도하기 위해 만났습니다. 1941년 12월 14일 일요일에 브루엔이 예배를 맡아 인도했는데, 시편 23편을 중심으로 말씀을 전하며 다음과 같이 기도했습니다.

오, 하나님, 그리고 인류의 아버지이신 당신 앞에 우리의 모든 마음을 엽니다. 우리의 소망을 아시오니 당신의 자녀들을 불쌍히 여기소서. 당신의 끝없는 사랑과 자비는 천국만큼이나 높고, 광대한 바다보다 넓습니다. 우리를 용서해 주시옵소서. 우리의 태만과 과오로 말미암은 죄를 위해 기도드리고 진실로 회개합니다. 아버지의 사랑 앞에 우리는 참으로 부끄럽습니다. 당신의 못난 자녀들을 대신하여 당신께서는 독생자 예수를 이 땅에 보내어 십자가에 못 박혀 죽게 하셨습니다. 이를 통해 우리를 다시 용서받게 하시고 다시 당신의 자녀로 삼으셨습니다. 이제 어떤 인종, 혈통, 언어도 하나님을 통해 구원받은 우리를 갈라놓을 수 없습니다. 우리의 구세주이시며 주님이신 예수 그리스도께로 온 자들입니다.

보이거나 보이지 않는 위험 속에서도 언제나 우리는 당신의 강력한 힘 아래 보호받고 있어 행복합니다. 당신께 비오니, 우리를 소망의 길인 안식처까지 잘 인도해 줄 선장과 그 외의 선원들에게도 축복을 내리소서. 우리의 안전을 걱정하고 있는 많은 친구들과 친척들에게 자비를 베푸시고 적절한 시기에 우리를 대신하여 그들의 기도를 채워 주시옵소서.

우리에게 주어진 세상의 모든 고통스러운 상황에 대해서 용서를 빌지 않고서는 우리는 당신의 은혜의 왕관에 감히 다가갈 수 없습니다. 힘을 통하여 권력과 지위를 차지하려는 사람들을 모두 실패하게 하시고 하나님의 뜻에 따라 노력하고 당신을 믿고 복종하는 이들에게 축복을 내려 주시옵소서.

우리를 지휘하고 보호해 주는 당신의 손이 우리 배를 지휘하는 사람들과 함께해 주시기를 간절히 부탁드립니다. 온 세상의 다투고 있는 모든 나라들이 조화를 이루며 살아갈 수 있는 길은 오로지 우리의 주님이신 예수 그리스도의 몸을 입고 오신 하나님의 길을 따라가는 것밖에 없다는 사실을 깨닫게 하옵소서. 그는 곧 길이고 진리이고 생명이며, 이 땅을 다스리러 오신 것이 아니라 섬기러 오신 분이며, 자신의 생명을 많은 이들의 몸값으로 대신하셨습니다. 매일의 고통과 슬픔과 죽음 속에서 희망과 안전과 행복이 사라져 버린 많은 가정들을 불쌍히 여기어 기억해 주옵소서. 이 모든 일들과 악으로부터 어서 빨리 행복한 일들만 가득할 수 있도록, 완벽한 중재자이신 예수 그리스도의 이름으로 기도합니다. 아멘.

호놀룰루에 근접했을 때쯤 선원들이 커다란 배 앞 갑판에 빨간색, 파란색, 하얀색의 별과 줄무늬 모양으로 페인트칠을 하는 것을 보고 감탄했습니다. 하지만 항구에서는 배 한 척도, 비행기 한 대도 우리를 맞이하러 나오지 않아 어리둥절해했습니다. 결국 비행기 두 대가 날아와 배 위에서 동그라미를 그린 후 돌아갔습니다. 호놀룰루에 도착하여 12월 7일에 있었던 진주만 공습에서 피해를 입은 광범위한 파멸 현장과 많은 사람들의 죽음을 보고 우리는 모두 슬픔에 잠겼습니다. 나중에 들은 이야기이지만 우리 배는 지그재그로 이동하던 중 예상보다 연료를 많이 소비해 기름이 부족하여 더 이상 가지 못할 뻔했다고 합니다.

우리는 진주만에서 생긴 125명의 부상병과 화상을 입은 군인들을 싣고 12월 19일에 샌프란시스코로 출발했는데, 그들은 일본 공습 때 피해를 입은 첫 번째 사상자들이라고 했습니다. S.S. President Coolidge호와 U.S.A. T. Scott호는 호송 사령선 Detroit의 호위를 받은 미 해군 수송선인 U.S.S. Reid와 U.S.S. Cummings에 의해 안전하게 호송되었습니다.

President Coolidge호에서 우리의 전용실은 선상 병원 바로 옆에 위치해 있었습니다. 엘라(Ella) 양과 나는 한국에서 온 간호선교사였기 때문에 부상병들을 간호하는 해군 간호사들을 자진해서 도와주었습니다. 오레곤의 살렘에 있는 윌라미트(Willamette) 대학교 축구 팀과 캘리포니아의 산호세에 있는 주립 사범대학의 축구 팀이 호놀룰루에서 승선했는데, 선수들도 이 부상병들과 승객들을 위로해 주었습니다.

크리스마스 이브에는 산타클로스가 모든 아이들에게 선물을 나누어 주었고, 승객들은 배의 음악 밴드가 준비한 콘서트로 즐거운 시간을 보냈습니다. 승객들은 부상 치료 중인 군인들을 위해 선물을 준비하기도 했습니다. 다음날 우리는 가장 멋진 선물을 받았는데, 그것은 드디어 미국에 안전하게 도착했다는 사실입니다. 우리는 1941년 12월 25일 아침 9시에 24시간 전부터 안개가 낀 험악한 날씨 속에서 금문교를 지나갔습니다. 우리의 심장은 감사하는 마음으로 가득했습니다.

바리케이드는 착검한 총을 든 군인들이 경비했는데 그들은 배가 도착하자 부두에서 군중들을 막아 세웠습니다. 부상병들과 화상을 입은 군인들은 즉시 여러 병원으로 후송되었습니다. 하지만 일반 승객들은 오후 2시가 될 때까지 떠나지 못했습니다. 입국할 때 필수 절차인 여권 검사와 세관 검사 등으로 인해 많이 지체되었습니다. 버클리에서 온 친구를 만났는데, 우리에게 크리스마스 저녁식사를 함께 하자고 초청했지만 우리는 그냥 호텔로 가기로 했습니다. 그곳은 선교사들이 보통 여행 다닐 때 묵는 호텔이었습니다.

그날 밤 우리는 저녁식사를 하기 위해 식당으로 갔는데 President Coolidge호에 있었던 해군 간호사와 같이 들어가게 되었습니다. 그런데 그녀가 난초 코사지를 달고 있기에 우리는 서로 바라보다 웃었습니다. "음, 당신이 놓고 갔더라고요. 그래서 버리기 아까워서 달았지요." 그 코사지는 호놀룰루에 있을 때 남편 학교의 동창 친구가 선물한 것이었습니다. 배에 있을 때 그것을 병원에 가지고 갔었는데, 한 간호사가 환자들이 볼 수 있도록 휴대용 술병에 넣어 병실 중앙 천장에 걸어 놓았던 것입니다.

클라라 헤드버그 브루엔

노트. 1942년 10월 25일 S.S. President Coolidge호는 부주의로 Segond Channel, Espiritu Santo에 있는 방어 기뢰 부설 지역에 들어갔다가 결국 침몰되었습니다.

[CHB, 521쪽]

2. 감사의 편지

President Coolidge호 및 호위선의 선장과 승무원 그리고 수병들에게,
1941년 12월 24일

우리 승객들은 모두 President Coolidge호로부터 받은 세심한 보살핌과 안전한 항해로 말미암아 전능하신 하나님의 은혜로운 안내와 보호 아래 갈망하던 안식처에 무사히 도착했습니다. 이에 깊은 감사의 말씀을 드리고 싶습니다.

승객들을 대표하며
헨리 브루엔
[CHB, 525쪽]

3. 마지막 피난길

해리엇 브루엔 데이비스[41]가 작성한 노트

1939년에 브루엔 가족이 휴가로 미국에 돌아올 때 낡은 자가용은 팔지 않은 채 대구에 그냥 두고 왔습니다. 한국으로 다시 갈 때 새 차를 가지고 돌아갈 생각이었지만. 그사이 일본 정부는 한국으로 새로운 차량 수입을 금지시키고 말았습니다. 그래서 가져갈 작정으로 구입했던 차를 다시 팔았고, 대신 낡은 자가용에 사용할 새로운 타이어와 부품들을 구입했습니다.

1940년 9월에 그들이 한국에 도착했을 때는 아직 미국 영사가 모든 선교회의 완전한 철수를 강요하기 바로 전이었습니다. 국무부에서는 S.S. Mariposa호를 인천으로 보냈습니다. "1940년 11월 16일에 출항할 때에 승객 약 22명 중 19명이 우리 선교회 사람들과 그들의 자녀들이었고", 그리고 평양 외국인 학교의 전교생이었습니다. 남아 있는 사람은 우리 선교회 사람늘 49명과 아이들 3명이었습니다.(해리 브루엔과 언더

---

41) 역주-당시 미국에 머물고 있던 브루엔의 둘째 딸 해리엇이 아버지의 피난기를 나중에 보고 형식으로 쓴 것이다.

우드 자녀 두 명) 아버지는 남아 있고자 하는 마음이 간절했습니다. 대구에 남은 사람들은 대다수가 선교회 사람들이었습니다. 브루엔 가족, 블레어 가족, 로이드 헨더슨 부인, 아담스 가족, 폴라드 교장과 버그만 양 등입니다.

1941년 2월, 정부가 강하게 탄압하기 시작했습니다. 청주에서 로우(Lowe) 박사와 드캠프(Otto DeCamp)가 선교단지 내에 있던 하인의 집에서 신사(神社)를 없앴다는 이유로 체포당했습니다. 그들은 서울의 서대문 감옥에 5개월 동안 수감되었습니다. 그리고 2월 28일 세계 기도의 날 행사에서 예수님을 왕 중의 왕이라고 언급한 것이 일본 정부의 심기를 건드렸습니다. 당시 일본은 그들의 왕은 성스러운 출생이라고 강변하고 있었습니다. 또한 평화를 강조한 것을 중국과의 전쟁을 비판한 것으로 여겼습니다. 버츠(Alice Butts) 양이 이 행사를 주최했다가 28일간 투옥되었습니다. 선교회 실행위원회의 의장인 대구의 블레어는 기차를 타고 가다가 대전에서 끌려 내려가 경찰의 엄한 심문을 받았는데 심문이 진행된 12일 동안 그의 행방은 알 수가 없었습니다.

또한 우리 선교회의 남성 4명과 여성 16명도 같은 방식의 심문을 받았습니다. 뉴욕에 있는 우리 이사회의 일원들이 워싱턴에 있는 일본 대사관에 찾아갔을 때 블레어, 폴라드 교장, 버그만 양, 로이드 헨더슨 부인 등 11명의 대구 선교사들이 당장 떠나지 않으면 기소당해 투옥될 것이라는 통보를 받았습니다. 이 11명과 더불어 또 다른 10명도 병가 혹은 특별 휴가 형식으로 10월 1일에 상하이로 떠났으며, 그중 10명은 그 후 필리핀에서 일하기 위해 떠났습니다. 연초에 맥칸라이즈(McAnlice) 박사와 리브세이 가족이 그곳 선교회로 임시 발령을 받았습니다. 브루엔 가족은 대구에 돌아와 소래 해변으로 향하고 있었는데,

기차를 타고 이동하던 중 일본인들이 모든 미국인은 현재의 자리에서 움직일 수 없으며 그들의 자산을 모두 '동결' 한다는 법을 제정하였습니다.(이 행위는 미국에서 일본의 자산을 동결시킨 것에 대한 반발이었습니다.) 하지만 브루엔 가족은 이미 기차에 타고 있었으므로 소래 해변으로 가지 않을 수 없었습니다. 다만 제한구역을 벗어나지 못하도록 '꼬리' 하나를 붙여서 보냈습니다.(쿡은 서울의 실행위원회에 가 있었습니다.)

11월까지는 상황이 훨씬 심각해져서 모든 선교단의 임시 철수가 고려되었지만 투표로 인해 무산되었습니다.

브루엔 가족과 쿡 부인이 8월 27일에 다른 사람들과 함께 떠났습니다. 그들이 만약 어떤 일이든 진행한다면 그것은 곧 한국인 동료들에게 피해를 주는 일이었기 때문에 소래에 평소보다 오래 머물렀습니다. 명령이 떨어지자 아버지는 소래에 있는 경찰에게 보고했고, 경찰은 그들을 자동차에 태워 사리원으로 보냈습니다. 언더우드 가족 또한 소래에 있었지만, 그들은 브루엔 가족과 함께 떠나지 않았습니다. 아마 그들은 배가 있었기 때문일 것입니다. 사리원에서 경찰은 그들을 기차에 태워 화장실 바닥에 앉히고 문은 열어 두었습니다. 경비 하나가 밖에 보초를 서서 한국인들과 연락을 취하지 못하도록 감시했습니다. 해리 주니어는 가지고 있던 금강산 퍼즐로 시간을 보낼 수 있었습니다. 그는 다섯 살이었습니다.

대구에 도착하여 폴라드 교장, 버그만 양, 로이드 헨더슨 부인과 챔니스가 선교회와 경찰의 명령에 따라 이미 상하이로 출발했다는 것을 알 수 있었습니다. 오직 플레처 가족과 아담스(Ned Adams)만 남아 있었습니다.

그 어떤 것도 팔거나 나누어 줄 수 없도록 금지되어 있었습니다. 그러나 그들은 해리의 자전거를 나병원에 기부하고, 선교회에서 키우던 소를 아버지 교회의 교인 중 한 명에게 넘겨주는 데 성공했습니다. 원래 어머니의 것이었던 치커링 업라이트(Chickering upright) 피아노는 아버지가 완고하게 저와 난의 것이라고 강조하셔서 김천교회에 기부할 수 있게 되었습니다.

이때쯤 미국 여객선들은 일본 항으로 출입이 불가능해져서 브루엔 가족과 엘라 샤록스는 일본 증기선을 타고 인천에서 상하이로 이동했고, 이미 상하이에 도착해 있던 여러 한국 선교사들을 만날 수 있었습니다. 그들은 상하이에서 미국 여객선을 만나 미국까지 이동할 수 있기를 바랐습니다. 미국 여객선이 하나 오기는 했지만, 번하이슬(Bernheisel) 가족과 챔니스(Vaughan Chamness)만이 자리를 잡을 수 있어서 남은 사람들은 모두 프랑스 여객선인 D' Artagnon을 타고 마닐라로 향했습니다.

그들은 9월 23일에 상하이에 도착했고, 브루엔 가족은 여관을 운영하는 영국인 여성 집에 머물렀습니다. 그들은 시내에서 한 달을 지낸 후에야 떠날 방법을 찾았습니다. 이 기간에 해리 주니어는 여학교에 다니면서 알파벳을 배웠습니다.

한국 선교사들은 자주 만나 문제점들을 토론하고 서로 도움이 되고 동기부여가 되는 이야기를 나누면서 힘을 얻었습니다. 아버지의 기록에 의하면 이 중 몇 가지는 크로더스(J. Y. Chrothers)가 말한 내용입니다. 한 번은 구제에 관한 하나님의 계획에 대하여, 한 번은 구원에 대하여, 그리고 한 번은 고대 성경 원문에 대하여. 킨슬러(Marion Kinsler)는 인내에 대하여 말하였고, 헬렌 헨더슨은 걸음에 대하여, 앨리스 버츠는 시편 71편 1-5절에 대하여 말하면서 그녀가 세계 기도의 날 때문에 한국에서 투옥되어 있었을 때 자신이 죄인이라고 느낀 적은 없다고 했습니다. 아버지는 나눔에 대하여 말씀하셨습니다. 그는 그곳에 있던 히브리 선교회를 대상으로 말씀을 전한 적도 있습니다. 그에 대해서는 아버지의 기록도 있습니다.

블레어와 아버지가 이사회에 보낸 편지들도 있고, 상하이에 모인 선교사들을 중심으로 방송을 운영하면서 한국을 향해 헌신적인 전언을 내보내기도 했습니다.

대구에서는 플레처 박사와 그의 아내 그리고 네드 아담스가 가택 연금이 되었습니다. 가족들은 일찍 떠났습니다. 서울에서는 쿤스(Koons), 라이너(Reiner), 그리고 밀러(E. H. Miller)가 12월에 투옥되었고, 밀러는 고문도 당했습니다. 그들은 1942년 5월 25일에야 출소했습니다. "모든 억류자들이 1942년 6월 1일 부산에서 한국을 떠났습니다. 그들은 고베에서 2주간 이민 수용소에 연금되었고, 그 후 S.S. Asama Maru호를 타고 요코하마에서 정박하여 6월 17일부터 25일까지를 보냈습니다. 그 후 그들은 동아프리카의 포르투갈령인 로렌조 마르케스(Lorenzo Marques)에 투옥되어 있던 일본인 수감자들과 교환되어 6월 22일에 M.S. Gripsholm호에 탑승했습니다. 그들은 서울을 떠난 지 12주가 지난 후, 그리고 아프리카와 남미를 거친 후에 1942년 8월 28일에 뉴욕에 도착했습니다."

로즈의 역사책[42]에는 이렇게 기록되어 있습니다. "필리핀에 억류되어 있던 14명이 로스앤젤레스와 샌프란시스코에 1945년 4월과 5월에 도착했습니다.(이는 물론 전쟁이 끝난 후였습니다. 이 사람들은 산토 토마스에서 일본

---

42) 역주-Harry A. Rhodes, *History of the Korea Mission Presbyterian Church U.S.A.*

인들에 의해 억류되어 있었습니다. 허버트 블레어는 여기서 억류당했다가 살아남지 못했습니다.) 보(Baugh) 가족은 여름에 도착했습니다." 로즈의 기록에는 브루엔 가족과 엘라 샤록스의 이야기가 언급되어 있지 않습니다.[43] 그들은 진주만이 공격당한 지 얼마 지나지 않아 호놀룰루에 도착했고, 샌프란시스코에는 1941년 크리스마스에 도착했습니다.

아버지는 머지않아 모든 일이 끝나서 한국으로 돌아갈 수 있게 될지도 모른다는 생각에 필리핀에 남고 싶어 하셨습니다.

아직 일본이 적으로 공표된 것은 아니었지만, 항상 잠수함으로 인한 위험이 도사리고 있어서 그들의 선박은 태평양을 멀리 돌아서 이동했습니다. 순양함의 호위를 받으며 불빛도 내지 못하고 라디오 교신도 할 수 없었습니다. 중간쯤 지나고 있을 때 진주만과 마닐라에 공격이 있었다는 라디오 방송을 들었습니다. 호놀룰루에 도착하자 간호사인 클라라와 엘라 샤록스는 배에 가득 태워 본토로 이송 중이던 부상병들의 치료를 담당해야 했습니다. 펜실베이니아의 그린 레인(Green Lane)에 머물고 있던 우리에게 이사회가 전해 준 소식을 듣고서야 우리는 참으로 안도할 수 있었고, 감사하고 기뻐했습니다. 그들이 크리스마스에 샌프란시스코에 안전하게 도착했다는 것이었습니다.

[*CHB*, 565쪽]

---

43) 뿐만 아니라 앨리스 버츠(Alice Butts), 마리온 킨슬러(Marion Kinsler), 헬렌 헨더슨(Helen Henderson), 그리고 일본에서 온 선교사도 두 명이 더 있었다.

4. 방송

1942년

OWI(Office of War Information, 전시 정보국)는 매일 밤 샌프란시스코에서 한국으로 전쟁 소식을 방송합니다. 신문기사는 전시 정보국에서 제작하고, 미국에 있는 한국 유학생이 읽어 방송으로 나가게 되어 있습니다. 한국인 선교사들이 고용되어 방송 내용의 카피를 보고 제대로 번역이 되고 있는지를 체크했습니다. 브루엔은 아내와 함께 버클리에 있을 때 이 일을 했었습니다. 그는 한국에 방송되는 전쟁 뉴스를 오디션하기 위해 샌프란시스코로 갔습니다.

[*CHB*, 525쪽]

5. 산타크루즈에서 보낸 여생

1942-1959년

버클리를 떠나 우리는 캘리포니아에 있는 산타크루즈로 이사 왔고, 그곳에서 브루엔이 죽기까지 17년을 살았습니다. 그는 어느 날부터 건강이 나빠지기 시작했습니다.

처음에는 그 지역에 있던 한인교회를 방문하곤 했었는데, 몸이 안 좋아져서 더 이상 일을 할 수 없게 되었을 때도 그 일을 위해 기도하며 시간을 보냈습니다. 그의 한국 사랑은 계속되었고, 41년 동안 그와 같이 일했던 한국인들을 잊지 못했습니다.

[CHB, 526쪽]

6. 수용소의 폴라드 교장

헤이즐(Hazel Mathes), 1943년 12월 16일[44]

Hazel Matthes, 11 Winthrop Street, Milton 87, Mass.
1943년 12월 16일

친애하는 브루엔 여사

제가 마닐라의 수용소를 떠날 때 폴라드 교장이 나에게 제발 자기 이야기를 조금이라도 써서 당신께 보내 달라고 부탁을 했습니다. 그녀는 세부(Cebu)에 있는 수용소에 억류되어 있었는데 그 수용소는 그곳에 몇 개월이나 있었습니다. 그러고는 무슨 이유에서인지 일본인들이 수용소 전체를 마닐라로 옮겨와서는 그들을 우리가 있던 산토 토마스(Santo Tomas)에 같이 억류시켰습니다. 그녀는 우리에게 큰 힘이 되었습니다. 그리고 잘 버텼지만 이질에 걸려 즉시 입원 치료를 받아야 했습니다.

---

[44] 역주-*CHB*에는 1934년 12월 27일이 제목에 표기되어 있지만, 이는 수신일로 생각된다.

수용소 내에는 아주 좋은 병원과 대다수가 선교사인 의사들이 몇 명 있었습니다. 그래서 10일 이상 입원을 했던 것 같지는 않습니다. 그녀는 수용소 내에서 어른들에게 주일학교 강의를 해 주면서도 한 지진아(遲進兒)를 가르치느라 눈코 뜰 새 없이 바빴습니다.

  수용소에 대해 좋은 이야기만을 읽었을 텐데, 한 번도 들어 본 적이 없었던 이야기를 들려드리겠습니다. 우리는 교실에서 잠을 잤는데 침대는 더 이상 가까울 수 없을 정도로 바짝 붙어 있었고 침대 양쪽에는 아주 좁은 틈밖에 없었습니다. 우리 가운데 대다수는 오랫동안 바닥에서 잤는데, 목공 일을 하는 한 사내가 나무 침대를 만들어 주었습니다. 물건을 두기에 충분히 큰 방이 아니었기에 각자의 물건은 자신의 침대 밑에 두어야 했습니다. 찬물로밖에 씻을 수 없는 데다 샤워기 또한 대여섯 개밖에 없었기에 샤워 꼭지 하나로 여러 명의 여성들이 씻어야만 했습니다. 이런 식으로 욕실을 공동으로 사용하는 데 적응하기는 매우 힘들었지만 우리는 그렇게 했습니다. 식사, 설거지, 빨래, 물건 구입 등 어떤 일을 할 때에도 줄을 서서 해야 했습니다. 지금은 수용소 시설이 아주 좋아져서 매점에서 고기(있을 때엔), 달걀, 녹말, 쌀가루나 다른 상품들을 살 수 있었습니다. 그러다가 몇몇 사업가들이 현찰만 있으면 물건을 살 수 있는 자그마한 가게들을 열었습니다. 광부들도 식당을 하나 차려 하루 세 끼를 팔았습니다. 음식 솜씨는 퍽 좋았고, 수용소 음식이 더 나을 때가 있어 이따금씩 먹는 것이 좋았습니다.

  필리핀 사람들은 아침에 3시간 동안만 들어와서 채소와 과일을 팔 수 있었습니다. 수용소는 하루에 두 끼 식사만 제공했기 때문에 이 기회에 세 번째 식사를 할 수 있다는 것은 정말 다행이었습니다. 요리는 목탄 난로를 사용했습니다. 수용소의 음식은 가스레인지로 조리되었습니다. 아침으로는 옥수수죽과 커피가 나왔습니다. 이틀에 한 차례 설탕이 한 숟가락씩 나왔고, 저녁은 종종 고기, 밥과 국 또는 고구마와 채소가 나왔습니다. 아침저녁으로 자주 작은 바나나도 나왔습니다. 고기가 너무 희귀해져서 가격이 비싸졌는데, 설탕도 구할 수만 있었다면 정말 비쌌을 것입니다. 땅콩이 우리의 비상물자였습니다.

도서관은 두 군데를 갈 수 있었는데 하나는 바깥에서 왔고, 다른 하나는 본래 대학교에 속해 있던 평범한 도서관이었습니다. 모든 것에 위원회가 있었고, 우리 스스로 경찰을 만들었습니다. 밤 내내 3시간 단위로 번갈아서 경계를 하는 보초도 세웠습니다. 며칠이 지나자 일본인은 볼 수 없었습니다. 우리가 처음 수용되었을 때에는 그들의 보초가 회랑을 밤낮으로 오가곤 했지만 이제는 우리 근처에도 오지 않습니다. 정문 쪽에는 두어 명이 있는 것 같습니다. 생각건대 어딘가가 너무 바빠서 더 이상 시간을 할애할 수 없는 모양이었습니다. 우리는 일요일과 수요일 저녁에 정기적으로 종교 모임을 가졌습니다. 영국인들은 일요일 아침 일찍 예배를 드렸고, 천주교도들은 병원 건물의 예배당을 사용했습니다. 우리는 평소에는 'Father's Garden'에서 모였지만 비가 오는 날에는 허가받은 교실에서 모였습니다. 매일 아침마다 회원들이 돌아가면서 모임을 인도하며 일찍 예배를 드렸습니다. 폴라드 교장이 수차례 이를 일주일간 맡곤 했습니다.

오락위원회가 강연을 준비해서 재미있는 이야기를 나누었습니다. 파인애플의 성장과 마닐라의 밧줄 사업, 간디와 세계의 명사들에 대해 많은 것을 배울 수 있었습니다. 수용소에는 재주가 많은 사람들이 많이 있어서 매일 밤마다 음악 프로그램을 열 수 있었습니다. 그들은 축음기를 사용했지만 커다란 스피커에 선이 연결되어 있어 마치 라디오

콘서트를 하는 것 같았습니다. 또 시시한 콘서트 따위와 퀴즈 프로그램들도 조금 있었습니다.

크리스마스에 사내들은 소년들을 위해 목각 장난감을 만들었고, 여성들은 아이들과 소녀들을 위해서 인형을 만들었습니다. 아, 남성 합창단과 여성 합창단이 있어서 자주 함께 콘서트를 열기도 했습니다. 개개인은 하루 3시간 동안 수용소를 위해 일을 해야 했는데, 이러한 방식으로 수용소 내의 모든 일들이 처리되었습니다. 유치원부터 대학교 1학년까지 학교도 운영했습니다. 모든 선생들이 수용되었기에 그들은 하던 일을 계속 하기만 하면 되었습니다. 유일한 어려움은 교과서가 부족하다는 것이었습니다. 지난 5월에는 고등부에서 멋진 졸업식을 했습니다. 선교사들은 필요한 만큼 현찰을 받을 수 있기 때문에 폴라드 교장은 자기의 물품들을 살 수가 있었습니다. 선교사들 중 몇 명은 밖에 나가서 살아도 좋다는 허가를 받았지만 나중에 다른 지역에서 들어온 자들은 수용소 내에 머무르는 것을 더 좋아했습니다. 그들은 많은 사람들과 접촉을 하고 있다고 느낄 정도였습니다. 필리핀 사람들과 함께 밖에 사는 사람들은 방문을 할 수 없었고, 미국인을 방문하는 것 또한 금지당했습니다.

충심으로
(서명) 헤이즐 매시스
[*CHB*, 567쪽]

7. 머나먼 선교여행을 끝내고

미국 연합장로교회 연회 에큐메니칼 선교와 대외협력위원회로부터의 헌사,
1959년 6월 22일

헨리 먼로 브루엔(Henry Munro Bruen)은 1874년 10월 26일 뉴저지의 서밋에서 태어났습니다. 그는 1959년 3월 26일 캘리포니아의 산타크루즈에서 그가 사랑하는 하나님과 함께하기 위해 마지막 소환장을 받고 이 땅의 집을 떠났습니다. 그가 떠날 당시 나이는 84세였습니다.

그는 목사 집안의 아들이었고 곧 기독교 활동에 흥미를 갖기 시작했습니다. 그는 뉴욕에 있는 프린스턴 대학과 유니온 신학교를 졸업했습니다. 신학대학에서 공부할 당시 도시선교, 노방전도, 소년단, 중국인 주일학교에서 가르치는 등 왕성하게 활동했습니다. 신학교를 졸업하고 뉴턴(Newton)

말년의 브루엔 선교사
[CHB, 528쪽]

노회에서 안수를 받았습니다. 그리고 해외선교사로 임명을 받아 1899년 늦은 여름에 배를 타고 한국으로 떠났습니다. 1899년에 그의 한국행 지명은 세 번째였는데, 대구는 그해에 선교기지를 공식적으로 개설했습니다. 하지만 실제로는 이미 2년 전부터 대구에서 선교사들이 활동하고 있었습니다.

부해리(브루엔의 한국명) 목사는 그의 모든 선교 인생을 대구에 다 바쳤습니다. 처음에는 혼자였지만 2년 뒤, 미국으로 돌아와 약혼녀인 마사 스코트(Martha Scott)와 결혼을 했습니다. 하나님께서는 그들에게 두 딸을 주셨는데 이름은 안나 밀러(Anna Miller)와 해리엇 스코트(Harriette Scott)입니다. 브루엔 부인은 신명여자소학교의 설립자입니다. 그녀가 죽고 4년 뒤에 브루엔은 클라라 헤드버그(Clara Hedberg)라는 대구 장로교 병원에서 간호과장으로 일하고 있던 여성과 재혼했습니다. 그 둘 사이에는 헨리 먼로 주니어(Henry Munro Junior)가 태어났습니다. 브루엔 부부와 헨리는 1941년 진주만 사건이 일어나기 직전 마지막 그룹에 속해 한국을 떠났고, 필리핀에서 머물다가 필리핀이 침공당하기 10일 전에 미국으로 떠나는 데 성공했습니다. 브루엔은 3년 뒤에 은퇴했습니다. 무려 45년 동안 한국에서 일을 하였으니, 정말 기록적입니다.

브루엔은 한국에서 활동한 미국 선교사들 중에 가장 사랑받은 선교사였습니다. 그는 아이들을 무척이나 좋아해서 그 지역에서 처음으로 기독교 소학교를 설립했습니다. 그는 지칠 줄 모르는 복음 순회자였습니다. 평상시에 지방 교회를 책임지고 있었는데, 그것은 해마다 발전하여 배출된 현지 목사의 수에 따라 때로는 40개에서 60개의 교회에 달하기도 했습니다.

어느 날 한 동료 선교사가 길가에서 한국인 한 명에게 구원의 복음서를 건네 주고 있는 장면을 찍은 사진이 있는데 한국인은 둑에 앉아 있고 브루엔은 아래에 서서 마치 초대를 강권하는 듯 복음서를 든 손을 위로 넓게 벌리고 있었습니다. 브루엔은 훌륭한 개인교사였습니다.

 브루엔의 최고의 자산을 몇 가지 열거하자면, 사랑의 정신과 그가 하나님과 함께 가는 길과, 그리고 무엇보다도 그의 태도나 인간관계와 다른 사람과의 교류를 통해서 진심으로 드러나는 예수의 모습이라고 할 수 있습니다. 브루엔과 수년을 보낸 어떤 사람은 이렇게 말했습니다. "뭔가 상황이 일그러져서 일이 잘못되었거나 자기가 원하는 대로 풀리지 않아도 결코 상처를 받거나 분하게 여기지 않았어요." 브루엔과 같이 일을 했던 사람들은 그가 사람들에게 화를 내거나 분개하는 모습을 본 적이 없었습니다. 19년 전에 그가 떠나기 전 그를 알던 한국 사람들은 그에게 여전히 '사랑하는 선교 목사님'으로서 애착이 남아 있습니다.

[CHB, 526-527쪽]

제6장 인간 브루엔,
그리고 훗날 이야기

1. 브루엔은 요한, 아담스는 베드로[45]

존슨, 1907년 7월 11일(발췌)

제가 브루엔 부부가 샌프란시스코와 시애틀을 거쳐 고향으로 휴가를 가고 있으리라 짐작한다는 것을 아마도 이미 아실 것입니다. 그들은 6월 22일 혹은 그 전후에 대구를 떠났습니다. 브루엔은 지속적으로 큰 구역을 순회설교하는 데에 상당한 일을 해 왔기에 이제는 육체적, 정신적인 휴식과 변화가 필요할 것입니다. 그는 한국인들로부터 이 땅의 어떤 선교사보다 더 많은 사랑을 받았습니다. 많은 사람들이 그를 요한과, 그리고 아담스를 베드로와 비교합니다. 그리고 브루엔은 사랑으로 그들을 천국으로 인도하는 분이라고 말합니다.

[*CHB*, 136쪽]

---

45) 수신자가 누구인지 알 수 없으나 브루엔 가족이 6월 22일에 미국으로 휴가를 떠났음을 알리기 위해 *CHB*가 인용한 것으로 보인다.

2. 대구에 첫발을 디뎠을 때

헨더슨(Harold Henderson)이 처음 대구에 도착하여 브루엔을 만나던 날, 1918년 9월 1일

기차가 6시간이나 늦게 대구역에 도착하여 벌써 새벽 2시가 되었습니다. 내리는 승객은 우리밖에 없는 것 같았습니다. 우리를 마중 나온 이도 없었는데 우리는 한국어를 전혀 모르던 상태였습니다.

영어를 조금 알아듣는 짐꾼을 부르려 하니 기차는 떠날 채비를 했습니다. 영어를 조금 알아듣는 짐꾼에게 나는 "인력거꾼에게 나를 선교사의 집으로 좀 데려다 달라고 말해 주세요"라고 부탁했습니다. 하지만 그는 'missionary'가 무슨 뜻인지 알아듣지 못했습니다. 기차가 막 출발하기에 나는 소리쳤습니다. "미국인 집이요!" 움직이는 기차 난간에 발을 얹은 채 그 짐꾼이 뭐라고 소리를 지르자 인력거꾼은 우리 짐을 끄집어내어 한 차에 가득 실었습니다. 그리고 다른 한 차에는 우리를 태우고 길을 떠났습니다.

칠흑 같은 밤이었는데 길가에는 불빛 하나 없이 이상한 냄새뿐이었습니다. 우리는 몇 분 정도밖에 가지 않았는데 그보다 훨씬 길게 느껴졌습니다. 그리고 갑자기 길 한쪽 끝에서 불빛이 비치는 것을 보았습

니다. "저기가 헛간 등불처럼 보이는 걸?" 아내에게 말했습니다. 잠시 후 자세히 보니 그것은 어떤 사람이 들고 서 있는 등불이었습니다. "헨더슨 씨?" 우리는 브루엔을 매우 반갑게 만났습니다.

그는 그날 저녁 일찌감치 기차역으로 마중을 나왔지만 헛걸음을 했습니다. 그리고 기차가 새벽 2시쯤 도착할 것이라는 말을 듣고 다시 기차역으로 가는 길이었습니다.(선교단지에서 기차역까지는 1마일 정도 됩니다.) 얼마나 우리가 환영을 받았는지 브루엔 가족의 집으로 갈 시간이 없을 것만 같았습니다.

우리 화물이 도착하고 옆집에 살림살이를 마련하기 전까지 한 달 동안 브루엔 가족과 함께 지냈습니다. 그동안 우리는 돈독한 우정을 쌓아 몇 년 동안 지속할 수 있었습니다.

브루엔은 우리가 언어 학습을 시작하도록 했고, 나에게 시골 교회 작업 현장을 소개시켜 주었습니다. 이는 바로 브루엔이 나에게 자신의 한국 경험을 말해 주었던 시골로의 여행이었습니다.

[CHB, 241-242쪽]

3. 함께하기에 즐거운 사람

챔니스(Mr. Chamness)

내가 1925년에 한국 대구에 갔을 때 브루엔 목사는 원로선교사였고 한국말을 할 줄 아는 사람이었습니다. 그의 탁월한 언어 능력은 특히 나이 많은 사람들과 있을 때 잘 드러났습니다. 그는 그들의 특별한 표현들을 알고 있었고, 효과적으로 사용할 줄 알았습니다. 그가 없을 때 사람들은 그를 '사랑이 많은 선교사'라고 불렀습니다.

신참 선교사로서 나는 순회선교를 할 때 나보다 더 경험이 많은 선교사를 따라가서 그가 어떻게 하는지를 보고 배웠습니다. 브루엔 목사님과 여행할 때는 두 가지 특징이 있었습니다. 하나는 그가 나이 많은 이들의 집에 갈 때마다 따뜻한 환대를 받는다는 사실이었고, 또 하나는 한때 믿다가 지금은 믿지 않는 자들에 대해 지속적으로 관심을 갖는다는 것이었습니다. 그는 언제나 그들의 집에 들러서 다시 신자가 되라고 권유하고 그들과 함께 기도했습니다. 사람들은 그를 항상 친절하게 맞았습니다. 이들 중 어떤 사람은 15년에서 20년 전에 이미 교회 다니기를 그만둔 사람들도 있지만 그는 절대로 그들의 이름과 그들이 사는 곳을 잊지 않았습니다. 나는 이런 배교자들에게는 시간을 낭비할 필요가 없다고 생각되었지만 브루엔 목사는 그들이 언젠가는 다시 믿음을 갖게 될 것이라는 희망의 끈을 놓지 않았습니다.

  브루엔 목사는 이 나라의 어느 동네도 여행할 수 있었고, 불편한 환경에 맞춰서 일을 할 수 있는 사람이었습니다. 그는 이 나라의 전통을 존중하며 일을 하는 법을 알았고, 불쾌한 상황에서도 기분 나쁘게 하지 않고 일하는 방법을 알고 있는 사람이었습니다.

  그는 함께하기에 너무나 즐거운 사람입니다.

[CHB, 369쪽]

4. 저 사람이 자네 아버지인가?

H. H. 헨더슨

1925년 브루엔 내외가 미국으로 휴가를 다녀오면서 포드 자동차 한 대를 끌고 왔습니다. 일전에 우리는 자동차가 시골에서 일하는 데 얼마나 도움이 될지에 대해서 이야기한 적이 있습니다. 그때까지만 해도 우리는 교회에서 교회로 가는 동안 걷거나 자전거를 타는 데 많은 시간을 허비했습니다. 그래서 브루엔 부부가 그 자동차를 가지고 온 것입니다. 그 자동차는 당시 포드 쿠페라고 불리던 것으로, 문이 두 짝이고, 좌석이 한 개였으며, T 모델에 사방이 유리로 덮인 당당하고 멋진 자동차였습니다.

어느 오후에 브루엔이 대구에서 가장 좋은 길로 가는 20마일 정도의 여행에 저도 함께 가자고 초대했습니다. 그런데 돌아오는 길에 왼쪽 뒷바퀴에 펑크가 나 버렸습니다. 우리는 그것을 고치려고 차에서 내렸습니다. 그때는 서비스 센터나 수리 가게가 없는 시절이었습니다. 그래서 각자가 자기 차를 고쳐야 했습니다.

브루엔은 니커 바지와 골프 양말을 신고 있었고 그의 연한 색의 머리 (아직 회색빛은 돌지 않는)에는 모자를 썼습니다. 나도 그때 회색 머리가 어느 정도 있었습니다.(저는 열여덟 살 때부터 머리가 세기 시작했습니다.) 나는 외투와 모자를 벗고 타이어를 빼내어 내부 튜브를 고치고 다시 바퀴에 타이어를 끼우느라 바빴습니다.

브루엔 목사님이 제 옆에 서 계시면서 필요한 연장들을 건네 주셨습니다. 일을 거의 마쳐 갈 때 우리 주변을 둘러싸고 있던 구경꾼들 중에서 길고 하얀 도포를 입고 검은 갓을 쓴 노인이 한 발짝 다가왔습니다. 그러고는 브루엔의 어깨를 툭툭 치며 말했습니다. "이봐, 저 사람(저를 가리키며)이 자네 아버지인가?"

브루엔이 제 아버지뻘 되시기에 우리는 그 말이 그때는 농담인 줄 알고 있었습니다. 하지만 지금 다시 생각해 보니 브루엔 목사님의 젊어 보이는 모습에 대한 엄청난 칭찬이었습니다. 당시만 해도 그는 몸이 날씬했고 행동도 젊은이만큼이나 민첩했습니다.

이 모든 것은 브루엔의 테니스 사랑과도 이어집니다. 그가 집에 머물 때면(시골 여행 중이 아닐 때), 매일 저녁식사 전에 4인조 테니스를 쳤습니다. 이것이 그의 몸매를 유지하는 데 도움이 되었고, 의사들과 나처럼 실내의 일에 지쳐 있는 사람들에게 많은 도움이 되었습니다. 브루엔은 엄청난 야구광이기도 했습니다.

[*CHB*, 366쪽]

5. 뛰어난 기억력

해롤드 헨더슨 목사, 1941년

브루엔은 사람의 얼굴을 기억하는 뛰어난 재주가 있었습니다. 그는 한 번 만난 사람의 얼굴을 좀처럼 잊는 법이 없었습니다. 어느 날 우리 두 사람이 함께 시골길을 걸어가고 있을 때였습니다. 마침 시골 사람들 여러 명이 우리 옆을 지나가고 있었습니다. 이때 브루엔이 갑자기 돌아서더니 한 사람을 불렀습니다. "김영태 씨! 안녕하십니까? 참 오래간만입니다." 그러고는 잠시 두 사람이 이야기를 나눈 다음 우리는 다시 길을 걸어갔습니다. 브루엔이 내게 이렇게 말했습니다. "아까 그 사람은 내가 17년 만에 만난 사람입니다."

브루엔은 한국어 성경 말씀을 인용하는 남다른 능력도 있었습니다. 예배시간에 성경 봉독 순서가 되면 그는 강대상 앞에 나가서 봉독할 성경 구절을 먼저 말하고, 교인들을 향해서 그 성경 구절을 찾으라고 말합니다.(당시 한국 교회 교인들은 자기가 쓰는 성경 찬송을 늘 가지고 다녔습니다.) 교인들이 성경 구절을 다 찾고 나면 브루엔은 그 자리에 서서 성경을 보지도 않고 그 성경 구절을 줄줄 암송했습니다. 브루엔은 또 교인들을 만나면 누구든지 그 순간, 그 사람에게 적절한 성경 구절을 들려주는 습관이 있었습니다. 나는 브루엔과 여러 해 동안 대구기지에서 같이 일하고 지냈지만 한 번도 화를 내거나 다른 사람에게 싫은 소리 하는 것을 들어 본 적이 없습니다. 그는 모든 사람에게 친절했습니다. 그렇다고 해서 결코 위선적인 것도 아니었습니다. 그는 진실로 기도하는 사람이었으며, 깊은 경건성을 지닌 사람임을 우리 모든 선교사들은 알고 있었습니다.

[*CHB*, 513쪽]

6. 국회의원 이갑성의 편지

이갑성, 1953년 5월 12일

브루엔 목사님
산타크루즈, 캘리포니아

친애하는 브루엔 목사님께

우리가 강제로 이별을 한 후에도 침묵의 시간이 너무 길었습니다. 이제 세상이 바뀌어서 한국은 일본의 쇠사슬에서 풀려나며 자유를 얻었습니다. 그때부터 우리는 이 나라를 재건하는 데에 총력을 기울여 만사가 형통하게 풀려나갔습니다. 하지만 아주 불행히도 우리는 1950년 6월에 공산주의의 침략을 받았습니다. 3년간의 전쟁 중에 한국의 대부분이 파괴되었고, 수백만 명이 죽거나 부상했으며, 400만 이상의 난민들이 아직도 도처에 널려 있습니다.

미국 사람들의 친절한 원조에도 불구하고 굶주리고 누더기 옷을 걸친 남녀노소 수천 명이 일거리와 쌀과 옷과 잠잘 곳을 내놓으라고 울부짖습니다. 형언할 수 없고, 눈물 없이는 볼 수 없는 광경입니다. 하지만 우리는 이러한 문제들에 실망하지 않았습니다. 무자비한 적군들이 죗값을 치르고 우리 땅에서 물러날 그날까지 싸워야만 합니다. 더구나 주님께서는 우리를 이러한 비참한 상황에 영원히 빠져 있도록 하지 않으실 것이라 믿고 있습니다.

미국 군사정부 하에서 서울 시민들은 나를 입법위원으로 선출해 주었고, 한국 정부가 설립되면서 국회의원이 되어 임무에 최선을 다해 왔습니다.

당신과 사랑스러운 가족들은 어떻습니까? 잘 지내겠지요? 목사님의 아들은 중학교에 들어갈 정도로 충분히 자랐겠군요.

나의 두 자식들은 지금 미국에 있고, 스무 살 난 셋째 딸 줄리는 미주리의 네바다에 있는 커티 대학교(Cottey College)에서 공부를 하고 있습니다. 스물한 살 난 셋째 아들 존은 캘리포니아의 모데스토에 있는 모데스토 주니어 대학교(Modesto Jr. College)에서 공부하고 있습니다. 그 둘은 학교생활도 매우 잘하고 있고 선생님들도 이 아이들을 좋아해서 아주 친절히 대해 준다고 합니다. 우리 아들 존이 명예의 전당에 오른 81명 안에 들어갔다고 하니 그것도 기쁜 일입니다.

당신이 노력을 기울여 돌보았던 수천 명의 남녀들은 이제 한국 사회, 특히 기독교의 성실한 일꾼들이 되었습니다. 한국의 기독교 신자들도 나날이 늘어 가고 있습니다.

에드워드 아담스 부부는 항상 바쁘게 잘 지내고 있습니다.

목사님의 주소를 몰랐기 때문에 지금까지 편지를 한 통도 쓸 수가 없었습니다. 이 편지가 목사님께 제대로 도착하기를 바라고, 답장을 써 주신다면 감사하겠습니다.

이제 나도 늙어서(65세), 어렸을 적 대구에 있었던 선교사들과 목사님을 언제나 그리워하고 있습니다. 존슨 박사 내외, 바렛(Barrett) 내외, 널(Null) 박사 내외 그리고 맥파랜드(McFarlan). 이들은 어디서 무엇을 하고 있는지, 그들의 자녀들은 어떻게 지내는지 궁금합니다.

나는 자유당의 부의장인데(이승만 대통령이 의장이다.), 이 정당에는 300만 이상의 당원들이 있습니다. 이제 한국에서 나의 위상이 매우 중요해졌기에 나는 나 자신을 여러 방면으로 돌보며 주님께 도움을 요청합니다. 이와 함께 새로운 한국 돈 10원을 동봉합니다. 흥미롭게 보시게 될 것 같아서입니다.

당신이 잘 알던 김주호, 정광순, 이상백 등 여러 남녀들이 이미 고인이 되었다는 사실을 잘 모르시겠지요? 대구에 갈 때마다 내 오랜 친구들을 더 이상 만날 수 없기에 전혀 기쁘지가 않습니다. 문사인 장로는 아직 살아 있지만 건강이 좋지 않습니다. 브루엔 부인과 당신의 사랑스러운 아들에게 안부를 전해 주기 바랍니다.

존경을 표하며, 늘 건강하시길 바랍니다.
(서명) 이갑성
[*CHB*, 572-573쪽]

7. 내가 가장 좋아한 사람

브루엔에 대한 에드워드 아담스의 회고
1962년 서울에서 열린 회의에서 "선교사를 위한 지침"에 대해 행한 연설 중

대구의 헨리 브루엔 목사님은 나의 아버지 바로 다음으로 한국에 오신 분입니다. 나는 어릴 때부터 그분을 알았는데, 내가 이 분야에 발을 디디면서 영광스럽게도 그와 서로 어깨를 맞대 가며 거의 20년 가까이 일하게 되었습니다. 그는 40여 년 동안 경상북도에서 일을 했는데 이 사회는 그저 몇 군데만 참여했을 뿐입니다. 그는 정치나 정책에 관한 회의에는 거의 참여하지 않았습니다. 내 생각에는 그가 실행위원회에 한 번 봉사한 적이 있었던 것 같습니다. 그와 함께한 모든 시간을 되돌아보았을 때 냉대를 받아 억울해하거나 분개하거나, 아니면 어떤 일을 하려는 데 방해를 받거나 받을 만한 상을 못 받게 되는 일은 전혀 없었습니다. 누군가에게 모욕을 당했을 때도 그는 피하고 웃으며 절대 아무도 비난하지 않았고, 오히려 누군가의 상처 난 마음을 달래 주려 하였습니다. 그는 비록 높은 명성과 지위는 얻지 못했지만 나는 우리 아버지를 제외하고는 모든 선교사들 중에서 그를 가장 좋아했습니다.

브루엔은 포기할 줄 모르는 사람으로서 개인적으로 직접 만나고 다

니는 복음전도사였습니다. 그는 사람들을 사랑했습니다. 그는 자신이 스스로 잘할 줄 아는 것 이외에는 아무런 관심도 없는 듯 보였습니다. 어느 곳이 되었든지 그에게 일이 주어지면, 그는 항상 사람들에게 축복을 주고 격려하였습니다. 최후의 심판이 있는 날 여자든 남자든 브루엔 같은 사람들은 우리보다 훨씬 뛰어난 평가를 받지 않을까 싶습니다.

[*CHB*, 526쪽]

8. 고향 생각

해리엇 브루엔 데이비스[46]

대구는 여름에 가뭄과 홍수로 모든 것이 고갈되어 무척 건강하지 못한 곳입니다. 관사 구역은 이상하게도 텅 비어 있으나, 쓸려간 처마 아래의 어둡고 시원한 집은 수도원 같은 느낌입니다. 이것은 언제나 그랬고, 농가 같았습니다. 아침은 생동감이 넘쳤습니다. 청소하고 요리를 하고 시골로 가져갈 아버지의 음식 바구니를 싸고 있으면, 김 서방은 뒷간에서 소여물을 섞다가 잠시 후에는 신선한 우유를 양동이 가득 가져왔고, 학교에 다니는 두 여자 아이들은 피아노를 연습하기 위해 앞문으로 들어왔습니다. 방문객들이 서재를 가득 채워 서기는 빗자루로 거실을 정리하고 먹물을 가지고 멋진 대형 차트를 만들고 한 묶음 편지를 보내기 위해 우표를 붙였습니다. 그리고 그 와중에 어머니는 음식을 만드는 일을 해야 했습니다. 저장실에서 복숭아와 콩을 꺼내 병에 담고, 비스킷과 쿠키를 구워 기름종이로 포장을 했습니다. 그녀는 또

---

[46] 역주-브루엔의 둘째 딸 해리엇이 결혼하여 출가한 뒤 고향인 대구를 그리며 쓴 글이다.

한 빵을 만드는 모든 절차를 확인해야 했고, 저녁을 준비하고 김 씨가 시장에서 돌아오면 가계부를 기록해 두어야 했습니다. 그리고 나서 아버지의 옷을 모아 수선이 잘 되었는지 봐야 했는데 저녁시간까지는 모든 일이 마무리되었습니다.

멀리 침실에서 들려오는 재봉틀 돌아가는 소리, 공부방에서 들려오는 중얼거리는 소리, 가까이 여학교(신명)에서 암기 학습으로 수업을 받는 여학생들의 노랫소리 그리고 또 다른 언덕 쪽 남자 학교(계성)에서는 혼자 나팔을 연습하는 소리로 조용했던 오후가 중단되었습니다. 이곳 부엌에는, 아, 오후 3시의 부엌은 부풀어 오르는 빵의 달콤한 숨소리로 아주 향기롭습니다. 시끄럽게 노래하는 냄비는 석탄 화덕 위에 얹어져 있고, 시계는 계속해서 똑딱거립니다!

[*CHB*, 270-271쪽]

부록 1 : 자료들

I. 국제관계의 재개를 희망하며

김관식, 서대문정2정목(西大門町2丁目), 1946년 8월 31일

크로스(Rowland M. Cross) 동아시아 위원회 총무님께

본인은 현재 한국의 초교파 교회 협의체의 의장직을 맡고 있습니다. 이는 장차 '조선기독교연합회'(National Christian Council)로 발전되기를 소망하고 있습니다. 또한 본인은 '대한예수교장로회'(Presbyterian Church in Korea)의 총무직도 겸하고 있습니다. 따라서 이 글은 위 두 기관의 대표 자격으로 쓰는 것입니다.

전쟁 중에 일본 정부는 우리 기독교 신도들을 심하게 박해했고, 신사(神社)를 통한 일본 민족주의를 강요했습니다. 동시에 그들은 대동아전쟁(Greater East Asian War)이라고 부르는 자신들의 목적에 기독교인들이 큰 장애가 될 것이라고 느꼈습니다. 이 전쟁의 목적은 아시아에서 미국과 영국의 힘을 몰아내는 것이었습니다. 첫째로, 그들은 기독교인들을 적군의 스파이라고 의심을 하고 모든 방면에서 기독교를 박해하기 시작했습니다. 교회마다 설교와 찬송 그리고 기도에 대해 보고하도록 스파이를 심어 놓고 모든 일에 간섭했습니다. 그들은 주일학교를 열지

못하게 했고, 구약성서를 사용하지 못하게 했으며, 재림과 심판에 대한 가르침도 금지시켰습니다. 일요일 예배의 자유마저 빼앗았습니다. 300개 이상의 교회를 폐쇄시켰고, 침례교, 성결교, 안식교 등 3개의 교파를 완전히 해산시켰습니다. 또한 아무 이유 없이 3,000명 이상의 기독교인들을 각기 다른 감옥에 가두었습니다. 50명 이상이 감옥에서 순교했습니다.

전쟁이 끝날 조짐이 보이자 그들은 두 가지 계획을 세웠습니다. 우선 정책을 바꿔 기독교에 유화적인 태도를 보여 주려고 했습니다. 연합 교회를 세우는 것을 도와주겠다고 제안을 했습니다. 1945년 7월, 예배와 성서 교육의 자유를 허락했습니다. 하지만 동시에 한편으로는 1945년 8월 17일에 3,000명의 기독교 지도자들을 각기 다른 지역에서 학살하려고 계획을 했습니다. 이 사실의 증거는 그 일을 저질렀던 한국과 일본의 경찰을 통해 확인되었습니다.

1945년 8월 15일 해방 이후 교회는 우리의 뜻대로 새로 구성하기로 했습니다. 그리고 1945년 11월 15일 남한의 모든 교회에서 각 한 명의 목사와 한 명의 평신도들이 서울의 정동교회에 모여 회의를 열었고, 거기서 남한의 연합 교회를 설립하기로 결정했습니다. 하지만 1946년 5월에 조선기독교남부대회를 열었을 때, 여러 상황을 고려하여 우리는 장로교와 감리교를 각기의 교단으로 돌아가도록 하고, 동시에 우리의 연합 기구는 합동 업무를 보는 조직으로 남아 가까운 시일 내에 조선기독교연합회를 구성하기로 했습니다.

추수할 때가 되었지만 일꾼들이 부족한 이때, 선교사 동지들이 다시 한국으로 오기 시작해 우리와 함께 일을 하게 된 것을 크게 환영합니다. 우리는 '북미 해외선교국' (Foreign Missions Conference of North America)

과 '국제선교협회'(International Missionary Council)와 이전부터 해 오던 연락을 재개할 수 있도록 '조선기독교연합회'의 구성을 희망하고 있습니다.

북미와의 초교파적 친선 선교를 제안함에 있어서 귀 대표단이 방문할 시기와 기간 그리고 무엇을 해야 좋을지에 대해 귀 당국의 의견과 조언을 구하고 싶습니다. 한국이 불과 얼마 전에 해방되었기 때문에 우리는 국제관계가 기독교 채널을 통해 재개되기를 바랍니다.

한국의 우편 서비스도 정상적으로 가동되고 있습니다. 따라서 위의 주소로 편지를 쓴다면 내가 받게 될 것입니다. 우리의 연합 기구는 올 가을에 이 문제에 대해 더 토론을 나눌 것이므로 당신의 답장은 이 문제를 결정하는 데 있어서 큰 도움이 될 것입니다.

주님께서 우리를 당신께로 인도해 주실 것을 기도드립니다.

존경을 표하며
(서명) 김관식
[*CHB*, 569-570쪽]

2. 한국전쟁 때 북한군의 전단지

1950년 공산당이 그들의 군대가 격퇴당하고 대구에 이르지 못하게 되자
대구에서 40마일 떨어진 남한의 도시 김천에 떨어뜨린 전단지

미국 육군 장교들과 병사들이여!
미국 공군과 해군의 장교들과 병사들이여!

동맹군의 무력으로 일본으로부터 해방이 된 후에 우리 한국인들은 조국의 통일 및 자유와 독립을 위해 수많은 노력을 기울였다.

하지만 배신자 이승만과 그의 당파를 이용해서 한국인들을 필사적으로 식민 노예로 삼으려 하고 있는 너희 한 줌도 안 되는 통치자들! 너희는 우리의 완벽한 적이 되어 우리의 평화통일에 대한 노력을 무산시켰다.

지난 6월 25일, 너희 식민주의자들은 오래도록 준비해 온 잔인한 무력 침공을 감행하며 그들의 조무래기들을 선동했다.

미국 육군 장교들과 병사들이여!

이제는 너희와 아무런 상관이 없는 우리나라에 대체 어떠한 목적으로 온 것인가?

어떤 목적으로 우리의 형제자매들과 부모님들을 학살하는가?

어떤 목적으로 우리의 도시와 마을에 폭격을 가하는 것인가?

우리 군대는 너희 땅을 공격한 적도 없고, 앞으로도 없을 것이다. 우리 해군과 공군은 너희 마을과 도시들을 한 번도 공격한 적이 없다.

왜 우리나라의 국내 사건에 끼어들어 평화로운 사람들을 죽이는 것인가?

너희와 똑같이 우리도 우리나라의 독립과 자유, 우리 민족의 안녕과 국가의 위상을 얻기를 간절히 원한다.

우리는 우리나라의 통일과 자유와 독립을 위해 끝까지 투쟁할 것이다.

너희는 미국 대기업들이 한국을 식민지화하여 자신의 이익을 챙기기 위해, 한국의 자유와 독립을 막을 목적으로 한국인을 죽이기 위해, 그리고 우리에게 죽임을 당하기 위해 온 것이다.

너희들은 속았다!

우리는 너희의 적이 아니다.

이 유혈사태를 멈추자.

분노와 증오로 가득 차서 조국의 독립과 자유를 위한 투쟁을 결심한 한국인들을 대적하지 말라.

사랑하는 이들이 너희가 돌아오기만을 기다리고 있는 집으로 돌아가라!

한국 인민군 최고사령부

(이 전단지의 그림[47] 밑에 있는 설명문: 미국인 죄수들이 미국 사람들은 한국의 국내 문제에 대한 미군의 개입을 단호하게 거부해야 한다는 표어를 내걸고 행진을 하고 있다.)

[*CHB*, 570-571쪽]

---

47) 역주-유감스럽게도 *CHB*에는 그림 자료가 없다.

3. 대한예수교장로회 총회를 위한
   미국 대사의 인사말

(1912년 9월 1일 설립된 한국 총회의 50주년 기념일에)
1962년

    대한예수교장로회 총회 창립 50주년을 기념하여 축하인사를 드리도록 기회를 주신 데 대해 감사를 드립니다.

    오늘 이 훌륭한 영락교회에 와 주신 분들에게 인사드리며, 한국에서 최초이자 가장 큰 장로교단을 대표하는 이 훌륭한 교회와 미국 외교 사절 사이의 친분과 교제의 긴 역사를 정말 감사히 여기고 있습니다. 우리 외교 사절과 여러분의 종교 사절은 1년 차이를 두고 한국에서 함께 시작했습니다. 첫 번째 선교사이자 한국에 거주하게 된 최초의 장로교 신도인 알렌(Horace N. Allen) 박사는 1884년 9월 22일에 서울에 들어왔는데, 직전 해에 설립된 새 미국 공사관의 주치의로 바로 임명되었습니다. 알렌 박사는 그 후로 1895년 미국 공사관의 서기관으로 임명되었고, 같은 해에 변리공사와 총영사, 1901년에는 특명공사와 전권공사가 되어 1905년까지 이를 맡아 왔습니다. 오늘 여러분께 인사를 드리며 그의 정신이 어떻게든 이 안에 있다는 느낌이 듭니다. 그는 그 누구보다도 우리의 친밀함을 더 잘 상징합니다.

그날 이후로 장로교는 서양과 한국의 관계에서 언제나 중요한 역할을 해 왔습니다. 한 사람의 미국인으로서 저는 미국 장로교가 지속적으로 보여 준 건설적인 사업과 깊은 관심에 더욱 기쁩니다. 여러분의 대표들은 어떠한 미국인들도 자랑스러워할 정도로 이 나라에 강한 애착과 지속적인 관심을 보여 주었습니다. 우리와 함께한 이들 중에서도 저는 특별히 조부께서 노회의 초대 노회장을 지내셨던 위원회 대표 마펫(Samuel Moffett), 조부께서 50년 전 총회에서 총회장으로 선출되었던 언더우드(Horace Underwood), 그리고 그 외 많은 사람들을 언급하고 싶습니다. 그 어떤 누구도 감사와 겸양 없이는 이러한 성과들을 떠올릴 수 없을 것입니다.

하지만 개인적인 성과보다 훨씬 중요한 것이 바로 총회가 기여한 공헌입니다. 50년간 그래왔듯이 이는 한국에 민주주의가 처음으로 효력을 보이게 된 것을 말해 주는 것이기도 합니다. 오늘 여기에 275명의 위원들이 있습니다. 이들은 375,000명의 회원들을 대표하며 여러분의 수천 개의 교회에서 선출된 노회에서 다시 선출된 분들입니다. 민주주의라는 개념은 서양에서 출발했지만, 이 총회는 한국만의 유일무이한 것이 된 지 오래입니다. 마펫 박사가 수십 년 전 총회장의 지위에서 내려온 이래로 여러분의 총회장은 한국인이 대대로 맡아 왔습니다. 교회와 영혼의 지도자일 뿐만 아니라 한국에서 가장 오래된 민주주의 단체의 대쪽 같은 대표자인 새로운 총회장, 이기혁 목사님이 우리 앞에 서 계십니다.

이 훌륭한 기념일을 여러분과 함께할 기회를 주신 데에 대해 감사합니다. 다시 한 번 축하드리며 이 교회와 여러분 모두의 미래가 밝기를 바랍니다.

새뮤얼 버거(Samuel Berger)
주한 미국 대사
[*CHB*, 573-574쪽]

4. 프린스턴 대학교 도서관으로부터

뉴저지, 프린스턴 08540, 1976년 5월 18일

Shih-Kang Tung, 아시아 도서 사서
Gest 동양학도서관 팔머관 317호

헨리 M. 브루엔 부인
19 Nassau Dr. Savannah, GA 31410

브루엔 부인께

1976년 3월 15일자로 동양학부로 보내신 부인의 편지에 대해 답장을 드립니다. 저는 한국사 사전에서 자료를 뒤져 KOREA 항목을 찾았습니다. 영토, 사람 그리고 문화가 담겨 있었습니다.(서울, 학원사, 1960)

동봉된 사본에는 비석에 기록되어 있는 비문의 번역이 포함되어 있습니다. 그 기념비들이 1868년[48] 프랑스의 침략 사건, 1866년[49]과 1871년[50] 미국의 침략 사건이 일어난 이후 어떻게 세워지게 되었는지 확실히 기록되어 있었습니다. 밑줄이 쳐진 비문들은 사진에서 보이는 처음

세 문단의 내용이고, 마지막 문단은 "1866년에 기록되고, (기념비는) 1871년에 세워졌다"라는 의미입니다.

상당히 많은 기념비들이 나라 전체적으로 주요한 도시나 마을에 세워졌으나 이후 1882년경 조선이 서구 제국에 문을 연 이후 사라졌습니다. 서울 경복궁에 있는 것은 '보신각 종'이 다른 장소로 옮겨질 때 1915년 땅에서 파낸 것입니다. 이것들은 강화도에도 좀 남아 있었고, 경상도에서는 1925년까지 볼 수 있었습니다. 덧붙이자면, 그 비석은 한국에서 '척화비'(친화적인 관계를 거부한 것을 기념하는 비)라고 불렸습니다.

그것에 관해서 정보가 더 필요하시다면 기쁜 마음으로 당신의 요청에 더 많은 정보를 보내 드리겠습니다.

진심을 담아
수운 Y. 김(Mrs. Soowoon Y. Kim)
한국 및 일본 자료 책임자
Gest 동양학도서관

---

48) 역주-오페르트 도굴 사건: 병인양요 후 서양인들은 계속 조선과 통상을 하려고 하였다. 이때 영국 동인도회사와 프랑스 극동함대의 사주를 받은 오페르트가 대원군의 아버지인 남연군의 묘를 파헤치고 도굴하려다가 미수에 그쳤다. 이 사건은 흥선대원군의 쇄국정책을 더욱 강화시키는 결과를 낳았다.
49) 역주-제너럴셔먼호 사건: 미국 상선 제너럴셔먼호(General Sherman)가 대동강을 거슬러 올라와 평양에서 강제로 통상을 요구하다가 군민의 화공으로 불타 침몰된 일.
50) 역주-신미양요: 미국의 아시아 함대가 1866년 8월의 제너럴셔먼호 사건을 빌미로 조선을 개항시키려고 강화도에 쳐들어온 사건. 대원군은 "서양 오랑캐가 침범하여도 싸우지 않는 것은 나라를 파는 것"이라는 척화비를 세워 쇄국양이 정책을 더욱 강화하였다.

첨부

[*CHB*, 179쪽]

5. 선교사들과 봉사연도

윌리엄 베어드 목사(Rev. W. M. Baird, Ph.D., D.D.)	1895-1896, 평양으로 옮김
베어드 부인(Annie Adams)	1896-1896 & Baby (Jon) 1891
제임스 아담스 목사(Rev. James E. Adams, D.D.)	1896-1921
	1923-1925년까지는 선교회 소속이 아님
존슨 박사(W. O. Johnson, M.D.)	1897-1913
존슨 부인(Mrs. W. O. Johnson)(Edith Parker)	1897-1913
브루엔 목사(Rev. H. M. Bruen)	1899-1941. 9
새디 놀스 양(Miss Sadie Nourse)(Mrs. A. G. Welbon)	1899-1901
사이드보담 목사(Rev. R. H. Sidebotham)	1899-1900
사이드보담 부인(Mrs. R. H. Sidebotham)(Effie Bryce)	1899-1900
바렛 목사(Rev. W. M. Barrett)	1901-1908
	결핵으로 1906년에 미국으로 귀국
브루엔 부인(Mrs. Henry M. Bruen)(Martha Scott)	1902-1930, 사망
널 박사(Maion M. Null, M.D.)	1903-1906
널 부인(Mrs. Maion M. Null, M.D.)	1903-1906
엘리자베스 카슨 양(Miss Elizabeth Carson)(Mrs. W. M. Barrett)	1904-1908, 사임
맥파랜드 목사(Rev. E. F. McFarland)	1904-1927
	1922 사임하고 1925 재임용
맥파랜드 부인(Mrs. E. F. McFarland)(Mary Stewart)	1905-1922, 사임 후 사망
크리스틴 카머슨 간호사(Miss Christine Camerson, R. N.)	1905-1909, 사임

월터 어드만 목사(Rev. Walter C. Erdman, D.D.)　1906-1926, 평양으로 옮김
월터 어드만 부인(Mrs. Walter C. Erdman)(Julia Winn)　1906-1926
소텔 목사(Rev. C. C. Sawtell)　1907-1909, 11월 16일 사망
소텔 부인(Mrs. C. C. Sawtell)(Katherine McClung)　1907-1910, 사임
톰스 목사(Rev. J. U. S. Toms)　1908-1910, 서울로
톰스 부인(Mrs. J. U. S. Toms)(Ella Burt)　1908-1910
에식 양(Miss Blance Essick)(Mrs. George Winn)　1908-1910, 대구로
　1914-1926, 다시 대구로 옮김
밀스 양(Miss Anna R. Mills)(Mrs. M. M. Greenfield) 1908-1914
　1909년 2월 29일 임용되었으나 사임
맥켄지 간호사(Miss Mary McKenzie, R.N.)　1909-1910
라이너 씨(Mr. Ralph O. Reiner)　1910-1915, 평양으로 옮김
라이너 부인(Mrs. R. O. Reiner)(Jessie Munro)　1910-1915, 평양으로 옮김
플레처 박사(A. G. Fletcher, M.D.)　1910-1942, 안동에서 옮김
매기 간호사(Miss Ethel Magee, R.N.)　1911-1914, 사임
폴라드 양(Miss Harriet E. Pollard)　1911-1941
스위처 양(Miss Martha Switzer)　1911-1929, 대구에서 사망
그린필드 목사(Rev. Willis W. Greenfield)　1911-1916, 사망, 서울에서 옮김
배브콕 양(Miss Carolyne Babcock)(Mrs. James E. Adams)　1912-1925
크로더스 목사(Rev. John Y. Crothers)　1901. 11. 27-1910, 안동으로 옮김
밀스 목사(Rev. Thornton A. Mills, Ph.D.)　1912-1914, 제휴, 사임
블레어 목사(Rev. Herbert E. Blair)　1913-1941, 신천과 강계로 일시 옮김
블레어 부인(Mrs. Herbert E. Blair)(Susan Gillette)　1913-1941
윈 목사(Rev. George Winn)　1914-1926, 서울로 옮김
플레처 부인(Mrs. Archibald G. Fletcher)(Jessie Rodgers)　1915-1942
버그만 양(Miss Gerda O. Bergman)　1915-1941

베킨스 간호사(Miss Elizabeth Bekins, R.N.)	1915-1919, 사임
헨더슨 목사(Rev. Harold H. Henderson)	1918-1941
헨더슨 부인(Mrs. Harold H. Henderson)(Enda Pusey)	1918-1941
그림스 양(Miss Etta B. Grimes)(Mrs. E. F. McFarland)	1919-1927
스미스 박사(Roy K. Smith, M.D.)	1920-1922, 안동으로 옮김
스미스 부인(Mrs. R. K. Smith)(Laura McLane)	1920-1922, 안동으로 옮김
말콤슨 박사(O. K. Malcomson, M.D.)	1921-1922
말콤슨 부인(Mrs. O. K. Malcomson)(Elizabeth McKee)	1921-1922
호이트 박사(H. Spencer Hoyt, M.D.)	1922-1930
호이트 부인(H. Spencer Hoyt, M.D.)(Nell Henderson)	1922-1930
라이언 씨(Mr. William B. Lyon)	1923-1939, 1945-
라이언 부인(Mrs. William B. Lyon)(Lorene Jones)	1923-1939, 1945-
리브세이 씨(Mr. Joseph B. Livesay)	1925, 아담스전도기금 소속 1925-1940, 재령
킨슬러 양(Miss Helen C. Kinsler)	1923-1930, 1932, 사임
헤드버그 양(Miss Clara Hedberg, R.N.)(나중에 브루엔 부인)	1923-1941
에드워드 아담스 목사(Rev. Edward Adams)	1925-1942
에드워드 아담스 부인(Mrs. Edward Adams)	1925-1942
챔니스 목사(Rev. O. V. Chamness)	1925-1941
챔니스 부인(Mrs. O. V. Chamness)	1925-1940
헨더슨 부인(Mrs. Lloyd Henderson)	1932-1941, 1945-

[*CHB*, 531-532쪽]

6. 장로교 해외선교위원회 역대 총무

엘린우드 목사(Rev. S. H. Ellinwood)　　　-1903년
브라운 목사(Rev. Arthur Judson Brown)　　1895년 6월 1일-1929년
맥아피 목사(Rev. Cleland B. McAfee)　　　1929-1936년
레버 목사(Rev. Charles T. Leber)　　　　 1936-1941년
후퍼 목사(Rev. J. Leon Hooper)　　　　　 1941년 4월 21일 -

[CHB, 529쪽]

부록 2 : 역자의 해설

1. 한반도 최초의 야구

　1899년 9월 부산항에 도착한 브루엔의 이삿짐 속에는 야구 장비가 포함되어 있었다.(제1권 80쪽) 또한 그가 서울에 도착하자 그의 선임인 마펫 선교사는 요즘 미국에서 잘 나가는 선수가 누구인지를 묻는 것으로 인사를 대신한다.(제1권 81쪽) 브루엔이 야구광이라는 사실을 동료 선교사들은 이미 알고 있었던 것이다. 그런가 하면, 1900년 1월 31일자로 약혼녀 마사에게 보낸 편지에는 자신이 아이들에게 야구 게임을 직접 가르쳤다는 구체적인 이야기가 나온다.(제1권 122쪽) 의료선교사인 동료 존슨 박사의 부인도 같은 해 3월 25일자의 글에서 브루엔이 아이들에게 야구를 가르치는 내용을 자세히 기록하고 있다.(제1권 127-128쪽) 놀랍게도 여기에는 기미년 만세운동을 이끈 33인 중 최연소자 이갑성의 이름도 등장한다. 뿐만 아니라 브루엔이 1900년에 쓴 선교 보고서에는 실제로 야구 팀이 구성되어 활동했음을 짐작케 하는 내용도 담겨 있다.(제1권 172쪽) 그저 야구를 가르친 데 그치지 아니하고 이때 이미 정식 야구 팀을 조직했다는 말이다.

　한국의 야구 역사에 관해서는 이미 10여 년 전에 "YMCA야구단"이라는 영화로 잘 알려져 있다. 최근에는 KBS 역사스페셜에서 "또 하나의 전쟁 황성 YMCA야구단"이라는 다큐멘터리가 제작된 적도 있다.

하지만 이들은 모두 한반도 최초의 야구가 1904년 질레트 선교사에 의한 것임을 내세우고 있다. 아닌 게 아니라 야구의 최초 한반도 도입이 1904년이냐 1905년이냐 하는 갑론을박은 그동안 의외로 뜨거웠다.(홍윤표, "야구 도입 1904년이 옳다", 『근대서지』, 2012, 21-228) 지난 12월 17일에는 대한야구협회마저 나서서 한국 야구의 도입연도가 1904년으로 바로잡혔다며 '한국 야구의 기원 정정 선포식'까지 가졌다. 그러나 최초의 야구가 1900년 브루엔 선교사에 의해 대구로 유입되었다는 위의 사료들은 지금까지의 이런 논쟁들을 일거에 뒤집고도 남을 만하다.

이제 우리가 관심을 가져야 할 부분은 최초의 야구가 어디서 어떻게 누구에 의해 도입되었는가보다 야구를 아이콘으로 한 근대에 대한 담론이다. 1914년에 발행된 잡지 「청춘」의 창간호에는 필자를 알 수 없는 "뻬스뿔 설명"이라는 글이 재미있는 삽화와 함께 실려 있다. 마치 보스톤의 어느 대학 캠퍼스를 연상케 하는 서양식 2층 건물 앞으로 어떤 학생이 걸어가고 있다. 이 '근대적' 도시를 걷는 학생은 교복과 교

| 『청춘』 창간호(1914. 10)에 실린 "뻬스뿔 설명"이란 글의 삽화 |

모로 짐작되는 검은 제복을 입은 채로 한 손에 책을 들고 읽고 있다. 그리고 다른 한 손에는 참으로 어울리지 않게도 야구 방망이를 들고 있다. 이 오묘한 조합은 영락없는 '모던 뽀이'의 모습이다. 그리고 본문에서는 뻬스뽈이 1910년대 우리 학생계에서 성행하는 유희라고 소개되고 있다.

"다른 경기는 흔히 하나하나가 한 편이 되어 겨누지만, 뻬스뽈은 한 편 각 9인씩 단체로 승부를 겨루므로 그 방법이 주밀하고 절차가 번다하여 재미도 다른 것보다 더 많다"고 했다. 또한 "동작을 민첩하게 하며 시력을 굳세게 하며 또 결단력을 기르니…장쾌하고 활발함이 청년의 유희"로 추천할 만하다고 했다. 이 학생이 한 손에 펼쳐 들고 있는 책은 정신의 계몽에 다름 아니다. 그렇다면 다른 한 손에 거머쥔 야구 방망이는 신체의 계몽을 상징할 것이다. 유희가 합리적 경기로 변모하고 있음을 보여 주고 있는 것이다.

1916년에 발표된 "야구전"이라는 응원가도 마찬가지이다. 1910년 기독청년회(YMCA) 중학부에 입학하여 1912년에 졸업하고, 1915년에 조선정악전습소 양악부를 마친 홍난파가 작곡한 것이다. 당시 YMCA는 야구로 명성을 날리던 때였다. 조금은 유치하게 들리지만 그 내용은 다음과 같다.

1. 활발하다 야수들은 쭉 둘러서서/ 엄파이어의 플레이 소리 뚝 떨어지니/ 저희들의 돌주먹과 쇠 팔뚝으로/ 힘을 다해 싸운다.
2. 배팅 들고 썩 나서니 원 스트라이크/ 다시 한 번 갈겨 보아라, 홈런으로/ 세컨드야 주의해라 공 굴러간다./ 어화 홈인이로다.

8.15해방 이후에 등장한 '야구노래'도 재미있다. 이 "전국중등학교 야구선수권대회가"의 작곡가 박은용은 이 노래를 '행진곡풍(行進曲風)으로' 부르도록 주문해 놓았다. 대구 출신의 음악 천재 박은용은 일찌감치 대구의 야구를 맛보았을 것이지만, 아쉽게도 6.25 직전에 월북하고 말았다. 그 가사는 다음과 같다.

1. 슬기로운 靑年의 意氣를 모아/ 세워보세 새로운 歷史의 이날/ 한맘으로 던지는 공을 보아라/ 곳고도 바르고 빠른 이 공을/ 勝利로 달려가는 우리의 마음
2. 검고 붉은 입술에 담은 決意와/ 鐵杖가튼 두 팔에 힘을 모아서/ 우리들이 후려치는 공을 보아라/ 蒼空을 가르며 닷는 저 공에/ 千萬軍 물리치는 勇氣가 잇다
3. 우리들의 자랑은 靑春의 피와/ 죽엄에도 나서는 祖國의 사랑/ 이 사랑과 피로서 서로 뭉칠 때/ 大會의 꼿다발 우숨을 웃고/ 榮光의 優勝旗는 더욱 빛난다

야구의 내러티브는 어느덧 계몽에 머무르지 않고 승리, 용기, 청춘의 피, 조국의 사랑에까지 이르게 된다. 계몽의 과정은 전근대로부터 근대로의 이동 과정이기도 하다. 철도, 서양 의술, 유성기, 우정국 등 한반도 최초의 유입물이나 제도들이 단순한 호기심이나 센세이셔널리즘에 머무르지 않고 근대를 이해할 수 있는 훌륭한 실마리가 되는 것은 그런 이유이다. 그 가운데 하나가 스포츠이다. 스포츠야말로 그 사회의 독특한 문화전통에 편입되면서 근대화 과정을 거쳐 오늘날과 같이 고도로 조직된 경기 형태로 발전해 왔다. 동시에 근대 산업사회에서

살아가는 많은 사람들의 삶에도 직간접적으로 영향을 미쳐 왔다는 점에서 한반도 최초의 야구가 대구에서 시작되었다는 것은 의미 있는 일이다.

[CHB, 127쪽; 제1권 127쪽 참조]

2. 네비우스 선교정책

　미국 북장로회 선교부는 1890년까지 알렌(H. N. Allen), 언더우드(H. G. Underwood) 등 10여 명의 선교사를 한국에 파견했지만 당시 이들은 대부분 갓 신학교를 졸업한 청년들이었다. 게일이 25세, 언더우드가 26세, 아펜젤러가 27세, 알렌 의사가 27세 그리고 그 중에 나이가 가장 많았던 스크랜톤 선교사도 29세에 불과했다. 이들은 복음에 대한 분명한 확신과 뛰어난 잠재력이 있었고 패기와 복음에 대한 열정도 대단했지만 선교 경험이 전혀 없었다. 이들은 한국에 와서 선교부와의 관계, 한국인과의 관계, 선교사들 간의 원활한 관계 등을 정립하지 못하고 많은 시행착오와 갈등을 겪었다.
　이에 선교사들은 본국 선교부에 도움을 청하였고, 선교부는 당시 중국 체푸에서 활동 중이던 존 리빙스턴 네비우스(John L. Nevius)를 서울로 보냈다. 중국 산둥성에서 선교활동을 하고 있던 그는 1890년 6월에 서울을 방문해 2주 동안 머물면서 자신의 선교 경험에 기초하여 선교사 역을 처음 시작하는 젊은 선교사들이 명심해야 할 중요한 선교 원리를 제시했다. 그의 서울 방문은 선교사들이 선교 방법과 정책을 채택하는 데 결정적인 영향을 주었다. 그것은 한국 선교를 어떻게 해야 할지 방황하는 젊은 선교사들에게 일대 방향을 제시하는 매우 뜻깊은 사건이었다. 2주간의 강의를 들은 이들은 모두 북장로교 소속 선교사 10명 정도였지만 그 시점부터 네비우스 선교 방법은 북장로교뿐만 아니라 전체 장로교 선교회의 중요한 선교정책이 되었다.

네비우스는 이미 1855년에 중국에서 활동한 경험을 바탕으로 논문집 「선교 방법론」(Methods of Mission Work)을 발표하여 선교부로부터 큰 평가를 받은 바 있었다. 그는 선교사업의 궁극적 목적을 '독립적이고 자립적이며 진취적인 토착교회 형성'에 두었다. 그리고 선교정책의 기본 이념으로 첫째, 자원하여 전도하는 자전(自傳, self-propagation), 둘째, 자비량으로 복음을 전하며 자립 경제의 정신으로 스스로 부담하는 자립(自立, self-support), 셋째, 독자적이고 독립적인 교회치리를 하는 자치(自治, self-government)가 그 핵심이었다. 이들 이념은 이미 각국 선교회에서 제기되었던 것으로, 19세기 후발 자본주의 국가들이 식민지 개척과 함께 추진했던 토착교회 육성 방안이었다.

장로회 선교사들은 각기 네비우스의 선교 원칙을 한국 상황에 적응시키려고 노력하여 여러 가지 방법론을 마련하였으며, 이런 방법론은 1891년 「북장로회 선교회 규칙」에 정리되었고, 1893년에는 한국 장로교 선교부 공의회에서 다음과 같은 10개의 구체적인 정책으로 확정되었다.

① 상류계급보다는 근로계급을 상대로 해서 전도하는 것이 좋다.
② 부녀자에게 전도와 부녀자 교육에 힘씀이 후세 교육에 좋다.
③ 학교를 세우고 기독교 교육을 실시하여야 크게 선교의 효력을 낼 수 있다.
④ 장차 한국인 교역자도 결국 이런 곳에서 배출될 것이다.

⑤ 성경을 속히 번역하여 회개하는 자를 얻는다.

⑥ 모든 종교 서적은 순수한 한국말로 쓰도록 한다.

⑦ 진취적인 교회는 자급하는 교회가 되어야 한다. 선교사의 도움을 줄이고 공헌하는 개인을 늘린다.

⑧ 한국의 대중들은 동족의 전도에 의해서 신앙하게 되어야 한다. 따라서 전도를 우리 자신이 나서서 하는 것보다는 전도자의 교육에 전력해야 한다.

⑨ 의료선교사들은 환자들과 오래 친숙하게 지냄으로써 가르칠 기회를 갖게 되고 또 깊은 마음의 문제에 골몰하는 모범을 보여 주어야 한다.

⑩ 병원에서 치료를 받는 사람은 고향의 마을에 자주 왕래하게 해서 의료선교사들의 인내에 넘치는 간호의 경험을 본받아 전도의 문을 열도록 해야 한다.

한국에 새로 파송되는 모든 장로교 선교사들은 누구나 도착한 후 "네비우스 선교정책에 관한 책을 한 부 받아 첫해 말에는 한국어 시험에 합격해야 함과 아울러 이 원리를 완전히 터득하게 되었음"을 보여 주어야 했다. 한국어 시험과 네비우스 선교정책의 습득은 적어도 한국에 입국하는 모든 장로교 선교사들에게 요구되는 필수적인 사항이었고, 1899년에 도착한 우리의 주인공 브루엔 역시 당시 25세의 젊은 청년으로 예외가 될 수 없었다. 따라서 네비우스 선교정책은 한국 선교 정책의 근간을 형성하게 된 것이다.

이러한 정책들은 이후 미국 남장로회, 캐나다 장로회, 오스트레일리아 장로회 선교부 소속 선교사들에게 그대로 채택됨으로써 한국 장로교회의 보편적 선교정책이 되었으며, 감리교·성결교·성공회·침례교 등 타 교파 선교부도 이 정책의 실질적인 영향을 받음으로써 한국 프로테스탄트 교회의 대표적인 선교정책이 되었다.

[*CHB*, 38쪽; 제1권 174쪽 참조]

3. 의화단 사건

CHB, 96-97쪽(제1권 145쪽)은 날짜와 필자의 이름이 명기되어 있지 않으나 내용으로 보아 브루엔 부인의 글로 짐작된다. 사이드보담과 존슨 부인이 길에서 강도를 당했다는 이야기인데 대수롭지 않게 기술하고 있다. 그런데 이 사건과 관련된 몇 가지 중요한 다른 자료가 있다. 피해자 존슨 부인의 남편인 존슨 박사가 매우 흥분된 어조로 당시 미국 공사였던 알렌(Horace Allen)에게 이 사실을 보고했고, 알렌은 외무대신 박제순에게 엄중한 항의서한을 여러 차례 보냈다.[51] 이 항의서한에 따르면, 사건은 1900년 10월 11일 오후 4시 사이드보담과 존슨 부인 그리고 존슨의 갓난아기가 부산에서 대구로 가는 도중 밀양 근처에서 강도를 만났다. 20여 명의 강도 떼가 총칼로 무장을 하고 있었는데, 그중 2명은 군복을 입었다. 그들은 특히 존슨 부인에게 칼을 휘둘렀지만 보따리와 옷가지를 내버려 둔 채 도망을 쳐서 다행히 목숨은 구했다는 내용이다. 이런 항의서한을 보냈음에도 한국 정부가 미온적인 태도를 보이자 존슨은 왜 범인을 잡지 않느냐고 계속해서 항의를 했고, 알렌 공사

---

[51] 역주-문서명: 미인 존손 등 밀양 피도 고소의 건(美人 존손 等 密陽 被盜 告訴의 件) (原 14 册), (發) 美公使 安連, (受) 外部大臣 朴齊純, (光武) 4年 11月 24日, (西紀) 1900 年 11月 24日 (출처: www.krpia.co.kr)

는 다시 외무대신 박제순에게 외교적 형식을 빌려 강력하게 항의했다.

이와 관련하여 또 하나의 사건이 있었다. 1900년 11월 25일 대구 관찰사는 아담스와 존슨이 살고 있는 집으로 관원들을 보내 그 집에서 일하고 있던 하인 김택영을 체포한 것이다. 죄목은 그가 이 선교사들의 대리인 자격으로 주택을 구입했다는 것이었다. 외국인 자격으로 사유재산 매입이 허락되지 않았기 때문에 취한 조치였지만 김택영은 끌려가서 모진 고문을 당했다. 이에 대해 알렌 공사는 조미통상조약을 근거로 외무대신 박제순에게 강력히 항의했다. 한국 관리가 함부로 미국인 사유지에 침입했다는 사실, 미국인을 위해 일하는 하인을 체포하고 고문한 것은 미국인에 대한 인권침해라는 사실, 이미 일본인과 프랑스인들은 같은 방식으로 주택을 구입했는데 이를 문제 삼는 것은 미국인에 대한 박해라는 사실 등이다.[52]

CHB, 96-97쪽(제1권 275쪽)에서 브루엔이 의화단 사건의 여파가 있을까 걱정하고 있는 장면도 마찬가지이다. 이러한 일련의 사건, 그러니까 선교사들은 한국인들이 자신들을 위협하고 공격하거나 혹은 자신들과 함께 일하는 한국인들을 정부에서 탄압하는 것으로 이해하는 데는 중국에서 있었던 의화단 사건(義和團事件, 1899-1901)의 영향이 있었음을 짐작하게 된다. 의화단 사건은 의화단이라는 도교의 일파라고 할 수 있는 백련교 계통의 비밀결사가 유럽 선교사들과 중국인 기독교도들의 전횡에 항의하여 봉기한 사건이다. 그들은 만주 왕조를 도와 서

---

52) 역주-문서명: 경북 관찰사 파견 순검의 미인 우소 침입과 고용인 형신에 대한 항의(慶北 觀察使 派遣 巡檢의 美人 寓所 侵入과 雇用人 刑訊에 對한 抗議) (原 14 冊), (發) 美公使 安連, (受) 外部大臣 朴齊純, (光武) 4年 12月 17日, (西紀) 1900年 12月 17日. (출처: www.krpia.co.kr)

양을 멸망시킨다는 '부청멸양'(扶淸滅洋)을 내세우며 외국인과 중국인 기독교도들을 닥치는 대로 살해했는데, 이때 청조의 태도는 이중적이었다. 한편으로는 그것을 불법으로 간주하며 막았고, 다른 한편으로는 외세 배척의 수단으로 삼았던 것이다.

의화단은 처음에는 산둥성을 중심으로 성행했는데, 원세개(위안스카이)가 산둥으로 부임하여 이를 탄압하자 중국 북부 지역으로 퍼져 나갔다. 의화단이 성행하게 된 사회적 배경으로는 여러 가지가 있지만 그 중에서도 철도의 건설과 증기선으로 인하여 사람들이 일자리를 잃은 데다 기근까지 겹쳤기 때문이다. 또한 중국인 기독교도들이 선교사들의 영향력을 이용하여 송사에서 부당하게 승리함으로써 원성을 산 것도 이유가 되었다. 게다가 선교사들에 대한 악성 루머마저 횡행했다. 예를 들면 선교사가 운영하는 고아원에서 아이들의 눈을 빼내서 약을 만들어 판다든가, 심지어는 중국의 기근도 선교사들이 부채로 구름을 흩어 버려서 비가 내리지 않게 했기 때문이라는 것이다.

결국 1899년부터 중국 북부 지역을 중심으로 선교사들이 살해당하는 일이 발생하더니 1900년 6월에는 일본 서기관과 독일 공사가 살해당하고, 이어 북경의 외국 공사관들이 의화단원들에게 포위되는 사태로까지 이어졌다. 북경 공사관에서 가까운 북당교회당(Peitang Cathedral)도 포위당했다.

1900년 8월, 8개국(영국, 러시아, 독일, 프랑스, 이탈리아, 오스트리아, 미국, 일본)의 연합군이 북경에 진주하자 서태후와 광서제는 내륙 지역으로 급히 피신했다. 이때 가장 많은 병력을 파견한 나라는 일본이었고, 그 다음이 러시아였다. 그러나 베이징과 톈진 일대에서는 대규모의 보복성 학살과 약탈이 있었고, 주로 북부 지역에서 선교사들에 대한 공격이 빈발하다가 1901년에 강화조약이 성립하였다.

참조. Diana Preston의 *Boxer Rebellion: The Dramatic Story of China's War on Foreigners That Shook the World in the Summer of 1900*.

[*CHB*, 96-97쪽; 제1권 275쪽 참조]

4. 초대받지 않은 손님

1905년 9월 30일, 브루엔 선교사의 집 앞에는 몰려든 군중들을 피해 뒷골목으로 빠져나온 한 금발의 아가씨가 있었다. 그녀는 사람들의 눈길을 다른 곳으로 돌리기 위해 자신의 가마에 하녀를 대신 태워 먼저 길을 떠나게 했다. 그리고 자기는 아담스 선교사의 큰아들 에드워드의 안내를 받아 아무도 눈치 채지 못하게 대구역으로 발걸음을 옮겼다.

그녀는 열흘 전인 9월 19일에 미국의 '아시아 순방단'(Mission to Asia) 일행과 함께 제물포항에 도착하여 서울로 향했다. 서울역에서는 황실 근위대와 군악대 그리고 각국의 공사들이 나와 환영하였으며, 길가에는 구경꾼들이 구름 떼처럼 몰려들었다. 그녀의 이름은 앨리스(Alice), 바로 미국의 26대 대통령 시어도어 루스벨트(Theadore Roosevelt)[53]의 맏딸이다. 서해와 요동반도에서 일본이 러시아 해군을 침몰시키고 있던 무렵, 루스벨트 대통령은 대규모 순방단을 파견한 것이다. 그리고 여기에 자신의 딸을 포함시켰다. 너무 뜻밖의 손님에 놀란 고종 황제는 루스벨트가 고마웠다. 밀사를 보내 대한제국의 독립 유지를 도와달라고 그토록 애원했을 때는 들은 척도 하지 않더니, 드디어 '공주님'을

---

[53] 역주-미국의 제32대(1933-1945) 대통령인 프랭클린 루스벨트(Franklin Roosevelt)와는 다른 사람이다.

고종 황제를 알현하러 가는 앨리스 양
(프랑스 「르 프티 파리지앙」 1905. 10. 8)

구원의 천사로 보내 주시다니!

앨리스는 다음날 순방단 일행과 함께 홍릉에 자리하고 있던 명성황후의 능(陵)을 예방했다. 그것은 어쩌면 일본에 당한 국치의 증거를 직접 보여 주고 싶었던 황실의 계산된 배려였을 수도 있다. 그러나 그녀는 기대와는 달리 매우 무례하게 굴었다. 당시 황실의 의전을 담당하던 독일인 여성 크뢰벨은 이렇게 보고하고 있다. "엄청난 먼지 폭풍을 휘몰아치며 한 여성이 위세당당하게 말을 타고 나타났다. 승마용 채찍을 손에 들고 입에는 시가를 물고 있었다. 우리는 황실의 격식에 따라 최대한의 경의를 표했으나 그녀는 이 모든 것을 장난으로 여기는 듯했다. 오히려 능을 지키는 동물상에 더 많은 관심이 있었다. 큰 코끼리 석상이 있는 것을 보더니 순식간에 올라타고는 사진을 찍어 달라고 소리쳤다. 우리는 그녀의 그런 망나니 같은 짓에 경악했고 온몸이 마비되는 것 같았다. 그토록 신성한 곳에서 이런 무례한 짓을 저지르는 것은 한국의 역사에서 상상할 수 없는 일이었다."[54]

고종은 그녀를 오찬에 초대했고, 나머지 일행은 작은 테이블에 한국 고관들과 함께 모셨다. 황제의 특명으로 처음 양복을 입은 관리들의 모습은 우스꽝스러웠고 고종이 앨리스에게 베푼 환대는 민망할 지경이었지만, 이 버르장머리 없는

Alice Roosevelt at Seoul
(코넬대학교 도서관 소장)

---

54) 역주-Emma Kroebel, *Wie ich an den koreanischen Kaiserhof kam: Reise-Eindrücke und Erinnerungen*, Jacobsthal & Company, 1909.

공주님의 반응에는 오히려 비웃음이 숨어 있었다. "땅딸막한(squat) 황제께서는 식사하러 들어갈 때 자신의 팔을 내밀지 않고 나의 팔을 붙잡더군요. 황제와 곧이어 마지막 황제가 될 그의 아들은 우리 공사관 곁에 있는 궁전에서 내밀한 삶을 이어 가고 있었지요. 궁전을 떠날 때 그들은 각자 나에게 자기들 사진을 내밀었어요. 그 두 사람은 애처롭고 세상사에 둔감한 인물들이었으며, 황실로서 그들의 존재도 이제 얼마 남지 않은 상태였답니다."[55]

황실이 얼마 남지 않았다는 사실을 어떻게 알았을까? 앨리스는 두 달 전 7월 29일, 그들이 일본에 도착해서 체결한 '태프트-가쓰라 밀약'을 통해 이미 황실의 운명을 결정해 둔 상태였기 때문이다. 의회의 승인도 없이 한국 땅을 일본 식민지로 승인하고 필리핀 땅을 미국이 차지한다는 약속을 태프트 육군 장관을 특사로 내세워 완료해 버린 것이다. 그리고 루스벨트는 당시 '앨리스 공주'(Princess Alice)로 불리며 매스컴의 인기를 독차지하던 자기 딸을 앞세워 한바탕 쇼를 벌이듯 연막작전을 폈다. 그 공로를 인정받아 노벨평화상도 수상했다. 루스벨트의 시나리오에서 희생양에 지나지 않았던 고종 황제는 피에로 역을 맡았던 셈이다. 불쌍한 대한제국! 나라가 이미 남의 손에 의해 팔려버린 것도 모르고 한 말괄량이에게 농락을 당한 채, 두 달 뒤인 11월 17일에 결국 을사늑약에 도장을 찍고 말았다.

순방단은 9월 29일에 서울을 떠나 특별 열차 편으로 부산으로 출발했다. 그러나 홍수로 말미암아 철로가 끊겼고, 일행은 그날 대구에 내려 브루엔 선교사의 집에서 하룻밤을 묵었다. 선교사들이 베푼 만찬에

---

55) 역주-Alice Roosevelt Longworth, *Crowded Hours*, Arno Press, 1934.

서 아이들은 앨리스가 중국 서태후에게서 선물받았다는 애완견을 보겠다며 몰려들었다. 아담스의 어린 아들 벤은 자기 강아지를 안고 나왔다. 강아지의 이름이 무엇이냐고 묻는 앨리스에게 벤은 자랑스럽게 대답했다. "테디(Teddy)예요!" 긴 정적이 흘렀고 분위기는 썰렁해졌다. 앨리스의 아버지 루스벨트 대통령의 애칭이었던 것이다. 110년 전, 초대받지 않은 손님 앨리스 공주는 졸지에 '개의 딸'이 되어 대구를 도망치듯 떠나갔다.

[*CHB*, 110-111쪽(191-192쪽 참조); 제2권 30-32쪽 참조]

5. 태프트-가쓰라 밀약

한우근의 『한국사』, 446, 448, 450쪽에서 발췌

한편 일본은 러시아에 대해 계속해서 치명적인 공격을 가했다. 1905년 3월 묵덴의 중요 지점인 만주시가 무릎을 꿇었다. 국면을 뒤집으려는 필사적인 노력의 일환으로 러시아는 발트해의 모든 함대를 아시아로 보냈다. 수에즈 운하를 통해 가는 것은 영국이 거부했기 때문에 목적지에 닿으려면 아프리카를 돌아 항해해야 했다. 하지만 도착하자마자 함대는 대한해협에서 쓰시마 섬의 일본 해군에 의해 산산조각이 났다. 이 전투 후에는, 러시아의 무조건 항복이 시간 문제였다. 일본은 한국의 외교 수단과 내륙 수로에 대한 해상의 자유에 대한 모든 통제권을 주는 새로운 협약으로 한국을 더 죄어 왔다.

일본은 러시아를 물리침으로써 한국에서 통치권을 확보하는 한편, 서양 세력으로부터 방해가 없도록 확실히 하는 데에도 분주했다. 1905년 7월 일본 수상 가쓰라 타로가 도쿄를 방문 중이던 미국의 육군 장관 윌리엄 하워드 태프트를 비밀리에 만났다. 그들의 토의 결과는 태프트-가쓰라 조약이었다. 이는 미국은 한국에 대한 일본의 권리를 인정하고 이에 화답하여 일본은 필리핀에 대한 미국의 통치에 대해 아무런

이의 제기나 방해를 하지 않겠다고 약속한 것이었다. 8월에는 이와 비슷한 조약이 영국과 체결되었다. 일본이 인도에 대한 영국의 통치 지지를 약속하는 내용과 함께였다. 그렇게 미국과 대영제국은 커지는 일본의 힘으로부터 그들의 식민지를 확보하기 위해 한국의 자유를 팔아먹은 것이다.

1905년 7월에는 러시아 또한 패배를 인정하고 평화 조약 발표에 승인했다. 이런 과정들은 미국 대통령 시어도어 루스벨트의 훌륭한 사무실에서 이루어졌고, 머나먼 아시아에서의 전쟁을 끝낸 조약은 뉴햄프셔 주의 포츠머스 동네의 이름을 갖게 되었다.

일본은 즉시 승리의 결과물을 거두어들이기 위해 움직였다. 1905년 10월 그들은 한국 정부에 모든 외교관계를 일본 정부의 지배 하에 둔다는 내용의 5개 조항의 새로운 협약을 발표했다. 협상은 일본 경찰관 감시 아래에서 이루어졌고, 그들 때문에 아무도 이의를 제기할 수 없게 되었다. 많은 격론이 오가는 중에 상당한 수의 한국 관료들이 일본 경찰에 의해 제거되었고, 이후 11월 17일에 조약이 승인되었다.

조약이 효력을 발생하게 되자 조선 황제는 비밀리에 이승만을 미국에 보내어 루스벨트 대통령에게 한국 편에서 개입해 주도록 요청했다. 그러나 루스벨트는 포츠머스 조약을 수용한 상태였고, 요청은 무시되었다. 이승만이 간 것은 불행히도 태프트-가쓰라 밀약이 체결되고 난 후였던 것이다.

본국에서는 많은 지도자급 관리들이 국왕에게 항의하는 탄원서를 보냈고, 또 많은 이들이 자결을 했다. 고종 황제는 고향으로 돌아가는 미국인 선교사 H. B. 헐버트에게 기밀 문서를 보내 미국 대통령에게 한번 더 도움을 요청하도록 했지만, 이것 또한 묵살당했다. 1907년, 고종 황제는 자국의 독립을 되찾으려는 마지막 시도를 했다. 네덜란드 헤이그에서 두 번째 세계 평화 회의가 열린다는 이야기를 듣고 비밀리에 한국의 주장을 나타낼 특사를 보냈다. 세 명의 특사는 러시아인이었던 의장에게 연락을 취해 한국의 대표로서 그 회의에 참석할 수 있도록 허락해 달라고 요청했다. 하지만 의장은 한국은 외교적 의사 표현을 할 권리가 없기 때문에 인정할 수 없다고 말했다. 세 특사는 그곳에 남아서 모든 국가들의 대표단을 방문해 자국의 주권이 자신들의 의지와는 다르게 어떻게 침해받고 있는지 설명했고, 국제 기자단의 지원을 받은 모임에 참석하기도 했다. 그들은 상당한 공감대를 얻었지만 어떤 국가도 개입을 꺼렸고, 그들의 임무는 실패로 돌아갔다.

하지만 한국의 나쁜 상황과 일본의 야욕과 부정행위는 세계적으로 꽤나 알려졌고, 상당한 비난이 일어났다. 격분한 일본은 1907년 7월 19일 고종 황제의 퇴위를 강요했다. 왕세자가 그의 자리에 앉게 되었고 조선 통치의 마지막 군주가 되었다.

[*CHB*, 191-192쪽]

6. 평양 대부흥 운동

    1907년 1월 14일 평양 장대현교회에서 열린 부흥사경회에서 길선주 장로는 1,500명의 신도 앞에서 자신의 죄를 공개적으로 털어놓았다. 이것이 한반도 개신교계를 발칵 뒤집어 놓은 평양 대부흥 운동의 계기가 되었다. 그러니까 같은 해 3월에 쓴 위 브루엔의 글은 아직 평양 대부흥 운동의 열기가 식기도 전에 대구에서 있었던 부흥운동의 생생한 보고서인 셈이다. 대구에서도 평양에서와 같은 대참회 사건이 일어나기를 간절히 바랐지만 생각만큼 그렇게 뜨겁지 않았던 것 같고, 브루엔 목사 스스로도 아직 자신이 없는 듯한 태도를 취하고 있다. 평양 대부흥 운동의 현장에 있었던 정익로 장로는 당시의 모습을 다음과 같이 설명했다.

    그날 밤 길선주 목사의 얼굴은 위엄과 능력이 가득 찬 얼굴이었고 순결과 성결로 불붙은 얼굴이었다. 그는 길 목사가 아니었고 바로 예수님이었다. …그는 눈이 소경이어서 나를 보지 못하였을 터이나 나는 그의 앞에서 두 피할 수가 없었다. 하나님이 나를 불러놓은 것으로만 생각되었다. 전에 경험하지 못한 죄에 대한 굉장한 두려움이 나를 엄습하였다. …어떤 사람은 마음이 너무 괴로워 예배당 밖으로 뛰쳐나갔다. 그러나 전보다 더 극심한 근심에 싸인 얼굴과 죽음에 떠는 영을 가지고 예배당으로 되돌아와서 "오! 하나님, 나는 어떻게 했으면 좋겠습니까"라고 울부짖었다.[56]

길선주의 고백 이후 교회 지도자들과 교인들은 자신의 죄를 털어놓고 회개하는 '회개 릴레이'를 벌였고, 저녁에 시작된 예배는 새벽을 넘어 이어졌다. 살인죄와 도둑질 등 사적인 비밀을 남김없이 털어놓은 부흥회장은 지옥 문이 열린 것 같았다고 전해진다. 부흥회 전에는 양반과 상놈들이 예배당 안에서도 따로 앉았는데, 부흥회가 끝나기도 전에 함께 앉기 시작했다.[57] 이 장면을 목격한 베어드 부인은 다음과 같이 증언했다.

어떤 때는 자기 머리를 주먹으로 때리고 마룻바닥을 치며, 어떤 때는 말 그대로 고뇌에 잠겨 마치 사탄이 그들을 찢어 놓는 것 같이 울부짖기도 하다가 마침내 더 이상 견딜 수 없어 폭발 직전에 이르러서는 자리를 박차고 일어나 눈물 콧물로 범벅이 된 채 울부짖으며 자기 죄를 고백하는 것이었다. 그 고백한 죄들이란! 마치 지옥을 파헤쳐 놓은 것 같았다. …온갖 더러운 죄들을 쏟아놓으며 수치심으로 몸부림쳤다.[58]

평양 대부흥 운동의 가장 두드러진 특징은 통성(通聲)기도였다. 통성기도는 평양 대부흥 운동 이전엔 보기 힘든 낯선 기도 방식으로, 국내

---

56) 역주-한국기독교역사연구소, 『한국 기독교의 역사』, 기독교문사, 1989, 270.
57) 역주-김석종, "한국교회 '제2부흥' 꿈꾼다: '평양 대부흥' 100돌", 「경향신문」 2007. 1. 5.
58) 역주-이덕주, 『초기 한국기독교사연구』, 한국기독교역사연구소, 1995, 96.

에 처음 소개된 것은 1906년 가을 한국을 방문한 존스턴(Howard Agnew Johnston) 박사를 통해서였다. 그는 웨일스 부흥운동 소식을 소개하면서 "웨일스의 부흥회에서는 공적 기도를 인도하는 인도자만 하지 않고, 각 사람이 다른 사람을 의식하지 않은 채 큰 소리로 통성기도를 하였다"는 사실을 알려 주었다.[59] 신참 선교사 맥큔(G. S. McCune)은 통성기도에 충격을 받아 이렇게 말했다.

"기도합시다"라는 말이 떨어지기가 무섭게 예배당 안은 하나님께 기도드리는 소리로 가득 찼다. 예배당 안에 있는 교인들은 거의 모두가 큰 소리로 기도드리고 있었음이 분명했다. 놀라운 광경이었다! 혼자 큰 소리로 기도하는 자는 없었다. 그럼에도 자세히 들을라치면 서로 다른 목소리들을 구분해 낼 수도 있었다. 어떤 이는 울고 있었고, 어떤 이는 하나님께 죄목을 나열해 가며 용서를 빌고 있었다. 모두가 성령 충만을 간구하고 있었다. 그 많은 소리들이 있었음에도 전혀 혼란이 없었다.[60]

이러한 열기는 남쪽 지방까지 전해져 회개와 부흥운동이 확산되었다. 1907년 9월 17일 평양 장대현교회에서 한국 최초로 장로교 목사 안수를 받은 길선주·서경조·한석진·송인서·양전백·방기창·이기풍 등 신학교 졸업생 7명은 전국으로 흩어져 대부흥 운동의 불씨를 이어 갔다. 교회마다 대대적인 회개운동이 일어났고, 전국에 새로운 교회가 세워졌으며, 신자 수는 3배로 늘었다. 1907년에만 3만 명이 세례

---

59) 역주-박용규,『평양 대부흥운동: 100주년기념 개정판』, 생명의말씀사, 2007, 234.
60) 역주-이덕주,『초기 한국 기독교사 연구』, 한국기독교역사연구소, 1995, 99.

| 평양 대부흥 운동의 여성 집회(출처: 미술비젼코리아) |

를 신청했는데, 이는 당시 조선에 있던 모든 개신교인의 수보다 많았다. 또한 이 운동은 한국 개신교 토착화의 결정적 계기가 되었다. 새벽기도회, 금요 철야기도회 등 한국 개신교의 특징들도 당시에 태동했다.[61]

그러나 대구와 부산 등지에서는 그 영향력이 미미했다. 이상규는 "부산, 경남 지역에서 평양 대부흥 운동의 영향력이 크지 못했던 가장 큰 이유는 1905~1907년 당시 부산의 기독교 교세가 얼마 되지 않았기 때문"이라고 지적했다. 실제로 당시 부산이나 대구의 교인 수는 서울

---

61) 역주-류대영, 『개화기 조선과 미국 선교사: 제국주의 침략, 개화자강, 그리고 미국 선교사』, 한국기독교역사연구소, 2004, 432-433.

이나 평양에 비해 훨씬 적었다. 1907년 9월에 개최된 미국 북장로교 (PCUSA) 연회의 보고서에 따르면 한국인 입교자가 평양 2만 414명, 선천 1만 5348명, 서울 7435명, 재령 7428명, 대구 6145명, 부산 2017명 등의 순이었다. 대구와 부산이 다른 지방에 비해 부흥의 속도가 더딘 또 다른 이유는 유교적 색채와 불교의 오랜 전통으로 말미암은 보수적인 분위기 때문일 것이다. 게다가 무속의 전통이 강한 지역적 성향 역시 이유가 되었을 것이다.

뿐만 아니라 1904년에는 러일전쟁이 발발하고, 1905년에는 을사늑약이 체결되었으며, 1907년에는 특히 대구에서 읍성이 무너지고, 국채보상운동까지 일어났으나 교회는 이러한 민중들의 정치적, 사회적, 민족적 고난에 대해 침묵하고 있었다는 사실도 또 다른 이유가 되었을 수가 있을 것이다.

[*CHB*, 130-132쪽; 제2권 121-126쪽 참조]

7. 105인 사건

    1911년 일제가 무단통치의 일환으로 민족운동을 탄압하기 위해 사건을 확대 조작하여 결국 105명의 애국지사를 투옥한 사건이다. 1910년을 전후해 평안도와 황해도 등 서북 지역에서는 신민회(新民會)와 기독교도들을 중심으로 신문화운동을 통한 민족 독립운동이 뿌리 깊게 전파되고 있었다. 신민회는 1907년 초에 안창호(安昌浩)·이동녕(李東寧)·이승훈 등 독립지사가 비밀리에 조직한 항일단체이다. 무실역행(務實力行)을 그 방향으로 삼고 독립사상의 고취, 국민 역량의 배양, 청소년 교육, 상공업의 진흥을 통한 자체의 실력 양성 등이 기본 목표였다.
    조선총독부는 이 지역의 배일적 신문화운동을 뿌리 뽑기 위해 군자금을 모금하다가 잡힌 안명근 사건(安明根事件)을 확대 날조하고 있었다. 그러면서 이 사건에 관여했다 하여 서북 지방의 배일 기독교인과 신민회원을 다수 체포한 것이 안악 사건(安岳事件)과 105인 사건, 즉 신민회 사건이었다.
    안명근은 안중근(安重根)의 종제로 황해도 신천 사람이다. 북간도로 망명해 신천 일대를 중심으로 군자금을 모금하다가, 1910년 12월 평양역에서 일본 경찰에 잡혀 서울 경무총감부로 압송되었다. 이어 일본 경찰은 안명근의 의거에 동조했던 배경진(裵敬鎭)·박만준(朴萬俊)·한순직(韓淳稷) 등도 붙잡았다. 이것이 안명근 사건이다.

안명근이 신민회 회원이 아니었음에도 황해도 일대의 배일문화운동을 뿌리 뽑기 위해 일제는 그것을 신민회 황해도 지회의 지시에 따른 것으로 날조하여 안악군을 중심으로 황해도 일대의 지식층과 재산가 등 유력 인사 600여 명을 검거하였다. 이른바 안악 사건으로 잡힌 인사들은 그 지역을 중심으로 애국계몽과 구국운동에 헌신한 독립지사가 대부분이었다. 동시에 일제는 신민회 중앙간부와 지방회원을 대거 구속하였다. 그들이 서간도에 독립군 기지를 건설해 국권회복을 도모했다는 것이다. 일본 경찰은 갖은 고문으로 허위 자백을 강요하였다. 결국 1911년 7월 안악 사건 관련자들에 대해서는 안명근의 무기징역을 비롯하여 7~15년의 징역형을, 신민회 중앙간부에 대해서는 징역 2년에서 원도안치처분(遠島安置處分)까지 선고하였다.

일제는 안악 사건을 계기로 애국지사들에 대한 탄압에 자신을 가지게 되었을 뿐 아니라 비밀결사인 신민회의 관련 인사, 정책 등을 알아낼 수 있었다. 이후 일제는 신민회의 간부 및 회원들과 독립운동을 일으킬 가능성이 있는 애국지사들을 사전에 일망타진하기 위해 105인 사건을 조작했던 것이다.

일제는 신민회의 이 같은 방향과 목표를 미리 살핀 뒤 105인 사건을 조작한 것이다. 이른바 혐의 사실은 다음과 같다. 1910년 12월에 압록강 철교 준공 축하식이 있었는데, 조선 총독 데라우치(寺內正毅)가 신의주를 향해 출발하는 날이나 준공식을 마치고 서울로 돌아오는 날을 이용해 총독 이하 요인을 총살하려는 음모가 있었다는 것이다. 이러한 각본에 따라서 일제는 1911년 9월 윤치호(尹致昊)를 필두로 이승훈·양기탁·유동열(柳東說)·안태국 등 전국적으로 600여 명의 애국지사를 검거 투옥하였다. 일제는 야만적인 고문으로 허위 자백을 강요하였고, 나아가 사상 전환도 강요하였다.

　결국 억지 공판에 회부된 122명 가운데 105명이 징역 5년에서 10년까지의 유죄 판결을 받았다. 이들은 모두 고등법원에 항소하였다. 이 사건은 원래 날조된 것이어서 증거가 있을 리 없었으므로 일제의 고등법원은 1913년 5월 24일 대구복심법원으로 되돌려 보냈다. 1913년 7월 15일 대구복심법원에서는 105명 중 99명을 무죄로 석방하였고, 윤치호 · 양기탁 · 안태국 · 이승훈 · 임치정(林蚩正) · 옥관빈(玉觀彬) 등 6명에게만 징역 5~6년형을 선고하였다. 이는 이 사건이 일제의 날조에 의한 사전의 예비 검속이라는 사실을 입증한 셈이었다.

[CHB, 177쪽; 제2권 236-237쪽 참조]

8. 하와이 이민

1902년에 시작된 노동 이민은 선교사이자 의사인 알렌이 일본인 노동자의 임금이 높아 힘들어 하던 하와이 사탕수수밭 사정을 보고 한국인 이민을 권한 것이 시발이었다. 이에 정부는 이민을 담당하는 수민원(綏民院)을 만들어 민영환에게 책임을 맡겼다. 그해 12월 인천을 떠난 첫 이민자 가운데 86명이 1903년 1월 13일 하와이에 도착했다. 농민과 배우지 못한 사람이 대부분이었다. 오죽했으면 붙박이처럼 살아가는 정착 농경민족이 그 먼 길을 택했을까.

17세 소년 권도인은 이민의 전성기이자 끝나는 해인 1905년에 시베리아호를 타고 바다를 건넜다. 1888년 경북 안동에서 태어난 권도인은 고등보통학교를 졸업하고 일본 유학을 하고 싶었으나 집안 형편이 여의치 않았다. 마침 그때 하와이의 사탕수수 농장 노동자 모집 광고를 보고 지원해 선발이 된 것이다. 이민자 가운데 경상도 사람은 드물었다. 출발하는 곳이 먼 인천이고, 정보도 어두웠다. 사실 이민 모집 나이에도 미치지 못한 어린 청소년이었던 그가 경상도 산골에서 멀고 먼 인천까지 어떻게 갔는지는 상상하기 힘들다. 경부선이 1905년 1월 1일에 개통됐으니, 그가 고향에서 대구나 김천까지 걸어가 막 개통한 기차를 타고 영등포역을 거쳐 경인선으로 인천에 도착했을 것이다.

그를 태운 시베리아호는 1905년 2월 13일에 하와이에 도착했다. 그들은 40여 개의 농장으로 흩어졌다. 이들은 일요일만 빼고 매일 사탕수수밭에서 하루 10시간씩 일했다. 일당은 남자 67센트, 여자 50센트였다. 첫해에는 카우아이 섬의 사탕수수밭에서 일하게 되었는데 연령 미달로 다른 사람들보다 2달러 적은 월 16달러밖에 받지 못했다고 했다. 그는 사탕수수밭에서 성실하고도 창의성이 뛰어난 청년으로 커 갔다. 그는 2년의 계약기간이 끝난 19세 때 호놀룰루로 가서 가구점 견습생이 되어 가구 제작을 배웠다. 노동에 매달리다가 호놀룰루에서 가구 제조 기술을 배우고, 튼튼한 가구를 만들어 점차 이름을 알렸다.

이 무렵 그는 사진을 고국으로 보내 한 여성을 배필로 맞았다. 사진결혼이라 불리는 것이었다. 사진 속의 신부는 1912년 대구의 신명여학교를 1회로 졸업한 18세 소녀 이금례였다.[62] 당시 먼저 혼담이 있었던 언니를 제치고 하와이에서 공부를 더 할 수 있을 것이라는 꿈을 안고 온 것이다. 그해 하와이로 건너와 10월에 결혼을 했으니 신랑 권도인은 24세였다. 그리고 이름도 이희경으로 고쳤다.[63] 미국 사회에서는 권희경으로 불리기도 했다. 이렇게 가정을 이룬 그들은 하와이의 더운 날씨에 알맞은 커튼을 창안해 냈다. 고국에서 쓰던 대나무 발을 머릿속에 그리면서 멋진 그림이 담긴 커튼을 발명한 것이다. 발과 실크스크린 같은 그림을 합쳐 놓은 듯한, 바람이 잘 통하면서도 그림이 담긴 커튼을 만들어 특허까지 받았다. 돈을 많이 벌었으나 나라가 무너진다는 소식에 애국자금을 모았다. 그렇게 이민사회의 독립운동은 시작되

---

62) 역주-이금례의 사진은 제2권 265쪽에 실려 있다.
63) 역주-이에 관해서는 「매일신문」 2010. 1. 11, "[國恥百年] 신명여고 1회 졸업생 본명은 이금례"라는 기사에 나와 있다.

1933년 교회의 와이키키 지교회 개원을 기념하여 민요를 부른 뒤 왼쪽에서 두 번째가 권(이)희경이다.(출처『하와이 이민100년사』)

었다. 그 가운데서도 권도인 부부의 활약은 두드러진다.

부인 이(권)희경은 다른 한국 여성들과 함께 '대한부인구제회'를 결성해서 매주 떡과 잡채, 산적 등 음식을 만들어 팔았다. 그 돈을 차곡차곡 모아 1918년 말에 3.1독립운동 자금 10만 달러를 만들어서 네 살 된 딸을 친정 부모님께 보여 주기도 할 겸 귀국했다. 그러나 소지한 미화가 세관에 적발되어서 일본 경찰에 체포되어 돈은 몰수당하고 수감되었다. 그래서 안디깝게도 3.1운동 소식을 옥중에서 들을 수밖에 없었지만 2년 후 석방되어 하와이로 돌아갈 수 있었다.

이(권)희경은 한국이 독립한 지 2년 후인 1947년에 교통사고로 50대 초반의 아까운 나이로 세상을 떠났고, 권도인은 1962년에 병으로 사망했다. 2004년 4월 27일, 사탕수수 농장의 노동자로 1세기 전에 하와이

Surgical Dressing Group(1945). 맨 오른쪽이 권(이)희경이다.
(출처 『하와이 이민100년사』)

로 이민 갔던 고 권도인과 그의 아내 이(권)희경은 대전 국립 현충원의 '애국지사묘역'에 안장되었다.

[*CHB*, 204쪽; 제2권 265-266쪽 참조]

9. 게일(James Scarth Gale, 1863-1937) 박사

100여 년 전 북미에서 온 선교사들은 조선인을 미개인이나 식인종처럼 묘사했다. 그때 한국 문화의 진수를 간파해 이를 서양에 소개하고, 토착적 기독교를 한국에 심어 주기 위해 애썼던 선교사가 있었다. 바로 캐나다 온타리오 출신 제임스 스카스 게일(James Scarth Gale, 한국명 츔-, 1863-1937) 목사이다.

> 제가 영국에서 조선에 온 지도 올해로 꼭 40년이 되었습니다. 그간 내가 보았던 조선! 생각해 보면 그것은 실로 한 편의 활동사진입니다. 이 40년 간 나는 보면 볼수록 조선 그 자체가 심오하게 여겨져 흥미를 더해 가게 되었습니다. 조선의 전도는 도대체 어떻게 되어 가는지….

1928년 「조선사상통신」에 실린 게일 목사의 글 "구미인이 본 조선의 장래-나는 전도를 낙관한다"에 나오는 내용이다. 게일 목사는 암흑 같았던 조선의 미래를 '낙관' 했다.

그는 한국을 사랑했고, 한국 교회의 토양을 갈아 한 알의 밀알처럼 희생과 헌신의 열정을 쏟았다. 그는 한국인보다 먼저 한국어를 연구한 한국어 학자이자 고전 번역가였으며, 서구가 아닌 한국의 시선에서 한국학을 개척한 학자였다. 1888년 캐나다 토론토 대학을 졸업하자마자 기독청년회(YMCA) 파송으로 25세에 최초의 캐나다 선교사로 한국에 와 서울 종로5가 연동교회 초대 목사를 지낸 게일은 언어와 문학의 천재였다고 할 수 있다. 한국어를 빠르게 익혀 성서를 한글로 번역한 데 이어 한국 최초의 한영사전을 만들고 『천로역정』과 찬송가를 우리말로 번역했다. '갓'(god)을 '하나님'이란 표기로 정리한 것도 그였다.

그는 또 『구운몽』, 『심청전』, 『홍길동전』, 조선 시대 야담집 『천예록』 등을 영어로 번역해 영국 런던에서 발간했다. 특히 『구운몽』의 영역본은 고풍스러워서 지금도 해외 한국학 학자들 사이에서 교과서처럼 읽힌다.

> 조선은 실로 동양의 희랍(그리스)이라고 말하고픈 나라로, 일찍이 고대 유사 이래 온갖 문화를 창조했으며 세계에서 으뜸가는 바가 있었습니다. 우선 문학의 측면에서 보자면 서양을 떠들썩하게 했던 셰익스피어는 지금으로부터 300여 년 전, 조선으로 말하자면 임진란 이후의 인물이지만, 조선에는 이미 그보다도 1000여 년 전 신라 최고운(최치원)의 문학이 당나라에 들어와 측천무후를 놀라게 하지 않았습니다. 고구려 광개토왕 비문과 같은 것은 그 웅도거업(雄圖巨業)은 접어두더라도, 단순히 문장 그것만 놓고 보더라도 천고의 걸작이며, 게다가 그것은 실로 기원후 414년이라는 고대의 것에 속합니다. 그 사상, 그 문물제도에서 보아도 조선과 같이 발달한 곳은 없었습니다.

한국 고전에 매료된 그는 조선을 동양의 그리스로 칭송했다. 게일 목사는 고려의 문신 이규보를 좋아해 그의 무덤까지 찾아갔고, 40년의 한국 생활을 접고 떠날 때 『동국이상국집』을 가지고 갔다고 전한다.

토론토 대학 토마스 피셔 희귀본 장서실에는 '게일 문서'가 보관되어 있다. 24개 상자로 분류된 '게일 문서'는 편지, 비망록, 일기 등이 포함되어 있다. 특히 친필 일기에는 "심청전", "홍길동전", "숙영낭자전", "창선감의록" 등 한국 고소설을 번역한 내용이 담겨 있다. 게일의 일기는 모두 19권, 권당 200쪽 분량으로, 일기보다 한국 고전을 번역한 내용이 더 많은 분량을 차지한다. "춘향전", "심청전", "토끼전" 영역본, 조선 후기 문신 신유한의 일본 여행기 "해유록" 영역본 등 일기에 수록된 고소설 영역본과 교정 원고들은 아쉽게도 출간되지 못했다.

게일 선교사는 25세부터 40년간 한국에서 헌신했다. 그는 특히 신학이 아닌 문학사를 전공한 특이한 이력의 장로교 선교사로, 나중에 목사 안수를 받았다. 어문과 역사에 능해 개화기 문화적 기여가 대단했다. 1928년 은퇴한 후 영국으로 건너가 1937년 74세를 일기로 별세했다.

[*CHB*, 162쪽; 제2권 294-295쪽 참조]

10. 자치파동

자치파동은 대구 경북 지역의 선교를 담당한 미국 장로교 선교부의 선교 방침과 방식에 대한 대표적인 비판과 도전이라고 할 수 있다. 이 자치파동을 주도한 사람은 당시 대구 남성정교회(현 제일교회)의 목사였던 이만집이다. 그는 계성학교에서 한문교사를 지내다가 1909년, 그의 나이 34세에 장로가 되었다. 그리고 브루엔이 1914년에 남산교회를 설립할 때 동참하여 그의 조사로 핵심적인 역할을 하다가 1917년에 목사 안수를 받고 남산교회 목사직을 위임받았다. 이듬해인 1918년에 이웃 제일교회의 홍승한 목사가 중국 선교사로 파송되자 이만집은 다시 제일교회의 목사가 되었다. 그리고 곧 1919년의 기미년 독립만세 사건을 주도했다가 3년의 징역을 살고, 출소 후 미국 선교사들이 주도하던 경북노회로부터의 탈퇴와 함께 자치를 선언하였다. 1923년 3월 18일에 이만집이 발표한 자치선언문은 아래와 같이 시작한다.

> 30 성상에 비롯 각오하였다. 우리가 믿음으로 살려면 진리에 속하자. 교회는 신성한 것인데 불의의 구속을 어찌 당하리요. 금아(今我) 대구 교회는 저 권리를 지배하는 선교사의 정신 지배를 받는 경북노회를 탈퇴하고 자치를 선언함.

이만집 목사(1876-1944)

경북노회는 "노회 명령에 불복하고 교회를 소란하게 한 이만집 일파"를 치리(治理)하였지만, 자치선언의 영향력은 막강하였다. 남산교회를 비롯하여 경상도와 충청도에서도 동참하여 1928년에 자치교회당은 모두 14개를 헤아릴 정도였다. 제일교회 교인 대다수도 이만집 목사를 지지하였으므로 노회의 결의가 제대로 시행되지 않았다. 오히려 노회 측 교인들이 교회를 떠나 교남 YMCA회관 혹은 희도학교로 예배처를 옮겨 1931년까지 지냈다.

그러나 결국 법정은 노회의 손을 들어 주었다. 1918년부터 1931년까지의 이 소용돌이는 이만집을 비롯한 자치파가 패소함으로써 일단락되었다. 따라서 이 사건은 지금까지 노회 측이 주도하는 시각에 의해 해석되고 기록되었다. 그리고 그 원인이 이만집 개인의 부당한 행위 혹은 단순히 교회 재산권 분규 등으로만 설명될 뿐, 객관적인 역사적 평가를 받지 못했던 것이 사실이다.

특히 이 책에는 자치파동의 상대역을 맡았던 선교사 측의 입장이 자세히 나와 있다. 1923년, 브루엔의 첫 번째 부인 마사가 쓴 일기나 브루엔의 보고서에 이만집에 대한 극도의 혐오감이 표출되고 있는 것이 그 예다. 또한 당시 경북노회를 계승한 교회들의 기록도 이러한 시각을 상당 부분 대변하고 있다. 1947년에 발행된 최재화의 『제일교회약사』는 자치운동을 마귀의 운동으로 정의하였으며, 1925년에 간행된 『경북노회사 I』의 34~35쪽에는 이만집 목사 개인의 권리 남용에서 비롯한 사건으로 기록되어 있다.

이러한 상황 속에서 최근 2005년 4월 12일에 열린 제156회 경북노회(통합 측)에서는 이만집 목사의 복권이 이루어졌다. 그리고 이 사건에 대한 새로운 조명이 필요하다는 논문들이 발표되기 시작했다. 대표적으로 정태식과 문장수의 "대구 3.1만세운동과 이만집의 교회 자치선언사건에 대한 사회철학적 고찰"(「철학논총」 제36집, 2004. 4), 서정렬의 "이만집 목사의 자치선언과 미국 선교사와의 갈등"(「진리와 학문의 세계」, 2008. 5), 그리고 정경호의 "대구 3.1만세운동을 주도한 민족 지도자 이만집 목사의 자주적 민족신앙연구"(「神學과 牧會」 제25집, 2006. 4) 등이 그것이다.

이 세 논문의 내용은 이 사건이 단순히 교회 분열 사건이 아니라 이만집의 민족주의적 정신이 바탕이 되어 선교사들의 전횡에 대한 최초의 조직적인 항거였음을 주장하고 있다. 사실 당시 선교사들에 대한 조선인의 인식이 부정적으로 변하고 있었고, 몇몇 선교사들이 저지른 불미스러운 일들로 말미암아 선교사 배척 분위기 또한 없지 않았다. 『한국영남교회사』는 당시의 조선인 목사들에 비해 월등히 많은 선교사들이 경북노회를 장악하고 있었다고 지적하면서, 한편으로는 자치선언의 배경을 미국과 선교사들의 사치스러운 생활과 선교사들의 언어 불통과 한국 문화에 대한 이해 부족으로 인한 한국인에 대한 낮은 평가 등이 부지불식간에 선교사들에 대한 불쾌감으로 나타났으리라고 보고 있다.[64]

그런가 하면 장로교 선교부가 선교 방침으로 내세운 네비우스 선교방법(Nevius' Mission Method)의 원칙이 실제 조선인 교계 지도자를 양성

---

64) 역주-영남교회사 편찬위원회, 『한국영남교회사』, 양서각, 1987, 219-220.

하는 신학교의 운영 원칙과 모순되게 적용되었다는 사실도 작용했을 것이다. 당시 조선인 목회자 양성에 힘쓴 평양신학교는 조직신학 교수인 레이놀즈(W. D. Raynolds)의 주장에 따라 조선인 목회자 양성 원칙을 설정하였는데 그중 4번째 것은 교역자의 교육 정도는 너무 높이지 말고 일반 교인의 지적 수준보다 약간 높게 해야 한다는 것이었다. 훗날 선교사들은 '무식한 교역자 양성'이라는 비난을 받게 되었지만 이를 통해 우리는 선교사들이 조선인 목사들의 우위에 서서 계속 조선 교회를 지배하고자 했음을 알 수 있다.

결과적으로 이만집의 자치운동은 실패로 끝났지만, 그것을 단순한 교권 싸움의 결과로만 이해해서는 안 될 것이다. 당시의 한국인 목회자로서 이만집이 처한 시대적 상황은 결코 단순하지 않았다. 전통적인 유학을 공부하다가 기독교라고 하는 새로운 가치를 받아들여 자의식의 엄청난 변화를 경험했을 것이다. 게다가 정치적으로 일제의 탄압을 견디며 투쟁에 앞장선 민족주의자로서 그가 믿는 기독교는 당연히 억압으로부터의 해방에 이르게 하는 종교였을 것이다. 뿐만 아니라 기독교의 진리가 비록 서양인들에 의해 전해지기는 했지만, 그는 결코 서구의 가치에 매몰되거나 지배되지 않는 토착적 방식으로 그 진리를 수용하고자 했다는 점에서 새로운 평가가 필요하다 할 것이다.

[*CHB*, 550-551쪽; 제3권 208쪽 이하 참조]

11. 관동대학살 사건에 관하여

　1923년 9월 1일 가나가와(神奈川)현을 비롯해 주변의 이바라키(茨城)현, 시즈오카(靜岡)현 등의 내륙과 연안부의 광범위한 지역에 걸쳐 진도 7.9의 대지진이 발생했다. 특히 도쿄와 요코하마의 피해가 심했다. 정확한 통계는 아직도 불분명하지만 행방불명자 등을 포함한 사망자가 10만 5천여 명, 부상자를 포함해 건물 피해 등을 입은 총 피해자 수는 대략 190여 만 명에 달했다. 하지만 우리는 이를 관동대지진이라 하지 않고 관동대학살 사건이라고 한다. 다음날 출범한 제2차 야마모토(山本) 내각이 계엄령을 선포하고 이 천재지변을 정치적으로 악용했기 때문이다. 그들은 사태 수습에 나섰으나 감당할 수 없을 만큼 혼란이 심해진 데다 1920년대 전반 일본은 안팎으로 커다란 위기에 직면하고 있었던 것이다. 밖으로는 한국과 중국의 민족 해방운동이 격화되기 시작하였으며, 안으로는 공황으로 노동운동, 농민 코민테른의 활동이 동아시아에 미쳐 농민운동이 사회의 저변을 뒤흔들었다. 일본의 군부와 군국주의자들은 이들에 대한 탄압의 기회만 엿보고 있던 때였다.
　대지진을 정치적 분위기를 반전시킬 수 있는 기회로 생각한 그들은 당면한 위기를 극복하고자 민중의 보수적 감정을 이용하였다. 대지진이 일어난 직후인 1923년 9월 1일 오후 경시청은 정부의 출병을 요청

함과 동시에 계엄령 선포를 준비하였다. 그리고 도쿄와 가나가와현의 각 경찰서 및 경비대로 하여금 "조선인이 폭동을 일으켰다"라는 터무니없는 소문을 퍼뜨리도록 하는 동시에 그 소문을 각 경찰서가 진상 보고하게 하였다. 그리고 전국의 지방 장관에게 타전하였다.

그 내용은 "도쿄 부근의 진재를 이용하여 조선인이 각지에서 방화하는 등 불경한 목적으로 현재 도쿄 시내에서 폭탄을 소지하고 석유를 뿌리는 자가 있다. 도쿄에서는 이미 일부 계엄령을 실시하였으므로 각지에 있어서도 시찰을 철저히 하고, 조선인의 행동에 대해서는 엄밀한 단속을 가해 주기 바란다"는 것이었다. 이는 조선총독부, 타이완 총독부에도 타전되었다.

이와 같은 터무니없는 소문이 전국적으로 퍼져 나가는 가운데 군대와 경찰이 동원되고, 조선인 폭동 단속령에 의해 각지에서 조직된 자경단(自警團)에 의해 6천여 명의 조선인 및 일본인 사회주의자들이 학살되었다. 그리고 2일 오후 6시 긴급 칙령으로 계엄령이 선포되었다.

당시 학살당한 한국인의 수는, 요시노 사쿠조(吉野作造)가 『압박과 학살』에서 2,534명으로, 김승학(金承學)은 『한국독립운동사』에서 6,066명으로 집계하고 있다. 이 지진으로 인한 총 피해액은 65억 엔이며, 그 후 일본은 제도부흥심의회(帝都復興審議會), 부흥원 등을 설치, 재해복구에 노력했으나 무고한 한국인을 학살한 일본 군벌의 잔악한 행위는 일본 역사상 씻을 수 없는 오점으로 남았다.

그러나 이 문제는 중일전쟁 발발(1937) 직후 일본군에 의해 자행된 '난징(南京)대학살사건'에 비해 세상에 그리 널리 알려져 있지 않다. 식민통치 기간 중 저지른 각종 만행조차 부정, 왜곡하고 정당화, 미화를 일삼는 일본 정부가 이 문제를 솔선해서 거론하고 사과하는 일은 상상하기 어렵다. 부끄럽게도 해방 후 우리나라가 당시 조선인 희생자들에 대해 일본에 공식적으로 문제를 제기하거나 사과할 것을 요구한 적도 없다.

[CHB, 318-321쪽; 제3권 315-316쪽 참조]

12. 소래 해변

소래는 한국 장로교 역사에서 가장 역사적인 장소라고 할 수 있다. 1816년에 바실 홀(Basil Hall)이, 1832년에 카를 귀츨라프(Karl F. A. Gützlaff)가 이곳을 방문한 적이 있으며, 1865년에는 저메인 토마스(R. Jermain Thomas)가 백령도를 방문했다는 기록도 있다. 서상륜이 최초의 개신교 집단을 조직한 것도 이곳이며, 1887년 가을에는 언더우드(Horace G. Underwood)도 소래를 방문했고, 1888년에는 언더우드와 아펜젤러(Henry G. Appenzeller)가 평양으로 가는 중에 다시 방문했다. 1889년에는 게일(J. S. Gale) 목사가, 1890년에는 마펫(S. A. Moffett) 목사가 방문했고, 펜윅(Malcolm. C. Fenwick) 목사는 1891년부터 2년간 머물렀다.

캐나다 장로교 선교사인 윌리엄 맥켄지(William J. McKenzie) 목사가 1893년 12월에 한국에 도착하여 이듬해 초부터 소래에 거주하며 목회를 했다. 때마침 그가 일본인의 첩자라는 말이 돌아 동학교도들에게 생명의 위협을 받은 적도 있었다. 그는 1895년 6월 23일에 사망할 때까지 그곳에 머물며 한복을 입고 한국인처럼 생활했다.

그런데 이곳을 개발하여 선교사 휴양지로 만들 계획을 한 사람은 언더우드였다. 그는 소래 앞의 해변이 세계적으로 손색이 없는 경승지임을 발견한 것이다. 그리고 자신은 1900년경부터 가족 동반으로 여름

휴가를 이곳에서 보냈다. 그가 발견하였다는 소래 앞의 해변은 바로 구미포였다. 이곳의 백사장은 아름답고 넓어 썰물 때에도 뻘 흙이 드러나지 않으며 수심은 얕아 수면을 따라 100여 미터를 들어가도 위험하지 않다고 했다. 해변에 있는 샘터는 천연적으로 차갑고 맑은 샘물이 흘러넘쳐 특별한 샤워 시설이 필요 없을 정도였다.

그는 1905년에 가족과 선교회의 젊은 남자 두 명을 대동하여 그곳을 찾았다. 그리고 한옥 두 채를 사서 작은 별장으로 만들고 선교사들의 공동 휴양지로 활용했다. 1913년까지는 별장들이 그리 많이 지어지지 않았지만 그 후에 60~70개의 별장이 세워지고, 강당, 가게, 시장, 운동장 등이 들어서면서 '세상에서 가장 멋진 바다'로 이름 붙일 만큼 되었다. 어떤 이들은 '어린이의 천국'이라고도 했다. 중국과 일본에서도 선교사들이 그곳으로 왔다. 이 아름다운 곳에서 선교사들과 그 자녀들은 건강을 되찾고, 즐겁게 우정을 나누며, 가장 귀중한 영적 체험을 하였다고 한다.

서쪽과 남쪽으로 60도 정도의 시각을 통하여 보이는 바다 경관에는 이따금씩 바위섬이 떠오른다. 이들 중에 그레이트 블루(Grate Blue), 레저 블루(Lesser Blue), 화이트 윙스(White Wings), 람세스(Lamsses)가 가장 유명하다.

선교사들은 소래 앞바다에 떠 있는 작은 바위섬에 자기들 나름대로 이름을 붙일 만큼 애착을 보이기도 했다. 이곳이 선교사들과 외국인의 휴양지로 개발되기 시작하자 경관이 좋은 곳은 프리미엄이 붙기까지 하였고, 어떤 사람들은 두 필지 이상을 소유한 사람도 생겨났다. 이들은 이사회를 구성하여 개발계획을 수립하였고, "한국판 애스버리 공원이나 별장촌 노스필드(Cottage City Northfield)가 될 것을 기대"하기도 하였다. 그리고 선교사들은 자신들이 이 지역을 개발하면 한국인들에게도 도움이 될 것이라는 기대를 가지기도 하였다.[65]

과연 그런 기대가 실현되었을까? 소래뿐만 아니라 선교사들이 거쳐 간 많은 곳에 휴양을 위한 별장이 있었다는 기록이 있다. 캐나다 선교사였던 셔우드 홀 박사는 강원도 고성의 화진포에 별장을 가지고 있었고, 지리산 노고단에는 호남 선교의 개척자로 불리는 유진 벨 선교사가 휴양관을 세워 1921년부터 1942년까지 약 20년 동안 활용하기도 했다.

휴양이 나쁘다거나 별장이 나쁜 것은 아니지만, 당시 선교사들이 누렸던 삶의 방식은 한국 민중들의 생활 패턴과 비교했을 때 상당히 동떨어진 것이었음에는 틀림없다.

[*CHB*, 223쪽; 제3권 20쪽 참조]

---

65) 역주-참조. 김대인, 『숨겨진 한국교회사』, 서울: 한들출판사, 1995.

13. 브루엔의 두 딸[66]

    2007년 10월 28일 월요일 동산의료원 내 은혜정원 선교사 묘지에서는 신명학교 설립자인 마사 브루엔(Martha Scott Bruen, 1875-1930. 10. 20)의 두 딸 안나(Anna Miller Klerekoper, 1905. 2. 1-2004. 4. 1)와 해리엇(Harriette Scott Davis, 1910. 10. 2-2004. 3. 4)의 유해 이장식이 열렸다. 이는 마사 브루엔의 손자와 손녀, 그러니까 마사 브루엔의 두 딸의 자녀들이 유언에 따라 각각 어머니의 유해를 할머니 곁으로 모신 것이었다. 이 두 딸은 이곳 대구에서 태어나 유아기와 청소년기를 보내고 평양 외국인 고등학교를 졸업하고 미국으로 건너갔다.

    언니 안나는 1927년에 매사추세츠 주 사우스해들리의 마운트 홀리요크 대학교(Mount Holyoke College)를 졸업하여 성경학사를 받고, 다시 뉴왁의 간호학교에서 간호사 학위를 받았다. 29세가 되던 1934년에 프레드 클러레코퍼(Fred Klerekoper)와 결혼하고, 1년 후 알래스카의 배로(Barrow) 지방으로 선교를 떠났다. 그들은 현지인들과 함께 텐트에서 생활하면서 개들이 끄는 썰매를 타고 1년에 두 차례씩 순회전도를 다녔다. 안나는 그곳에서 아이누족인 로이 아마우곡(Roy Amaugok)의 도움을

---

[66] 역주-이 글은 *CHB*에 담겨 있지 않은 내용이다. 역자가 『신명백년사 1907-2007』의 710-718쪽을 참조하여 재구성했다.

| 브루엔과 두 딸의 어린 시절 |

받아 에스키모 알파벳을 만들어 성서를 번역했다. 그들은 여기서 10년간 선교활동을 하고, 장녀 마사(Martha)를 낳았다.[67]

배로를 떠나 뉴욕 아이타카(Ithaca)로 이사를 하여 남편 프레드는 코넬 대학에서 대학원 과정을 이수하고, 안나는 그사이 삼둥이 자매를 낳았다. 9개월 후 그들은 다시 대서양을 건너 이란의 테헤란(Teheran)으로 선교지를 옮겼다. 여기서 5년간 사역을 하고 귀국하여 미국 내 여러 곳에서 선교했다.

프레드가 죽은 후 안나는 배로 시와 협력하여 사라져 가는 에스키모와 아이누족의 생활상 자료들을 수집 전시하는 일에 착수했다. 이와 관련된 영화는 워싱턴 D.C.에서 '황금독수리상'을 받았다. 이 영화는 북극의 고래잡이, 하마 가죽으로 보트 만들기, 아이누 사회에서의 교회

---

67) 역주-나는 당시 Anna가 아버지 Bruen과 주고받은 여러 통의 편지 원본들이 현재 '대구근대역사관'에 보관되어 있음을 확인한 바 있다. 그러나 어떤 연유에서인지 아직 공개되지 않고 있어 유감이다.

의 역할 등을 담은 것이다. 에스키모인들의 예술품 일부는 휴스턴 자연사박물관에 보관되어 있다. 여기에는 프레드 관련 자료도 포함되어 있다. 그들이 수집한 민속품을 오스틴 박물관에도 기증했다. 85세 때는 이미 눈이 어두워져 앞을 못 보는 계모 헤드버그를 보살피기도 했다.

동생 해리엇은 언니와 같은 마운트 홀리요크 대학을 졸업하여 성경 학사 학위를 받고, 다시 컬럼비아 사범대학에서 1년간 공부를 한 후 한국으로 돌아와 1933년부터 1935년까지 약 2년간 평양 외국인 학교에서 교사로 근무했다. 약 1년간 대구에 머물며 신명학교에서 음악을 가르치다가 1936년 여름에 시베리아 철도를 타고 모스크바와 비엔나를 거쳐 프랑스 파리에 도착했다. 거기서 8개월을 체류하며 프랑스어를 공부하다가 미국으로 돌아갔다. 1938년에는 필라델피아에서 윌리엄 데이비스(William Davis)를 만나 결혼을 하고, 첫아들 Jim, 첫딸 Martha Ann, 그리고 둘째 아들 Bob을 낳았다.

해리엇은 어릴 때부터 문학적인 자질이 있었다. 85세 때에도 12세 때 지었다는 시를 줄줄 암송할 정도였다. 그 순수하고 상냥한 마음씨는 헌신적인 봉사정신이 되어 평생을 남을 섬기는 데 최선을 다했다. 실제로 지방 단체에서 아동복지과 일을 보았고, 미국 전역의 불우 아동들의 양육과 입양을 주선하는 일에 헌신했다.

부록 3 : 브루엔 연보

브루엔 연보(年譜)[68]

1874. 10. 26	미국 뉴저지 서밋에서 장로교 목사인 James D. Bruen과 Margaret White Munro Bruen의 차남으로 출생
1886	어머니 사망으로 성경학자인 할머니 Anna Miller Bruen 밑에서 성장
1892	장로교 학교인 Blair Hall 졸업
1893	Lafayette College(Easton, PA) 2학년 때 무디 목사가 매사추세츠에서 주최한 Northfield Student Conference에 참석한 후 선교사가 되기로 결심
1896. 5	Princeton University 졸업(22세)
1899. 4. 11	할머니 사망
5	뉴욕 Union Theological Seminary 졸업(25세) 목사 안수 및 북장로교 한국 선교사로 파송
9	부산 도착(Dr. & Mrs. Sharrocks와 동행)
9. 29	제물포를 거쳐 서울 도착
10. 26	대구 도착, 한국어 공부
1900. 2. 22	미국에서 도착한 짐을 찾기 위해 대구에서 사이드보담과 함께 배를 타고 4일이 걸려 부산으로. 돌아올 때는 육로로 돌아옴
3	대구 선교기지 착공이 감사의 반대로 중지 야구 강습

---

68) 역주-옥승득 목사의 자료를 기초로 하여 보완하였다.

	6	10일간 파계사에서 한국어 수업(어학선생 이내경)
	10	평양 연회 참석
1901.	1	첫 남자 사경회(14명 참석)
	9	서울 연회 참석. 바렛(N. M. Barrett) 목사 부임
	10. 6	첫 한국어 설교
	12	주택 완공
	12. 24	마사 스콧(Martha DuPuis Scott)과 결혼을 위해 도미
1902.	1	호놀룰루-샌프란시스코-로스앤젤레스-뉴저지 벨비데르
	2. 14	28세에 결혼 후 신혼여행. 뉴욕-런던-파리-로마-수에즈-인도-싱가포르-홍콩-나가사키
	5. 10	부산-낙동강-대구
		경상북도 선교사역은 동부는 아담스, 북부는 바렛, 서부는 브루엔이 분담키로 함
	7	1명에게 세례, 3명에게 학습
1903.	1	청도 순회전도
		경북 지방 첫 여성 교인에게 세례를 베풂(세례명 明星)
	3	아담스 부부 미국으로 안식년 휴가
		안동 지역 전도 중 장티푸스에 걸려 7주간 요양
	6	10명 수세-여성 4, 소년 3(이갑성 포함), 유아 3(명성의 아들 포함, 첫 유아세례)
	9	존슨 부부 건강 문제로 미국으로 휴가
		널(Robert P. Null) 박사 내외 대구 부임
	11	여자 사경회(30명)
1904.	3	10일간 동계 사경회(200명)
		경주 반천주교 야소교회 사건
	9	아담스 복귀
1905.	2	첫딸 안나 밀러(Anna Miller) 출생
	4	지난 9개월간 학습인 400명, 수세자 20명

1906. 5		계성학교 27명으로 개교
	가을	존슨 가족 귀국, 바렛 부부 건강 문제로 귀국
	12	김재수 조사 장로로 선출
1907		동계 남자 사경회(400명) - 평양 대부흥 운동 때와 같은 통성기도
	6. 22	안식년 휴가 위해 도미
1908	봄	한국 귀환
		신명학교 개교
	8. 24	대구제일교회 태풍으로 파괴
	12월 말	영수 사경회(300명)
1909. 6		존슨 박사 첫 제왕절개 수술
	10. 31	아담스 부인 넬리 사망
	11	「The Korea Mission Field」에 "God Working Among the Literati of Andong" 발표
1910. 1		남자 사경회(1,000명)-100만 구령운동
		직원 사경회(1주일, 500명)
	3	여자 사경회(560명)
	9	안동 선교기지 독립
	10. 2	둘째 딸 해리엇 스콧(Harriett Scott) 출생
1911. 6		대구성서학원 개교
	7. 29	동경 한인 유학생 YMCA 방문
	9	대구 독노회-총회 결성
	10	105인 사건
1912. 5		서문교회 창립
	5. 31	신명학교 첫 졸업식(이금례, 박윤희, 임성례)
	11	아담스 선교사, 배브콕(Caroline M. Babcock)과 재혼하여 귀국
		존슨 부부 안식년 출발
	12. 27	첫 경북노회(노회장 박영조)
1913		성미 제도 시행

	3	부인 사경회(600명)
1914. 1		계성학교 교사 라이너(Reiner)의 건축 감독으로 계성학교 과학관, 신명여학교, 성경학원, 성경학원 기숙사, 병원 등 5개 건물 완성
	여름	계성학교 전도회 조직, 울릉도에 선교사 1명을 3개월간 파송 소래 해변 별장에서 휴가
	12	남산교회 창립
1915		YMCA 건물 개원
1916		평양-신의주-초산-강계-함흥-원산-서울-대구 6주간 여행
	10	안식년 휴가로 도미
1917		안식년 중 뉴저지 벤트놀 성공회 교회 임시 담임
	9	한국 귀환
		이만집 목사 안수, 조사 사임
1918	봄	성경학원 강의(1개월)
	4	세브란스병원 이사회 참석
		제일교회 분규사태로 장로 4명 사직
1919. 2		남자 겨울 사경회(325명)
	3. 8	기미년 만세운동, 조사 3명 투옥, 1명 피신, 전도사 1명 및 다수의 영수 투옥
	4. 15	대구법원 관련자 77명 재판
		브루엔, 요시찰 대상자에 오름(Mowry, Blair, McCune과 함께)
	11	매주 월요일 감옥예배 인도(40명)
1920. 1		노회에서 박영조 목사 남산교회로 청빙
	3	세브란스의학교 이사회 참석
		수감 중인 조사들 방문, 9명의 만세운동 관련 여성 수감자 매주 방문
	봄	김익두 목사 연합사경회
	6	교회의 남녀 구분용 칸막이 제거

	딸 난을 미국 학교로 보냄
11	만주 심양 방문(2주간). 정세 불안으로 순회전도 불가
1921. 1	병원 수리 후 재개원, 수도시설, 직원 30명, 한국인 의사 2명
	만세운동 수감자 50명 방문 계속(여선교사들은 여수감자 7명)
1922	'아담스전도기금' 설립(울릉도 선교사 파견)
1923. 1	신명학교 14명 퇴학
2. 21	계성학교 개학, 학생 50명 농성
2. 24	결혼 20주년
3	자치운동, 이만집 목사를 중심으로 제일교회와 남산교회 노회 탈퇴
	목사 2명, 장로 6명이 제명되고 교회 재산 분쟁 시작
4. 5	두 교회 잠정 폐쇄
4. 21	김익두 목사 부흥회
8. 27	김천교회 방문하여 자치운동 참여 교회 조사
9	총회(의주) 참석, 자치파를 총회에서 배제시킨다는 경북노회 결정 인준
10	남산교회에서 김익두 목사 특별 저녁 집회 1개월
10. 27	브루엔 등 한국 여자 금주회(WTCU) 조직
12. 29	필리핀에서 간호사 클라라 헤드버그(Clara Hedberg) 전임
1924. 5. 14	한국 선교사역 25주년 기념 및 안식년 전별식(남산교회)
5. 23	안식년 출발(부산-고베-요코하마-호놀룰루를 거쳐)
6. 17	샌프란시스코-프린스턴
	딸 난은 마운트 홀리요크 대학교(Mount Holyoke College)에서 부모와 함께 지내기 위해 New Jersey College for Women으로 전학
1925. 7	뉴욕 시라큐스 East Genesee 교회에서 포드 자동차(Felix)를 기증받음
8	벤쿠버-시애틀-일본을 거쳐 귀국

	9	둘째 딸 해리엇 평양 외국인 학교 입학
		대구여자성경학교 개교
	10. 12	간호사 헤드버그(Hedberg) 간호부 양성소 설립(김덕수, 손인식 의사와 함께)
	11. 22	이태영 목사(부인 김성애) 산둥 선교사로 파송
	11. 23	금주주일, 주일학교 연합 시가행진
1926. 6		여자 성경학교 정규과정(10주) 65명 등록
	7	도쿄 방문, 한국 유학생 집회 인도
1927. 3		호주 선교사들과 공동선교대회
	6	딸 난 매사추세츠 주 사우스해들리의 마운트 홀리요크 대학교 졸업, 한국 선교사 지원
1928. 6		딸 해리엇 평양 외국인 학교 졸업
	7	딸 해리엇 미국 마운트 홀리요크 대학교 입학을 위해 도미
	8	지리산 휴가
	9	총회(대구에서)
	12	노회(참가자: 목사 25, 장로 63, 선교사 4)
1929. 11		남산교회 재건축
1930. 9		브루엔 부인 암 발견, 세브란스병원에서 수술
	10. 20	브루엔 부인 사망(1875-1930)
1931. 1-3		성경학원에서 가르침
		독일인 의사 Kaltefleiter와 함께 지냄
	8	안식년 휴가 출발
	9	의붓어머니 사망
		딸 난이 Teachers' College at Colombia 입학
1932. 6		아버지 사망
	여름	귀국
		대법원 판결로 10년 만에 제일교회 건물 노회로 회복
1933		경북노회 내 교회 500개, 교인 15,000명

	9	딸 해리엇 모교인 평양 외국인 학교 교사로 부임
		총회 참석(선천)
	9. 25	주일학교 절제행진(5,000명)
1934. 4		부활절 새벽 연합예배(Miss Bergman 제안)
	5	클라라 헤드버그 양과 약혼
	9. 4	결혼, 소래로 신혼여행
		첫째 딸 난 프레드 클러레코퍼(Fred Klerekoper)와 결혼
1935 봄		천막전도집회 시작
		신사참배 문제 시작
		둘째 딸 해리엇 교사직 떠나 대구에서 지냄
1936. 2. 19		아들 헨리 주니어 출생
	봄	건강 악화로 지방순회 포기하고 집에서 지냄
		첫째 딸 난이 사위와 함께 알래스카 선교사로 떠남
	여름	둘째 딸 해리엇 파리(8개월 체제) 거쳐 미국으로
1937. 9		총회(대구에서). 남산교회 이문주 목사 총회장 피선
	12	노회 남자 사경회
1938. 1		남자 성경학교 강사(2개월, 90명)
		둘째 딸 해리엇이 1938년 필라델피아에서 William Davis를 만나 결혼
1939. 2. 19		신명여학교 교장 해리엇 폴라드(Harriette Pollard) 환갑잔치
	3. 31	계성학교 한국인만으로 이사회 조직
	5. 21	대구남산교회 창립 25주년을 기념하여 브루엔에게 감사패 전달
	6. 27	브루엔 내한 40주년 기념식(제일교회)
	7	안식년 휴가로 미국으로 출발
1940. 3		첫 외손자 James J. Davis 출생(둘째 딸 해리엇의 아들)
	9. 20	다시 대구 도착
	11. 4	평양 외국인 학교 폐쇄
		대구성경학교 폐쇄

1941. 1		김기원 목사 사망
	2. 19	아들 해리 주니어 다섯 번째 생일
	2. 28	세계 여성 기도회(남산교회)
	7. 26	한국 내 미국인 재산 압류
	9. 14	한국에서 마지막 설교, "하나님의 크신 선하심"
	9. 20	제물포 떠나 상하이로(42년간의 한국 사역 마감)
	12. 25	샌프란시스코 도착
1942		버클리에서 전쟁 정보국 한국어 라디오 방송 도와줌
		산타크루즈(Santa Cruz)로 이사하여 17년간 지냄, 한국 교회 방문
1959. 3. 26		84세로 소천

찾아보기

ㄱ

간호학교 68
게일(James Scarth Gale) 307 309
견신회 100
계명학교 137
계성학교 32 44 52 55 78 138 147 171 190 208 253
고니시 39
고윤하 40
과거의 영 38
관동대학살 314
권희경(이희경) 304 305 306
금강산 73
기독교 면려회 23
길선주 49
김기원 41
김재수 40 41
김천 148
김천교회 77 224

ㄴ

나병원 33 132 135 136 172 173
나환자 33 98 173
나환자 병원 98
낙동강 126
남산교회 67 105 110 140 143 149 150 151 311
네비우스(John L. Nevius) 279 280 281
노회 24 32 87 93 94 97 137 138 263 311

ㄷ

데이비스(J. Henry Davies) 40
도요토미 히데요시 39
동산병원 132 155 172
동산의료원 320

ㄹ

라이너(Reiner) 201
라이언 72 98 111 175

ㅁ

마닐라 229
마펫(Samuel A. Moffett) 49 263 317
맥큔(George S. McCune) 117 118 119
맹인 26 84 85 111
맹인학교 85
문둥병자 99
문둥이 57
미래의 영 38 62
밀러(Miller) 201
밀러 부인 36

ㅂ

박덕일 50
백낙준 45
버그만(Bergman) 21 28 46 47 54 60 72 102 212 213 214 222 223
베어드(Wm. M. Baird) 40 49 111
병원선교회 50
보천교 81

부흥회　67
브루엔
　브루엔 부인　175
　난(Nan Bruen Klerekoper)　101 234 320
　해리엇　22 35 72 78 79 234 252 320 322
　해리　87 125 128 129 176 211 214 224
　헨리(Henry Munro, Jr.)　79 234
블레어　66 73 86 113 185 211 222 226
삐스뽈　275 276

ㅅ

사경회　36 49 86 103 105 112 114
사당　116 117
사리원　223
사이드보담　283
산타크루즈　228 233 247
산토 토마스(Santo Tomas)　215 225 229
상주　111 113
새벽기도　67
샌프란시스코　217 226 227 238
서문교회　100 113
석굴암　38
선교단지　68
성경학교　26 28 32 36 50 53 54 59 62 66 67 71 79 86 87 95 97 103 108 112
　146 147 149 151 155 156 166 167 168 169
성서공회　111
성찬식　57
성탄절　22 35 105
세계 기도의 날　182 183 222 224
세계 여성 기도의 날　198

세부(Cebu)　229
세스페데스(Gregorio de Cespedes)　39
소래　317
소래 해변　20 37 73 186 188 222 223 318
소아병원　134
스눅(Velma Snook)　117 118 119
스위처　49
스크루지　42
시베리아 횡단열차　32
신도(神道)　116 119
신명여자소학교　234
신명여학교　26 44 45 52 56 59 61 74 99 100 101 132 137 139 144 146 155 171 190 253 304 322
신민회(新民會)　300 301
신사(神社)　222
신사참배　114 116 117 119 120 121 122 123
신정교회　88 113
신정서부(서문)교회　110

ㅇ

아담스(J. E. Adams)　40 41 68 98 110 142 210
아담스(Ned Adams)　21 222 223 284
아담스 부인　175
아펜젤러(Henry G. Appenzeller)　40 317
안경 말　144
알렌(Horace N. Allen)　262 283 303
앨리스 루스벨트(Alice Roosevelt)　287 288 290
야구　274 275
언더우드(Horace G. Underwood)　223 263 279 317
여자 성경학교　49

예수회(the Jesus's Organization)　61
원산　73
윤치호　50
음악　100
음악과　100
음악부　99
음악회　140
의화단　283 284 285
이갑성　247
이금례　304
이만집　310 311 312 313
이문주　67 110 140 143 150

ㅈ

자전거　32 144 145 156
자치파동　310 313
장로교 병원　234
전도부인　24 67 94 96 104 133
제네시 장로교회　31
제사　66 69
제일교회　69 78 110 125 143 310
조사　107
존스(G. H. Jones)　40
존슨(W. O. Johnson)　32 41 43 71 142 144 249 274 284
존슨 부인　283
주일학교　79

ㅊ

챔니스　58 60 172 175 185 241
척화비　266

천막 24 95 111 157
천막전도 28 94
천황 48 120
체이스(Chase) 142
총독부 120 121 122 123
총회 262
추수감사절 67 78
칠곡 95
칠곡교회 93 96

ㅋ
크리스마스 22 23 52 218 226 232

ㅌ
태프트-가쓰라 밀약 290 292 293

ㅍ
평양 46 73 78 79 105 113 118 122 175 196 198 221
평양 대부흥 운동 34 295 296 298
폴라드(Harriette Pollard) 20 21 44 46 56 101 185 198 212 213 214 222 223
풍금 148
플레처 37 43 58 67 79 156 172 188 206 210 223
플레처 부인 53
피아노 100
필리핀 47 213

ㅎ
하와이 303
헤드버그(Clara Hedberg) 20 21 23 27 37 43 46 80 89 106 124 234 322
헨더슨 32 44 48 78 186

헨더슨(Lloyd P. Henderson) 부인 49 59 175 214 222 223
헨더슨(Harold Henderson) 부인 100 175
현재의 영 38 42 62
호놀룰루 217 218 226 304
희년 42

■ 자료를 수집하고 정리한 클라라 헤드버그 브루엔(Clara Hedberg Bruen)은

스웨덴계 간호사 신분으로 필리핀에서 의료선교를 하다가 한국으로 부름을 받아 1923년 12월 19일 대구에 도착하였다. 그녀의 한국 이름은 하복음(河福音)이며, 1925년 10월 12일 동산기독병원 내에 오늘날 계명대학교 간호대학의 전신인 간호부 양성소(The Hospital's School of Nursing)를 설립했다. 1930년 10월 20일 헨리 먼로 브루엔(Henry Munro Bruen) 선교사의 부인인 마사 스콧 브루엔(Martha Scott Bruen)이 죽자 1934년 9월 4일에 결혼을 하여 그의 두 번째 부인이 되었다. 1941년 11월까지 약 18년간 같은 병원의 간호 책임자로 근무했다.

■ 번역과 해설과 편집을 맡은 김중순은

계명대학교 독어독문학과를 졸업하고 독일 짜르브뤼켄 대학에서 비교종교학으로 철학박사 학위를 받았다. 현재는 계명대학교 한국 문화정보학과 교수로 재직하면서 지역학과 다문화 연구에도 천착하고 있다. 최근의 논문과 저서로는 「야쿠트의 현대화된 전통혼례에 관한 상징인류학적 이해」(2013), 「무속의 죽음에 대한 상징인류학적 이해」(2013), 「이슬람 근대주의의 이해」(2013), 『다문화시대의 이슬람 이해』(2013), 그리고 「근대화의 담지자 기생: 대구 지역 문화콘텐츠로서의 가능성」(2013), 『시대를 연 영남의 인물』(전 10권, 2010), 『한국문화원류의 해명을 위한 문화적 기호로서 '새'의 상징』(2014) 등이 있다. tsk@kmu.ac.kr